로마서 산책

로마서 산책

권연경 지음

복 있는 사람

로마서 산책

2010년 9월 15일 초판 1쇄 발행
2020년 9월 3일 초판 10쇄 발행

지은이 권연경
펴낸이 박종현

(주) 복 있는 사람
서울특별시 마포구 연남동 246-21(성미산로 23길 26-6)
Tel 723-7183(편집), 723-7734(영업·마케팅) | Fax 723-7184
hismessage@naver.com
등록 1998년 1월 19일 제1-2280호

ISBN 979-11-7083-157-0 03230

차례

일러두기

이 책에 사용된 우리말 성경 본문은 성경 원문의 이해를 돕기 위해 저자가 사역私譯한 것이다.

서문

로마서에 관한 그 많은 책에 또 하나를 더한다. 누구나 그렇겠지만, 나 또한 독자들이 이 책을 통해 로마서의 메시지를 더 잘 이해할 수 있기를 바란다. 이 책에 모범답안이 있다는 의미라기보다는 이 책에 담긴 이야기가 독자들의 좋은 대화 상대자가 되어 주기를 기대하는 마음에서다. 때로는 고개를 끄덕이겠지만, 가끔은 갸우뚱하며, 또는 아예 고개를 흔들게 되는 부분도 있을 것이다. 어떤 방식으로든, 독자들이 이 책을 읽으며 바울의 복음을 더 분명히 이해할 수 있다면 이 책의 의도는 달성된 것이다.

차가 왼쪽으로 쏠릴 때는 오른쪽으로 한껏 몸을 기울인다. 균형을 잡기 위한 치우침이다. 그러므로 균형이란 치우침이 없는 평정 상태는 아니다. 오히려 흔들림이 많은 삶에서 균형이란, 그때그때의 흔들림을 민감하게 느끼며 필요한 방향으로 몸을 기울이는 지혜라 할 수 있다. 내 몸만 따로 놓고 보면 위험한 치우침이겠지만, 오히려 그런 치우침이 전체를 균형 있게 해주는 지혜가 된다.

야고보는 우리가 행위로 의롭다 하심을 얻는다고 말했다. 신학적 교리나 신앙고백으로 치자면 선을 넘어도 한참 넘은 진술이다. 내가 내놓고 그런 주장을 했다면 신학적 비판을 면치 못했을 법한 발언이라는 이야기다. 하지만 야고보의 '행위구원론적' 치우침을 비난하는 사람은 없는 것 같다. 오히려 그의 건강한 의도를 이해하려고 무진 애를 쓴다. 우리 삶이 공허한 믿음으로 기우는 상황에서는 행위와 구원을 바로 연결하는 직설적 논리가 필요하다는 것을 알기 때문이다.

그러고 보면, 성경 전체가 다 이런 식이다. 어디를 읽어도 거기서 거기인 이야기들이 반복되는 것이 아니라, 모두가 다 나름의 날을 세운 이야기들이다. "이젠 제사를 그만두라"는 이사야의 외침이나, 성전에 서서 "이곳이 하나님의 집이라는 말은 거짓말"이라는 예레미야의 말도 그렇다. 그 자체로 놓고 보면 여간 치우친 발언이 아니다. 하지만 우리는 이러한 발언의 표면이 아니라 그 아래 담긴 속내를 읽는다. 그런 치우침이 모두 우리 삶의 치우침을 고치려는 노력인 탓이다. 사실 우리가 작심하고 하는 발언들은 다 그런 이유에서가 아닌가.

기울어지기 잘하는 우리의 삶은 늘 이런 '각'을 필요로 한다. 각이라는 말이 부담스럽다면 시의적절함이라 불러도 좋겠다. 신학 역시 이러한 상황의 필요로부터 자유롭지 않다. 교회를 섬기는 것이 신학의 목적이라면, 신학의 책임은 교회의 상황을 읽고 그 필요에 맞는 이야기를 들려주는 것이다. 상황에 관계없이 언제나 '옳은 말씀'

은 옳기는 하지만 무의미한 발언으로 남는 경우가 많다. 그래서 우리에게는 옳은 이야기를 하려는 노력만큼이나, 필요한 이야기를 하고자 하는 책임감이 필요하다. 교회의 치우침을 민감하게 느끼고, 그 치우침을 바로잡기 위한 나름의 '치우침'이 필요하다는 말이다.

늘 말하지만, 성경학자로서 나의 작업은 기본적으로 주석적이다. 로마서 본문을 읽으며 그 의미를 밝혀 보려는 것이 이 책의 일차적인 의도라는 뜻이다. 그런 점에서 나의 작업은 치우침을 위한 치우침은 아니다. 하지만 본문을 읽어 가는 나의 안경에는 분명 나름의 색깔이 있다. 그리고 그 색은 불가불 나의 해석에 영향을 미친다. 다른 사람이라면 조용했을 부분에 거품을 물고, 또 다른 사람이 강조할 법한 것들을 슬쩍 넘어가는 경우들이 많을 것이다. 그런 점에서 나의 읽기가 치우친 것이라는 사실을 부인하고 싶은 생각은 없다. 이제는 해석학의 상식이 되었지만, 어떤 식으로든 치우침이 없는 읽기란 없을 것이기 때문이다. 독자들이 이 책에서 이런저런 치우침을 느낀다면, 그것은 우리 현실의 부정적인 치우침을 지적하고 교정해 보려는 내 나름의 균형잡기임을 이해해 주기 바란다. 말이 지나치게 길어진다면 그건 내 나름으로 안타까운 침묵을 느끼기 때문이고, 말이 위험하게 나간다면 그런 날카로움이 필요한 상황을 생각하기 때문임을 이해해 주기 바란다. 그래도 피했어야 할 실수들이 있겠지만, 적어도 나의 의도는 그렇다.

시간이 흐를수록 느끼는 것이지만, 나의 생각조차도 따져 보면 내 것이 아닌 경우가 많다. 나 혼자만의 노력이 아니라, 수많은 사람들과의 만남 속에서 형성된 것이기 때문이다. 그동안 학교 강의실에서, 그리고 여러 교회의 성경강좌를 통해 나의 강의를 들으며 함께 고민해 주었던 학생들과 성도들께 감사를 드린다. 또한 보다 학문적인 문맥에서 함께 토론했던 많은 분들께도 감사의 마음을 전한다.

여기 실린 글들은 「기독교사상」에 '로마서 산책'이라는 제목으로 연재했던 것들이다. 애초에 계획한 기간을 넘어 글을 연재할 수 있도록 배려해 주신 한종호 목사님께, 그리고 부족한 글을 읽고서 여러 모로 격려와 충고를 아끼지 않으셨던 여러 분들께 감사의 마음을 전한다. 또 이 글들을 한 권의 책으로 만들기 위해 수고해 주신 복 있는 사람 박종현 대표와 팀원들께 감사를 드린다. 세심한 관심으로 좋은 책을 만들기 위해 애써 주었다.

언제나처럼 아내 인화와 딸 세라에게 사랑과 감사의 마음을 전한다. 부족한 남편과 아빠를 향한 그들의 사랑과 수고에 이 변변치 못한 책이 작은 위로가 되기를 바라는 마음이다. 또한 자식을 위해

늘 기도하며 지켜보아 주시는 세 분의 부모님께도 사랑의 마음을 전해 드린다.

나의 박사과정 지도교수였던 그레이엄 스탠튼Graham N. Stanton 박사님은 여러 해 동안 피부암으로 투병하시다가 작년 여름 하나님의 부르심을 받았다. 훌륭한 학자이면서도 오히려 훌륭한 인품으로 더 잘 알려진 분이셨다. 이 책을 내면서, 학문의 길을 넘어 한 사람의 그리스도인으로서 신실한 모범을 보여주신 은사님을 새삼 추억한다.

2010년 8월

권연경

1. 바울과 로마교회

1:1-15

로마서의 영향력

신약성경 중 가장 영향력 있는 문서를 하나 고르라면 아마 로마서일 것이다. 물론 기독교는 예수를 믿는 종교이니 예수의 생애를 다룬 복음서들이 더 기본이라 말할 수 있다. 하지만 실제 교회의 복음 이해 혹은 신학을 주물러 온 것은 복음서들이 아니라 바울의 편지들이었다. 예수의 이야기를 그냥 들려주기만 하는 것처럼 보이는 복음서들과는 달리(물론 복음서 역시 나름의 신학적 색채가 분명하지만), 바울의 편지들은 이 예수 사건 및 그 사건을 믿는 믿음의 의미를 구체적인 삶의 문맥에서 해석해 내고 있기 때문이다.

바울의 편지 가운데 단연 독보적인 것은 로마서다. 결과적으로 말하면, 바울의 로마서 저술은 인류 역사상 하나의 사건이었다. 아우구스티누스나 루터 혹은 웨슬리 같은 이들은 로마서로 인해 인생이 뒤바뀐 인물들로 유명하다. 물론 이들은 단순히 교회뿐 아니라 아예 인류의 역사 자체를 의미심장한 방식으로 뒤흔들어 놓은 인물들이었다. 하지만 로마서의 흡인력은 유명인들에게만 국한되지 않는다. 우리 주변의 평범한 신자들과의 대화를 통해서도 이 편지의 위력을 감지하기는 어렵지 않다. 그래서인지 신학자들은 신학자들대로 로마서 주석에 골몰하고, 설교자들은 설교자들대로 로마서 강해에 매달린다. 물론 성도들은 또 그들 나름대로 로마서 공부에 여념이 없다.

왜 유독 로마서일까? 데살로니가전서를 읽고 인생이 뒤바뀌었다는 사람은 거의 없는데, 로마서는 그런 이야기들이 끝이 없다. 여러 가지 추측이 가능할 것이다. 하지만 그 위력의 첫 번째 원인으로는 아무래도 로마서가 복음을 가장 차근차근 설명하고 있다는 사실을 들어야 할 것이다. 본래 바울의 편지들은 체계적 전도편지가 아니라 '상황적situational' 목회서신, 곧 목회자 바울이 교회 내의 여러 문제들을 다루기 위해 쓴 편지들이다. 그러므로 이 편지들은, 애초부터 복음 자체를 설명하려는 것이 아니라 당면한 문제를 복음의 빛으로 조명해 내고 이로써 성도들을 꾸짖거나 격려하기 위한 글들이다. 그러니 복음에 대한 차분한 설명은 기대하기 어렵다. 그런데 이런 상황적 서신들과는 달리, 로마서에는 차분한 어조로 복음의 속내가 조목조목 설명되어 있다. 일찍이 필립 멜란히톤 Philip Melanchton은 로마서를 "기독교 신앙의 개요christianae religionis compendium"라고 불렀다. 물론 로마서가 교리책은 아니지만, 실제 로마서를 읽어 보면 그의 묘사에 나름 수긍이 가는 것 또한 사실이다. 그래서 로마서는 인기가 많다. 복음서들에도 명시적인 신학은 드러나지 않고, 다른 바울 서신들 역시 구체적인 사안들에 골몰하고 있다 보니, 복음의 모양새가 일목요연하게 드러나는 로마서가 기독교 복음의 대헌장 역할을 하게 된 것은 어찌 보면 당연한 일인 것이다. 핑계 없는 무덤이 없듯, 로마서라는 편지에도 나름의 사연은 있다. 하지만 이 경우는 사연 자체가 복음에 대한 차분한 해명을 요구하는 것이었다.

다소 특별한 편지

우리는 로마서를 바울의 대표 서신쯤으로 생각하지만, 사실 사도 바울의 선교라는 문맥에서 로마서 저술은 하나의 예외에 가깝다. 자신이 개척하여 목회했던 교회에 보내는 여타의 편지들과는 달리, 로마서는 자신이 개척하지도 사역하지도 않은, 그러니까 기본적으로 자신과 무관한 교회의 성도들에게 보내는 편지이기 때문이다. 16장의 인사말에서 드러나는 것처럼, 바울이 개인적으로 아는 이들은 많이 있었다. 특히 주후 49년 클라우디우스 황제의 유대인 추방령으로 로마에서 쫓겨나 고린도로 갔다가 거기서 바울을 만나 평생 동역자가 된 브리스길라와 아굴라 부부 역시 바울이 로마서를 저술할 당시 다시 로마로 돌아와 있었다(행 18:1-3, 18; 롬 16:3-5). 하지만 그것은 어디까지나 개인적 면식일 뿐 로마 공동체와의 관계는 아니다.

그래서 우리는 왜 바울이 자신과 무관한, 보다 적나라하게 말하면, 자신의 관할권 밖에 있는 성도들에게 편지하게 되었는지 궁금해진다. 로마교회 내의 상황 때문이었을까? 물론 로마서 14장에 보면 로마교회 내에도 소위 "강한 자"와 "약한 자" 간의 갈등이 있었다. 그리고 바울 역시 이 문제에 상당한 관심을 기울인다. 하지만 이것이 편지의 근본 동기라고 하기는 어렵다. 자신이 개척한 교회도 아닌 마당에, 무턱대고 감 놔라 배 놔라 할 수 없는 상황이기 때문이다. 그래서 우리는, 바울이 로마서를 쓴 진짜 이유는 로마교회의 상황보다는 바울 자신의 필요성 때문이 아닐까 추측하게 된다. 편지의 말미에 해당하는 로마서 15장 후반부에서 바울은 그 이유를 비교적 상세히 밝히고 있다.

바울이 로마의 성도들에게 편지를 보낸 목적은 한마디로 "하나님께서 내게 주신 은혜 때문"이다(15:15). 바울의 어법에서 "하나님께서 내게 주신 은혜"는 자신의 사도 직분을 가리키는 바울 특유의 표현이다(참조. 갈 2:9; 고전 15:10; 엡 3:7). 1:5에 나온 "은혜와 사도의 직분"이라는 표현 역시 "사도 직분이라는 은혜"의 의미를 전달한다. 그러므로 바울이 로마의 성도들에게 편지를 보내는 것은 무엇보다도 자신의 사도적 사역 수행의 일환이었다. 일차적으로는 로마교회의 상황이나 필요 때문이 아니라, 바울 자신이 사도로서의 사역을 수행하는 데 필요해서 로마서를 기록하게 되었다는 것이다.

방문을 위한 예고 편지

그렇다면 바울이 이렇게 신중한 몸짓으로 로마교회에 편지를 쓴 이유는 무엇이었을까? 사실 편지를 보낸 것도 쉽지 않은 일이지만, 바울로서는 편지 자체가 최종 목적은 아니었다. 그의 최종 목적은 로마교회 방문이었다. 편지 초두와 말미에서 바울은 이미 자신이 로마 방문을 두고 오랫동안 기도해 왔고(1:9-10), 실제로 여러 차례 방문 시도를 했었지만 알 수 없는 이유로 성사되지 못했음을 밝힌다(1:13; 15:22). 그리고 지금 다시금 로마 방문을 계획하고 있다. 먼저 예루살렘 방문을 앞두고 있는 탓인지(15:25-33), 지금 바울은 여태까지와는 사뭇 다른 긴장감과 절박감을 느끼는 것으로 보인다. "이제야말로 now at last" 방문의 길이 열렸으면 좋겠다는 말 역시 이러한 느낌을 강하게 전달한다(1:10). 이 편지는 바로 그 방문을 준비하는 차원에서 기록된 것이었다. 무턱대고 불쑥 나타날 수는 없는 노릇이니, 편지로 먼저 인사를 트고 미리 방문 계획을 알리는 것이다.

여러 번 좌절되었음에도 불구하고 다시 로마 방문을 준비하는 이유에 관해 바울은 이렇게 말한다.

> 이제는 이 지방에 더 이상 일할 곳이 없습니다. 또한 여러 해 전부터 언제든지 스페인으로 가는 길에 여러분께 갈 수 있기를 바라고 있었습니다(15:23).

"이 지방에 더 이상 일할 곳이 없습니다"라는 말은 앞서 19절과 관련하여 이해할 수 있다. 거기서 바울은 자신이 "예루살렘으로부터 두루[둥글게] 행하여 일루리곤까지 복음을 꽉[편만하게] 채웠다"고 선언한다. 일루리곤은 지금의 알바니아와 겹치는 마케도니아 서북단을 가리킨다. "편만하게 채웠다"는 말은 문자적으로 '가득 채웠다'는 말인데, 이 지역에서 자신이 해야 할 사역을 다했다는 뜻을 가진 일종의 수사적 과장이다. "둥글게" 돌았다는 것은, 지중해를 가운데 두고 로마제국을 큰 타원으로 그리고 있는 바울의 세계상을 반영한다. 그렇다면 바울의 입장에서, 예루살렘으로부터 둥글게 돌아 일루리곤까지 복음을 채웠다는 것은 로마를 기점으로 로마제국 동반부에서의 사역을 끝냈다는 말이 된다. 그리고 스페인으로 가겠다는 말은 로마제국의 서반부 사역을 계획하고 있음을 의미한다. 그러므로 바울의 계획 속에서 로마는 종착역이 아니라 스페인으로 가는 여정의 중간 기착지였던 것이다(15:28).

15:24은 왜 바울이 로마를 거쳐 스페인으로 가려고 했는지를 설명해 준다. 먼저 로마를 방문하여 그곳의 성도들과 사귐을 가진 후에, "여러분이 나를 그리로 보내 주기를 바란다"는 것이다. 한마디로 자신의 스페인 선교를 후원해 달라는 부탁이다. 이러한 부탁의 이유는 설명하기 어렵지 않다. 길리기아 지방의 다소라는 도시에서 태어난 바울로서는 지금까지 사역했던 로마제국의 동반부는 언어적으로나 문화적으로 익숙한 곳이다. 하지만 서반부는 다르다. 바울의 모국어인 헬라어보다는 라틴어가 더 널리 쓰였고, 문화적으로도 더 생소한 곳일 수밖에 없다. 또 동반부 선교의 초기에는 안디옥교회라는 든든한 후원자가 있었지만(행 13:1-3), 제국의 서반부에는 그런 곳도 없다. 그런데 로마에 이미 자생적인 기독교 공동체가 형성되어 있다. 이러한 상황에서 바울은, 로마의 공동체가 자신의 서반부 선교를 위한 베이스캠프 노릇을 해줄 수 있을 것으로 기대했다. 그래서 오해의 가능성을 무릅쓰고 굳이 로마교회에 편지를 보내어 자신의 방문 계획을 알리고 후원을 요청하게 된 것이다. 우리 식으로 말하자면, 로마서는 선교 후원을 요청하는 일종의 '선교 편지'인 셈이다.

자기소개로서의 로마서

로마서의 독특한 모양새는 이러한 정황을 고려하면 비교적 쉽게 이해된다. 원래 고대의 편지는 보내는 이의 이름, 받는 이의 이름, 그리고 전형적인 인사 문구로 시작된다(참조. 약1:1). "은혜와 평강"이라는 독특한 인사말을 사용한다는 점을 제외하면 바울의 편지들 역시 마찬가지다(고전 1:1-3; 고후 1:1-2; 갈 1:1-4; 엡 1:1-2; 빌 1:1-2; 골 1:1-2; 살전 1:1; 살후 1:1-2 등). 인사 문구는 짧게는 한 절(데살로니가전서), 길어야 네 절을 넘지 않는다(갈라디아서). 그리고 어느 경우에도 바울 자신을 언급하는 대목이 한 절 이상을 넘어가는 경우는 없다. 그런데 로마서는 다르다. 바울 자신을 소개하는 대목이 무려 1-6절까지로 늘어나고, 받는 사람과 인사말이 7절에 가서야 나온다. 달리 예가 없는 특이한 현상이다.

이는 물론 아직 교제가 없는 공동체에 보내는 편지라는 사실, 그래서 자신을 소개할 필요가 있었다는 사실을 반영한다. 소개 역시 매우 신중하고 전략적이다. 선교 후원을 요청하는 편지이므로, 자신에 대한 소개는("바울은") 사실상 자신의 사도적 사역에 대한 소개가 될 것이고("사도로 부르심을 받아"), 이는 다시 그 사역의 핵심인 자신이 전하는 복음에 대한 소개로 연결된다("하나님의 복음을 위해 구별됨"). 물론 이 복음을 말하자니 자연히 그 내용인 "그[하나님의] 아들"이 등장하고(1:2), 이어서 그에 대한 간략하지만 핵심적인 사항들이 소개된다(1:3-4). 이 하나님의 아들은 다름 아닌 "예수 그리스도", 곧 로마의 성도들이나 바울이 모두 "우리 주님"으로 섬기는 바로 그분이다(1:4). 그분은 또한 바울에게 사도의 직분을 주신 분이기도 하다(1:5). 그리고 이 사도 직분의 대상은 "모든 이방인들"이다. 로마의 성도들 역시 "모든 이방인들" 중에 포함된다(1:6). 이로써 바울이 로마 방문을 시도하는 근거가 제시된다. 말하자면 로마 역시 자신의 사도적 섬김의 영역에서 벗어나지 않는다는 말이 되기 때문이다. 이렇게 해서 바울은 자신과 로마의 성도들을 연결한다.

바울 복음의 소개서

복음에 대한 체계적 설명으로 읽히는 로마서의 구조 역시 이러한 자기소개의 필요를 반영한다. 사도인 바울의 자기소개란, 불가불 자신이 선포하는 복음에 대한 정확한 소개를 포함할 것이기 때문이다. 이런 필요는 당시 바울의 입지가 오늘날 우리가 생각하는 것처럼 확고한 것이 아니었다는 사실을 기억하면 더욱 절실해진다. 바리새파 유대인으로(빌 3:5) 기독교의 사도가 되었지만, 바울의 복음은 '율법으로부터의 자유'를 주장하는 철저한 "무할례의 복음"이었다(갈 2:7, 원문은 "무할례의 복음"이라는 말을 담고 있다). 여기에 바울이 사도로서의 객관적 자격 요건을 갖추지 못했다는 사실이 결부되어(참조. 행 1:22), 초대교회 내에서는 바울의 사도성을 둘러싸고 상당한 의구심이 존재했던 것으로 보인다. 우리는 바울이 자신의 사도됨을 강변해야 했던 서신들에서 이러한 의심과 변호의 역학을 어느 정도 더듬어 볼 수 있다(가령, 고전 9:1-2; 고후 1-5, 10-13장; 갈 1:1).

자세한 정황을 알 도리는 없지만, 우리는 로마교회에도 바울에 대한 부정적인 이야기가 전해졌으리라 예상할 수 있다. 물론 로마서 16장에서 볼 수 있는 것처럼, 교회 내에 바울 편의 인물들 역시 많았다. 하지만 모두는 아니었을 것이다. 그래서 바울로서는 할 수 있는 한 철저히, 그리고 정확하게 자신의 복음을 제시하면서 자신의 복음과 얽힌 오해들을 해명할 필요가 있었을 것이다. 실제로 3:1-8 같은 구절에서는 이러한 오해의 일단이 엿보인다. "어떤 사람들은 우리가 이런 식으로 말한다고 우리를 비방하지만, 그렇게 말하는 사람들은 정죄를 받아 마땅합니다"(3:8; 참조. 3:1; 6:1, 15). 그래서 바울은 자신의 방문을 준비하는 이 편지에서 자신의 복음에 대한 차분한 설명을 제시한다. 바울의 복음에 대한 상세한 설명이 나온다는 사실(1:18-8:39), 바울의 복음 속에서 이스라엘과 이방인의 위상이 길게 설명되고 있다는 사실(9-11장), 그리고 로마 공동체를 염두에 둔 실천적 가르침들이 비교적 일반적 필치로 제시되고 있다는 사실(12-15장)은 모두 이러한 상황적 필요를 반영하는 현상인 것이다.

바울의 신중한 태도

선교 후원 요청이라는 현실적 상황은 바울이 로마서에서 보여주는 신중한 태도를 잘 설명해 준다. '남의 교회'라는 점에서, 편지도 방문도 모두 조심스럽다. 물론 이 역시 사도적 사명의 실천이며, 따라서 그에 맞는 과감함이 드러나기도 한다. 자신이 "모든 이방인들"을 위한 사도임을 밝히고(1:5), 로마 성도 역시 이 "모든 이방인들" 중에 포함된다는 사실을 언급하는 의도를 알기는 어렵지 않다(1:6). 또한 자신이 "헬라인이나 야만인이나 지혜자나 어리석은 자 모두에게", 곧 유대인을 제외한 모든 족속에게 빚진 자이므로, "할 수 있다면 로마에 있는 여러분들에게도 복음 전하기 원한다"는 말 역시 부담이 있지만 수행할 수밖에 없는 사도적 사명의 일단을 보여준다(1:15). 이처럼 바울이 로마교회에 편지를 쓴 것은 한마디로 하나님께서 바울에게 주신 사도 직분 때문이었다(15:15). 복음을 전하라는 사도적 사명 때문에 이렇게 '무리수'를 두고 있다는 것이다.

하지만 그렇다고 함부로 접근할 수 있는 문제는 아니다. 하나님의 사명을 수행하는 일이라서 오히려 더 조심스럽다. 자신의 잘못된 태도로 인해 로마교회의 후원을 얻지 못한다면, 이는 자신의 실수로 스페인 사역이 좌절되는 결과를 불러올 수도 있기 때문이다(참조. 고전 9:19-23, 27). 그래서 바울은 최대한 몸을 낮춘다. 불필요한 반감을 최소화하려는 의도에서다. 우선 바울은 자신의 편지가 로마 성도들의 영적 수준을 무시하고 한 수 가르치려는 태도로 오인되지 않도록 신중을 기한다. 편지의 근본 목적을 밝히는 15:14-15은 이러한 바울의 모습을 잘 드러내 준다.

> 형제 여러분, 저는 제가 여러분들을 가르칠 필요도 없이 여러분 스스로 이미 올바른 삶을 살고 있으며 또한 서로를 권면할 수 있을 만큼 충분한 시식을 갖추고 있다는 것을 잘 알고 있습니다. 하지만 제가 이렇게 감히 여러분에게 편지를 낸 것은 하나님께서 제게 주신 사도 직분이라는 은혜 때문입니다. 그리고 이는 여러분이 모르는 무언가를 가르쳐 주려는 것이 아니라 여러분이 이미 알고 있는 것들을 다시금 상기시켜 드리려는 뜻에서입니다.

바울의 이 진술은 자신과 무관한 교회에 편지를 보내는 데 대한 일종의 '변명' 혹은 '변호apology'에 해당한다. 바울로서야 사명의 수행이지만, 그렇더라도 이는 매우 조심스러운 일이다. 바울의 말처럼, "남의 터 위에 집을 세우는" 행동, 곧 아무런 권리가 없는 곳에서 권리를 행사하려는 행동으로 오인될 수 있기 때문이다(15:20). 그래서 로마의 성도들에게 접근하는 바울의 태도는 사뭇 조심스럽다.

여기서 바울은 로마 성도들의 성숙한 믿음을 존중하고 있음을 알림으로써, 편지를 쓰고 권면하는 자신의 행보가 한 수 가르치려는 태도, 곧 그들을 무시하는 행동으로 비치지 않게끔 주의를 기울인다. 내가 어렸을 적에 이웃 교회 목사님들이 와서 설교할 때면 꼭 "여러분들이 담임목사님의 가르침을 받아 잘하고 계신 줄 압니다만, 부르심을 받아 왔으니 부족하나마 말씀에 의지하여 몇 말씀드리겠습니다" 하고 시작하던 것을 기억한다. 여기서 바울의 말이 바로 그와 같은 움직임에 해당한다. 불필요한 오해를 불식시킴으로, 자신의 의도가 자연스레 전달되게 하려는 수사인 셈이다. 아마 이 구절을 읽은 로마의 성도들은 바울이 편지의 초두에서 이미 "여러분들의 믿음이 온 세상에 알려지고 있어서 하나님께 감사드립니다"라고 말했던 것을 기억했을 것이다(1:8).

이러한 신중함은 자신의 방문을 예고하는 모습에 있어서도 마찬가지다. 바울은 자신의 방문이 이방인의 사도로서 맡은바 책임 수행의 일부임을 분명히 밝힌다(1:13). 여러 번 계획이 좌절되었지만, 계속 방문을 시도하는 것도 마찬가지 이유에서다(1:13-14). 하지만 여기서도 바울의 신중함이 엿보인다. 바울은 "저는 기도할 때마다 항상 여러분들을 생각하고 있으며, 속히 여러분들께로 가는 길이 열리기를 간구하고 있습니다"라고 말한다(1:9-10). 바울의 어조는 매우 강하다. "기도할 때마다" 그리고 "항상" 로마의 성도들을 생각해

왔다는 것이다. 뿐만 아니라 자기의 말이 사실임을 힘주어 말하느라 하나님을 증인으로 내세우기까지 한다(1:9). 이러한 어조의 효과는 분명하다. 로마의 성도들로서는 자신의 방문 계획이 뜬금없이 보이겠지만, 이는 사실 오래전부터 준비해 왔던 일이며 또 자신의 진정성을 담보한 계획인 만큼 이상하게 생각하지 말아 달라는 주문인 셈이다.

물론 바울의 방문은 이방인의 사도로서의 방문이다. 그래서 바울은 자신의 방문 역시 자신의 "복음 선포"의 한 부분임을 천명한다(1:15). 그런 의미에서 이는 또한 로마의 성도들에게 "어떤 신령한 은사를 나누어 주고" 이로써 그들을 "견고하게 하는" 일이기도 하다(1:11). 하지만 이러한 표현은 권위의 일방적 강요로 오해될 소지가 있다. 그래서 바울은 다시 표현의 완급을 조절한다. 사실 자신의 뜻은 어떤 일방적 관계를 맺자는 것이 아니라 "여러분의 믿음과 저의 믿음을 통해 피차 위로를 받겠다는 뜻"이라고 설명한다(1:12).

로마교회

로마서는 바울이 쓴 편지이지만, 이 편지를 받는 이들은 로마의 성도들이다. 이미 언급한 것처럼, 로마교회는 바울의 사역과 무관하게 생겨난 공동체다. 예루살렘의 유대인 공동체 및 유대인과 이방인이 함께 있었던 안디옥교회에 이어, 로마는 초대교회와 후대 서방교회의 중심지 역할을 했던 곳이다. 1세기 말, 로마교회의 교부 클레멘트가 고린도교회에 편지를 보낸 것을 보면, 이때부터 로마는 명실상부한 초대 기독교의 중심지 역할을 하고 있었던 것으로 여겨진다. 이처럼 역사적으로 중요한 교회지만, 로마교회의 발생 과정은 알 도리가 없는 역사의 수수께끼에 속한다. 사도행전은 바울이 죄수의 신분으로 로마에 도착하여 두 해 동안 일종의 가택연금 상태에서 복음을 전하는 모습으로 끝나지만(행 28:30-31), 로마서의 존재 자체가 말해주듯, 이때는 이미 로마에 기독교 공동체가 생겨 난 다음이다. 사실 주후 49년 무렵 바울은 고린도에서 브리스길라와 아굴라 부부를 만나게 되는데(행 18:1-3), 분명 이들은 바울을 만날 당시 이미 그리스도인들이었다. 그러니까 이때 벌써 로마에 유대 기독교 공동체가 있었다는 말이다. 소설과 영화로 유명한 「쿼바디스*Quo Vadis*」의 자료가 되었던 문서로 기독교 외경의 하나인 베드로행전에는, 베드로가 로마에서 사역하다 거꾸로 십자가에 달려 순교한 것으로 그려지지만, 이 역시 로마교회의 기원을 설명해 주는 것은 아니다.

로마교회의 기원을 추측해 보는 데 중요한 자료는 사도행전 2장의 오순절 사건이다. 누가는, 당시 예루살렘에는 다양한 나라 출신의 디아스포라 유대인들이 오순절을 지키기 위해 예루살렘에 와 있었다고 기록한다. 그 가운데는 로마에서 온 유대인들 및 유대교로 개종한 이방인들 역시 포함되어 있었다(행 2:10). 만약 이들 중 일부가 베드로의 설교를 통해 복음을 받아들이고 로마로 돌아갔다면, 아마도 이들이 로마 기독교 공동체의 모태가 되었을 가능성이 크다. 그렇다면 로마에는 매우 이른 시기부터 유대인들이 주축이 된 기독교 공동체가 생겨났을 것이다.

앞서 언급한 대로, 클라우디우스 황제는 주후 49년에 로마의 유대인들에게 추방령을 내렸다. 당시의 역사가 수에토니우스의 기록에 의하면, 이는 크레스투스Chrestus라는 사람의 선동으로 일어난 혼란 때문이었다. 대부분의 학자들은 이 크레스투스가 크리스투스Christus, 곧 그리스도의 다른 표기라는 데 동의한다. 만약 이것이 사실이라면, 49년의 유대인 추방령은 유대인 공동체와 유대 그리스도인들 사이에 생겨난 분란과 관계 있을 것이다. 이때 유대인들은 모두 로마를 떠나야 했으므로, 로마의 기독교 공동체에는 그 무렵에는 아직 소수였을 이방 그리스도인들만이 남게 되었다. 물론 추방령이 무의미해지자, 일부 유대 그리스도인들은 브리스길라와 아굴라처럼 다시 로마로 돌아왔다. 하지만 이때는 벌써 이방 그리스도인들이 로마교회의 주축으로 자리 잡은 연후로, 오히려 유대 그리스도인들이 소수자의 입장에 놓이게 되었을 것이다. 확실하게 말하기는 어렵지만, 9-11장에서 부각되는 이스라엘을 향한 관심 및 이방인 성도들의 오만에 대한 경고나 14장에 나타나는 소위 강한 자와 약한 자들 간의 갈등에 관한 바울의 권고는 로마교회의 이러한 사정을 반영한 것일 가능성이 있다. 그렇다면 바울의 선교적 상황이라는 주된 사연에 더하여, 로마교회의 내부 사정 역시 로마서의 생김새에 다소간 영향을 미친 셈이 된다.

로마서 읽기를 시작하며

앞으로 우리는 한동안 로마서를 함께 읽어 나갈 것이다. 이번 장에서 편지의 배경이 되는 바울의 상황과 로마교회의 상황을 살펴본 것은, 이러한 인간적 정황을 기억하는 것이 로마서 이해에 필요하리라는 판단에서다. 한 사람이 다른 누군가에게 보내는 글이란 사연이 있게 마련이다. 물론 많은 성도들이 로마서를 하나님의 말씀으로 고백하며 읽는다. 이 점에서는 나 역시 마찬가지다. 하지만 그렇다고 해서 로마서를 하나님의 말씀으로 읽는 별다른 방법이 존재하는 것은 아니다. 사실 로마서를 가지고 우리가 할 수 있는 유일한 시도는, 이것을 바울이 로마 성도들에게 쓴 편지로 최선을 다해 해독해 내는 것뿐이다. 물론 이것이 하나님의 계시를 발견하는 유일한 과정은 아닐 것이다. 하지만 이것이 필수적인 과정임은 부인할 수 없다. 그리고 바로 이것이 우리가 이 책을 통해 시도하려는 것이다. 다음 장에서는 사람의 글이면서 동시에 하나님의 말씀으로 고백되는 성경의 본질 및 그 해석에 관해 생각해 보면서 이야기를 풀어 보도록 하자.

2. 안경 고쳐 쓰기

1:8-17

우리가 읽을 글은 로마서라 불린다. Romans라는 영어 제목이 알려주듯, 여기서 '로마'는 엄밀히 로마 사람들을 말한다. '서書'는 책이 아니라 서신書信을 줄인 말이다. 물론 저자는 바울이다. 그러므로 로마서는 바울이라는 사람이 로마에 있는 일군의 그리스도교 신자들에게 보낸 편지다. 앞 장에서 우리는 분위기 파악 차원에서 이 편지가 기록된 정황을 둘러보았다. 그리고 이제 로마서 자체로 우리의 시선을 돌린다. 우리는 이 편지를 어떤 식으로 읽어야 할까? 로마서의 내용을 들여다보기 전에, 한 걸음 물러서서 성경을 읽을 때 우리가 착용하는 안경을 한번 살펴보는 것이 유익할 듯싶다.

해석학적 우상숭배

로마서는 바울이 쓴 편지이고, 그래서 우리는 이 편지를 바울의 글로 읽는다. 당연한 소리 아니냐고 하겠지만, 실제 그리스도인들이 성경 읽는 방식을 들여다보면 이야기가 달라진다. 사실 대부분의 로마서 독자들은 그리스도인들이다. 그리고 대부분의 신자들이 로마서를 읽는 것은 그것이 하나님의 말씀이라고 믿기 때문이다. 바울의 글이어서가 아니라 하나님의 말씀이기 때문에 읽는다는 이야기다. 이처럼 저자가 바울에서 하나님으로 바뀌면 독자 또한 정체를 바꾼다. 로마서의 독자는 더 이상 1세기 로마의 신자들이 아니라 바로 지금의 나다. 결국 우리는 로마서를 '오래전 로마인들을 위한 바울의 편지'로가 아니라 '지금 나를 위한 하나님의 말씀'으로 읽는다. 그렇다고 로마서가 바울의 글임을 부인하지는 않지만, 바울 아니라 누구라도 상관이 없다. 큐티quiet time로 알려진 개인 성경 묵상이 좋은 예가 되겠지만, 성경 읽기에서 신자들의 관심은 로마의 신자들을 향한 바울의 말이 아니라 오늘 나를 향한 하나님의 말씀이다. 바울과 로마 신자들 사이라는 본래의 정황이 사라지면서, 이제 바울의 텍스트는 하나님이 나에게 무언가를 말씀하시기 위한 일종의 코드로 탈바꿈한다.

하지만 여기에 함정이 있다. 내가 성경을 하나님의 말씀으로 고백한다고 해서, 바울이 옛날 로마인들에게 했던 말이 지금 나를 위한 말로 변신하는 것은 아니다. 사실 그렇게 바꾸는 것은 나다. 그러니 무리가 따른다. 가령 "제가 여러 번 여러분들에게 가려고 했던 것을 아셨으면 좋겠습니다"(1:13)라는 구절을 읽었다고 치자. 실제로 어떤 신자는 이 구절에서 하나님이 여러 번 자신을 찾아오려 했지만 좌절하셨구나 하는 '말씀'을 읽어 내고 자신의 완고함을 회개한다. 물론 이 사람이 실제로 하나님의 초청을 여러 번 거절한 체험이 있을 수 있고, 따라서 그는 이 구절이 자신의 고집을 꾸짖는 하나님의 음성이라고 느낄 수 있다. 하지만 성경 읽기가 늘 이렇게 간단한 것은 아니다. "여러분이 나를 스페인으로 보내 주면 좋겠다"(15:24)는 대목에 오면 그럴듯한 의미를 찾기 어렵다. 물론 영적 상상력을 발휘하여 내 삶의 "스페인"을 포착해 내고, 하나님이 그리로 가실 수 있도록 해야 하겠다고 결심할 수도 있지만, 이쯤 되면 우리의 읽기는 '꿈보다 해몽'의 영역으로 넘어간다. 물론 이 해몽은 전적으로 내 마음이다. 어차피 바울의 본래 의도가 무의미한 상황이니 그냥 **내가 그럴듯하다고 느끼는 방식으로** 이해하고 적용하는 것이다. 바울의 말을 재료로 삼기는 했지만, 실제 조리되어 나온 음식은 나 자신의 생각 그 이상도 그 이하도 아니다. 나는 이러한 현상을 **해석학적 우상숭**배라 부른다. 황금송아지를 만들어 놓고 그것을 하나님이라 불렀던 이스라엘처럼, 내 생각의 송아지를 만들어 놓고 그것을 하나님의 말씀이라고 착각하는 행태다. 성경을 빙자했다는 사실 말고는, 여기서 하나님의 뜻을 말할 만한 근거는 존재하지 않는다. 성경을 내 생각이 투영되는 거울로 삼고, 본문의 이름으로 나 자신의 생각을 '발견'한 것뿐이다. 강단에서 외치는 설교든, 골방에서 하는 묵상이든, 오늘날 교회의 성경 읽기는 많은 부분 이러한 해석학적 우상숭배로부터 자유롭지 않다. 적나라하게 말하면, 내 마음대로 성경을 해석하고 '은혜' 받는 데 익숙하다는 이야기다. 물론 이런 식의 자의적 해석과 자기도취적 감동이 초월적 은총일 가능성은 적다. 진정으로 우리를 바꿀 수 있는 초월의 음성은 아니라는 이야기다. 성경을 부지런히 읽고 공부하면서도 우리 교회가 이토록 무력한 것은, 어쩌면 이러한 자기중심적 우상숭배와 관련된 것은 아닐까?

로마서를 읽기 전에 우리는 먼저 성경이 내 통제와 조작의 대상이 아님을 분명히 인식해야 한다. 성경은 하나님의 말씀이다. 그리고 나는 하나님이 아니다. 말하자면 성경은 남의 말이다. 우리는 성경에서 나를 위한 말씀을 기대할 수 있지만, 그렇다고 해서 그 말씀이 내가 창조하거나 조작할 수 있는 메시지는 아니다. 나 아닌 남의 말, 내 생각이 아닌 타인의 생각을 담은 글이기에, 신중한 듣기가 필요하다. 입장이 다른 사람의 생각을 이해하기란 결코 쉬운 일이 아니기 때문이다. 말씀을 듣는 것은 우리지만, 우리의 노력은 들려지는 말씀을 정확하게 들으려는 것이어야지, 대충 듣고 내 마음대로 상상하는 그런 부지런함이어서는 곤란하다는 것이다.

성경은 하나님의 말씀이지만, 그렇다고 해서 이 성경을 바로 하나님의 말씀으로 읽을 수 있는 특별한 해석학이 있는 것은 아니다. 사실은 정반대다. 우리가 하나님의 언어를 배우는 것이 아니라, 하나님께서 우리의 언어로 말을 걸어오신 것이다. 하나님께서는 인간의 말과 글을 통해, 당시 사람들이 사용하던 평범한 언어로 말씀하셨다. 선지자의 메시지를 이해하기 위해 이스라엘이 무슨 신적 언어를 배워야 했다거나, 예수의 선포를 이해하기 위해 제자들이 어떤 신비적 해석법을 습득해야 하는 것도 아니었다. 로마의 성도들이 바울의 편지를 해독하려고 무슨 신비한 체험을 거쳐야 하는 것도 아니었다. 그냥 사람과 사람이 말하듯, 사람이 사람의 글을 읽어 가듯, 그렇게 듣고 그렇게 읽으면 되는 일이었다. 메시지의 초월성이 의사소통의 신비함을 의미하는 것은 아니라는 말이다.

그런 점에서 성경을 통한 계시는 성육신의 원리와 통한다. 성육신이란 하나님을 만나기 위해 우리가 구름을 타는 것이 아니라, 하나님이 내려와 우리 중 하나가 되셨다는 진리다. 그리고 우리는 다른 사람과 어울리듯, 인간 예수를 만나고 어울린다. 그런데 이 평범한 만남을 통해 우리는 하나님을 만난다. 인간 예수를 보면서, 거기서 "아버지의 독생자의 영광"을 발견하는 것이다. "나로 말미암지 않고는 아버지께로 올 자가 없다"는 나사렛 예수의 말씀처럼(요 14:6), 인간 예수를 무시하고 하나님께 갈 수 있는 통로는 없다. 계시의 관건은 "길"이신 예수와의 만남 자체이지, 하늘로 오르기 위한 어떤 신비적 조작이 아니다.

우리는 지금 로마서를 읽고 거기서 하나님의 음성을 들으려고 한다. 우리가 아는 것처럼, 이 글은 바울이라는 사람이 헬라어로 쓴 편지다. 따라서 하나님의 음성을 들으려는 우리의 노력은 우선 바울이 쓴 이 헬라어 편지를 충실히 이해하는 노력에서 시작한다. 2천 년 전 바울이 로마의 신자들에게 했던 말을 파악하는 것이 오늘 나를 위한 하나님의 음성을 듣는 첫 단추가 된다는 것이다. 어느 학자의 표현을 빌리면, 본문이 애초에 의미했던 바what it meant를 발견하지 않으면 그 본문이 지금 의미하는 바what it means를 말할 수 없다. 물론 '그때 그들'의 이야기가 어떻게 '오늘 나'의 이야기가 될지는 보다 신중한 사색이 필요한 대목으로, 여기서 길게 논할 사안은 아니다. 우선 중요한 것은, 이 과정이 본문의 본래 의미를 건너뜀으로가 아니라 그 본래 의미를 파악함으로 이루어진다는 사실을 인식하는 것이다.

바울의 글 해독은 무슨 신비한 절차를 필요로 하지 않는다. 우리의 숙제는 바울의 헬라어를 최대한 정확하게 해석해 내려는 노력이지, 문법을 넘어 무슨 신비한 코드를 찾아내는 것이 아니다. 당시의 로마인들이 바울의 글을 읽었던 것처럼, 그렇게 바울을 이해하려고 애쓰는 것이다. 물론 우리는 성령의 조명에 관해 말할 수 있다. 하지만 성령의 조명이란, 자연스러운 의사소통의 과정을 통해, 혹은 이 소통에 더하여 주어지는 무엇이지, 이 소통의 땀을 흘리지 않도록 해주는 지름길이 아니다. 소위 영해靈解라 불리는 기발한 해석들은, 많은 경우 본문 해독 과정이 귀찮은 이들의 편법 아니면 모호한 표현을 자기 마음대로 주물러야 할 정치적 필요의 산물인 수가 많다. 하나님이 헬라어를 말하는데, 우리가 신비적 영해 운운하는 것은, 요셉의 아들을 통해 자신을 계시하는 하나님을 무시하고 휘황찬란한 표적을 추구하는 태도와 다르지 않다.

바울의 논리 따라잡기

너무 뻔한 소리라서 오히려 잊고 살지만, 모든 글에는 나름의 종류가 있는 법이다. 우리는 이를 장르genre라 부른다. 각 장르는 합의된 쓰기와 읽기의 규칙을 갖는다. 넓은 의미에서 이는 문학적 관습convention이라 불린다. 축구 경기에는 나름의 규칙이 있고, 우리는 그 규칙에 따라 공을 차고 경기를 관람한다. 글을 통한 의사소통 역시 마찬가지다. 시는 시대로, 소설은 소설대로, 그리고 편지는 편지대로 합의된 규칙이 있다. 그리고 우리는 모두 이 합의된 글의 규칙에 따라 생각을 주고받는다. 시를 소설처럼 읽는다거나, 소설을 시처럼 읽는 것은 축구 시합에서 공을 안고 뛰려는 것과 같다. 소통의 지름길이 아니라, 아예 소통 자체의 파괴다. 서로 다른 언어로는 소통할 수 없는 것처럼, 합의된 규칙을 무시하고서 대화할 수 있는 길은 없다.

이미 언급한 것처럼, 바울의 글들은 목회자 바울이 여러 교회의 신자들에게 보낸 편지다. 그래서인지 이 편지들에서 바울은 자기 나름의 신학적 사유를 펼치는 일보다는 성도들과 더불어 복음의 실천적 의미를 묻고 답하는 일에 더 분주하다. 때로는 복음을 다시 설명하고, 그 복음의 빛 아래서 당면한 상황의 의미를 해명해 낸다. 또한 복음의 원리에 충실한 삶을 칭찬하거나, 복음과 맞지 않는 비논리적 행태를 질책하기도 한다. 그러다 보니 이야기체의 복음서나 사도행전과는 달리, 바울의 편지들은 신학적이면서도 목회적인 논증論證이 주조를 이룬다. 교회 공동체라는 구체적 삶의 문맥에서 복음의 실천적 의미를 묻고 답해야 했기 때문이다. 그래서인지 바울의 글들은 말하고자 하는 논점이 분명하다. 그 논점의 제시 과정 또한 매우 논리적이다(물론 화가 나서 큰소리 칠 때도 없지 않지만). 한글 번역에는 잘 드러나지 않지만, 바울 서신에 '그러므로', '왜냐하면' 등의 접속사가 빈번히 등장하는 것은 바로 그 때문이다. 따라서 바울 서신을 읽고 이해한다는 말은, 바울이 전개하는 논증의 흐름을 정확히 파악하고 그 흐름에 의해 생성되는 논점을 포착하는 것을 의미한다. 대부분의 경우 바울은 무언가 분명히 할 말이 있고, 우리의 임무는 바로 그 '할 말'이 무엇인지를 발견하는 일인 것이다. 논리를 따지며 생각을 따라가는 것은 너무 피곤한 일 아닌가 싶겠지만, 말씀 자체가 그런 모양으로 주어진 이상 달리 선택의 여지가 없다. 변호사의 논증을 읽으면서 왜 연애소설처럼 쉽지 않냐고 불평할 수는 없다. 직접 이해할 수 없으면 다른 사람의 도움을 청해서라도, 그 사람의 말을 알아들어야 한다. 아예 안 읽겠다면 모르겠거니와, 바울의 편지를 읽겠다고 나선 이상 그의 논증에 귀를 기울이는 수밖에 없는 것이다.

말이 나온 참에 잠시 곁길로 빠지자면, 복음의 실천적 의미를 해명하는 바울의 목회신학적 담론이 논리적이라는 사실은 매우 시사적이다. '텅 빈 머리'와 '품질 좋은 믿음'을 혼동하는 일부 목회자들의 자기중심적 착각과는 달리, 복음 사역이란 권위주의적 우격다짐으로 되는 일이 아니다. 사람이 확신하지 않는 가치를 따라 살 수는 없다. 또 설득력 없는 주장을 확신하지도 못한다. 복음이라고 달라지는 것이 아니다. 아무 생각 없는 맹신의 무리를 원한다면 모를까, 성숙한 신자를 키우고 싶다면 그 과정은 논리적일 수밖에 없다. 목회가 정치적 조작이 아니려면, 선포되는 복음이 분명해야 하고 복음과 삶을 연결하는 논리 또한 선명해야 한다. 물론 복음은 초월적이다. 하지만 초월의 담론이 나의 비논리성을 숨기기 위한 연막일 수는 없는 일이다. 십자가의 복음 자체는 초월적이지만, 우리의 삶은 십자가의 논리에 맞아야 한다. 그래서 하나님도 검사의 옷을 입고 "한번 따져 보자"고 나서고(사 1:18), 바울 역시 자신의 사도 직분을 "설득"의 사역으로 간주한다(고후 5:11). 이 점에서 우리라고 다를 수 없다. 복음과 삶 사이의 논리적 주파수를 맞추는 작업, 곧 복음적 논리와 설득이 귀찮은 목회자라면, 자신이 원하는 일이 성도를 성숙하게 하는 목회인지, '목회'라는 이름의 세속적 성공인지 되물을 일이다.

논리에 무관심한 번역 성경들

앞에서 나는 바울의 글들이 논리적이라고 말했다. 그래서 우리는 바울의 논리에 관심을 기울인다. 그런데 우리는 한 가지 결정적 장애물에 직면한다. 한국의 독자들은 대부분 번역으로 로마서를 읽는데, 한글 번역들이 대부분 바울의 논리를 제대로 재현하지 못하고 있기 때문이다. 새로운 번역들도 여럿 나왔지만, 이 점에서는 전혀 개선의 흔적이 보이지 않는다. 심지어 새로운 번역이라고 큰소리치지만, 기존 번역의 재활용처럼 느껴지는 경우도 많다. 개별 문장 단위를 넘어, 글 전체를 통해 드러나는 생각의 흐름을 살려 내는 번역들이 드물다는 말이다. 여기서 문제의 핵심은, 대부분의 번역들이 바울이 사용한 수많은 접속사들을 너무 자주 무시한다는 사실이다. 그러니 문장과 문장 간의 연결이 끊어진다. 애초에 '끊어 읽기'의 달인인 우리들인지라 뭐가 문제냐 싶겠지만, 사실 이렇게 되면 의사소통 자체가 불가능해진다. 접속사를 통해 생성되는 문장 간의 질서를 무시하게 되면, 정작 하고 싶은 말과 이를 위한 보조 진술을 혼동하기 때문이다. 문장과 문장을 따로 읽고서도 나름대로 은혜를 받을지 모르나, 바울의 의도는 이미 놓치고 난 다음이다. 말하자면, 바울은 교향곡을 들어 보라는데, 우리는 악기 소리를 따로 듣고 감탄하는 것과 같다.

이야기를 한번 만들어 보자. 어느 날 바울이 친구와 함께 야외 공연을 관람했다. 그런데 그날 밤 그 친구가 시체로 발견되었다. 형사는 마지막으로 함께 있던 바울을 불러 그날 저녁 무엇을 했는지 캐묻는다. 바울은 "공연 끝나고 집에 갔다"고 주장한다. 그리고 "바깥 날씨가 너무 추웠다"는 말로 주장에 무게를 더한다. 여기서 중요한 것은 집에 일찍 갔다는 사실이다. 그래서 바깥 날씨가 추웠다는 말도 꺼냈다. 추웠다는 게 중요해서가 아니라 집에 일찍 갔다는 주장에 도움이 되니 그랬을 뿐이다. 일찍 집에 들어가 밖으로 나온 적이 없음을 증명하는 CCTV 기록이 있었다면, 그날이 추웠건 말았건 무슨 상관인가? 그런데 형사가 그날이 추웠다는 사실 자체에 집착한 나머지, 바울이 그 사실을 언급한 이유를 알아주지 않는다면 얼마나 답답할 것인가?

로마서의 한 구절을 예로 들어 보자. 로마서의 주제문이라 일컬어지는 1:16에서 바울은 "내가 복음을 부끄러워하지 아니하노니"라고 말한다. 뒤이어 그 이유가 나온다. "이 복음은 모든 믿는 자에게 구원을 주시는 하나님의 능력이 됨이라." 요즘은 사용하지 않는 어법인 "됨이라"는 '되기 때문입니다'라는 뜻이다. 그러니 진술(1:16 상)과 그 근거(1:16 하)의 관계가 미약하나마 표현된 셈이다. 복음이 구원을 위한 하나님의 능력이기 때문에 그 복음이 자랑스럽다는 뜻이다. 개역성경에 의하면 이어지는 17절에는 복음에 관한 또 하나의 진술이 등장한다. "복음에는 하나님의 의가 나타나서"(1:17). 한글로는 16절과 17절 사이에 아무런 연결이 없으므로, 이 두 구절은 복음에 관한 두 개의 대등한 진술로 읽힌다. 하지만 사실은 그렇지 않다. 17절은 "왜냐하면"이라는 접속사에 의해 이끌리는 절로서, 16절 진술의 근거를 제시하는 종속절이기 때문이다. 복음에 하나님의 의가 나타나기 때문에 이 복음이 모든 믿는 자를 구원하는 하나님의 능력이 된다는 것이다. 논리적 관계를 염두에 두고 본문을 풀어 보면 이런 식이 될 것이다.

나는 복음이 부끄럽지 않습니다. 왜냐하면 이 복음은 모든 믿는 자를 구원에 이르게 하는 하나님의 능력이기 때문입니다. 그리고 이 복음이 하나님의 능력인 것은 바로 이 복음에 하나님의 의가 나타나기 때문입니다.

바울이 최종적으로 하고 싶은 말은 "복음은 구원을 위한 하나님의 능력"이라는 사실이다. 이 주장에 대한 근거로 바울은 이 복음 속에 하나님의 의가 나타난다는 사실을 언급한다. 그러니까 17절의 "하나님의 의"(칭의) 개념은 하나의 독자적 주제로가 아니라 "복음은 구원을 위한 하나님의 능력"이라는 16절의 핵심 주장을 뒷받침하기 위한 보조적 논점으로 등장한다. 앞으로 살펴보겠지만, 1:16-17의 주제 진술에서 나타나는 이러한 관계는 로마서의 논증 전체를 이해하는 데도 대단히 중요하다. 물론 이 관계를 무시하고 16절과 17절을 따로 먹고 맛있다 느낄 수 있다. 하지만 그것은 바울이, 아니 하나님이 의도한 맛은 아니다.

인간의 자기중심성과 성경의 논리

바울의 논리를 충실히 재현하는 번역이 드물다는 사실은 타인의 생각을 따라가는 일이 간단치 않다는 진리를 다시금 상기시켜 준다. 우리는 모두 자기중심적인 존재들이다. 그래서 다른 사람을 이해하는 일에는 의식적인 노력이 요구된다. 물론 서로 입장이 다를수록 상대방을 이해하는 일은 더욱 힘겹다. 엄마와 사춘기 딸과의 대화나 사고 난 두 차의 주인이 서로 다투는 모습을 생각해 보라. 로마서를 읽는 우리가 바울의 환생이 아니라면, 바울의 생각이 내 마음에 맞을 가능성은 많지 않다. 궁극적으로 바울의 글이 하나님의 계시라고 생각하면 문제는 더 심각해진다. 자기중심적 죄인들인 우리에게 하나님의 생각이 쉽게 이해될 수 있을까? 이사야의 말처럼, 하나님의 생각과 우리의 생각이 하늘과 땅 차이라면(사 55:8-9), 대충 읽고도 하나님의 의중을 파악하는 일이 가능하기나 한 것일까? 이처럼 성경의 생각을 이해하기가 간단하지 않다면, 우리는 그 의중을 파악하기 위해 신중하고도 세심한 주의를 기울이는 것이 마땅하지 않을까?

이 점에서 우리의 태도는 종종 이율배반적이다. 성경 읽는 데는 열심이지만 그 뜻을 묻는 일에는 게으르기 때문이다. 성경 통독과 성경 전체를 베껴 쓰는 일도 서슴지 않지만, 무슨 뜻인지 알아내려는 일에는 별 관심이 없다. 목회자들이라고 예외가 아니다. 설교 만드는 일에는 부지런을 떨지만, 정작 설교의 바탕이 될 본문의 의미를 따지는 일에는 별로 시간을 들이지 않는다. 성경이 하나님의 말씀이라 거품을 물지만, 정작 그 뜻을 파악하려는 노동에는 관심이 없다. 왜 그럴까? 난순하게 말하면 이렇다. 성경 읽는 일은 아무리 힘들어도 좋다. 어디까지나 그것은 내가 열심히 하면 되는 일이고, 읽는 만큼 내 종교적 열정이 만족되기 때문이다. 하지만 성경의 뜻을 묻는 일은 다르다. 상대방의 마음을 이해하는 일은 상대방의 말에 대한 진지한 관심을 요구한다. 그러기 위해서는 나 자신의 입장을 잠시 내려놓지 않으면 안된다. 특별히 성경이 나에게 '시비'를 걸어올 경우, 그 성경의 의도를 진지하게 묻는 것은 내 입장을 포기해야 할 수도 있음을 인정하는 행위다. 물론 이것은 쉽지 않다. 본성적으로 자기중심적인 우리 인간들로서는 내 입장을 포기하는 것만큼 어려운 일이 없기 때문이다. 교통사고로 서로 옥신각신하는데, 상대방의 입장을 이해하는 일이 어디 쉬운 일인가?

다른 누군가와 관계를 맺는다는 것은 내 입장을 상대화한다는 뜻이다. 하지만 나를 괄호 속에 집어넣는 일은 언제나 어렵다. 서로의 입장이 다를 경우, 아무리 사소한 일이라도 자존심 문제가 될 수 있다. 일단 자존심이 걸리면 우리는 이혼조차 서슴지 않는다. 내 입장을 포기하느니 차라리 홀로서기가 낫다. 물론 외롭기는 하다. 그래서 우리는 대안을 확보한다. 나를 잘 따르는 강아지를 한 마리 사고, 그 강아지에게 온갖 애정을 다 쏟는다. 그래도 행복하다. 전남편과의 관계와는 달리, 주도권이 전적으로 나에게 있고 이 강아지는 내 자아를 포기하도록 요구하는 법이 없기 때문이다. 많은 경우 성경을 읽는 우리의 태도는 남편과 살아가는 아내의 모습보다는 강아지를 키우는 여인의 모습과 닮았다. 강아지에 대한 과도한 집착이 사랑과 무관한 자기애의 표현이듯, 성경 읽기의 열정이 나에 대한 집착을 감추려는 종교적 연막일 수 있다는 것이다. 대접의 겉을 깨끗이 하려는 바리새인들의 열정이 그 더러운 속을 감추려는 종교적 위선이었던 것처럼 말이다.

성경은 말씀을 칼로 비유한다. 남을 죽이고 내 욕심을 채우는 공격용 칼이 아니라, 나 자신의 "관절과 골수를 찔러 쪼개는" 해부용 칼, 그래서 나를 속속들이 하나님 앞에 드러나게 하는 심판의 칼이다(히 4:12-13). 수술을 해야 살아날 수 있는 환자처럼, 우리는 이 칼을 필요로 하는 존재들이다. 자신의 병을 부인하는 사람이라면 그 칼을 도전의 의미로 받아들이겠지만, 죄의 병과 싸우는 우리로서는 우리를 살리는 고마운 수술칼로 여길 것이다. 그렇다고 무섭지 않은 것은 아니지만 말이다.

성경 읽기와 성령의 조명

성경을 통해 전달되는 하나님의 의중을 묻고 이해하려는 노력은 내 입장과 내 생각을 내려놓으려는 겸허함을 동반한다. 내 생각을 고집하는 한, 말씀의 의미에 대한 진지한 물음은 가능하지 않다. 여기서 우리는 성령의 도우심을 기대할 수 있다. 원칙적으로 말하면, 성령이 역사한다고 바울의 헬라어가 저절로 해독되거나 바울의 논리가 갑자기 환해지는 것도 아니다. 이러한 착각은 일종의 해석학적 가현설이다. 성령의 움직임은, 성경 텍스트가 아니라 오히려 나 자신을 겨냥한다. 하나님의 말씀을 나의 이기적인 마음에 맞게 바꾸는 것이 아니라 나의 이기적인 태도를 말씀 듣기에 합당하도록 주무른다는 말이다. 대화가 진지해지고 상대의 의도가 분명해질수록 우리는 부담을 느끼고, 그래서 자리를 박차고 나가고 싶은 유혹을 느낀다. 더 이상 듣고 싶지 않게 되는 것이다. 남편과의 삶이 강아지 키우는 것과 달라지는 대목이 바로 이 순간이다. 진정한 관계의 관건은 바로 이 순간의 결정에 달려 있다. 나를 다스리고 계속 말씀을 듣느냐 귀를 막고 자리를 떠나느냐, 바로 이것이 문제인 것이다. 여기서 성령은 우리의 마음을 다스린다. 귀에 거슬리고 마음에 싫은 음성이라도 듣고 받아들일 수 있도록 우리 마음을 겸허하게 만드시는 것이다.

나를 포기하는 일은 싫지만, 이 싫은 일도 기꺼이 감수하게 만드는 것이 있다. 바로 사랑이다. 남편과 생각이 달라 다툴 수 있지만,

그렇다고 헤어질 생각은 없다. 남편을 사랑하기 때문이다. 그래서 한 걸음 물러선다. 사랑하는 남편과 함께 사는 것이 내 작은 고집을 지키는 것보다 더 중요하기 때문이다. 남편을 향한 사랑, 곧 상대를 향한 진지한 관심이 서로의 관계를 가능하게 하는 것이다. 마찬가지로, 말씀과의 진지한 대화 역시 말씀의 주체인 하나님을 향한 진지한 관심에서 비롯한다. 하나님의 생각이 나의 자기중심적인 욕심과 일치할 가능성은 많지 않지만, 하나님을 사랑하기 때문에 우리는 기꺼이 그분의 말씀 앞에 나 자신을 내려놓는다. 내 작은 욕심을 채우는 일보다는 그분의 임재를 지키는 일이 더욱 소중하기 때문이다. 하지만 사랑이 없다면, 이 모든 말들이 무의미할 것이다.

로마서 읽기를 사랑하는 이와의 대화쯤으로 생각하면 어떨까? 때론 설명하고 때론 따져 묻고, 때론 격려하고 때론 질책하겠지만, 그 모든 이야기들 속에 잔잔한 사랑이 묻어나는 대화. 아파서 눈물이 날 때도 있지만 그 아픔이 오히려 사랑의 깊이를 말해 주는 대화 말이다. 그렇게 진한 대화를 나누고 난 뒤 내가 부쩍 자란 듯 생각된다면, 그것이 바로 우리가 로마서를 읽으려는 이유가 아닐까?

3. 복음, 하나님의 능력

1:16-17

> 나는 복음이 부끄럽지 않습니다. 왜냐하면 이 복음은 모든 믿는 자를 구원에 이르게 하는 하나님의 능력이기 때문입니다. 이는 우선 유대인들에게 그러하며 또한 이방인들에게도 마찬가지입니다. 이처럼 복음이 구원을 위한 하나님의 능력이 되는 것은 이 복음 속에 하나님의 의, 곧 오로지 믿음을 통해 주어지는 하나님의 의가 나타나기 때문입니다.

의견을 달리하는 이들도 있지만, 대체로 로마서 1:16-17은 로마서 전체의 주제로 간주된다. 이를 약간 과장하면, 이 주제문의 이해가 로마서 전체의 이해를 좌우한다는 말이 된다. 그래서 이 장에서는 이 주제문의 의미를 보다 자세히 뜯어보기로 하자.

능력으로서의 복음

바울의 첫 주장은 복음이 부끄럽지 않다는 것이다. “부끄럽지 않습니다"라는 것은 일종의 이중부정으로 '매우 자랑스럽다'는 뜻이다. 물론 바울이 말하는 부끄러움 혹은 자랑스러움은 단순한 심리적 개념 이상이다. 바울 서신에서 무언가를 자랑한다는 것은, 그것의 진리와 가치를 확신하고 그것을 삶의 근거와 원리로 삼는다는 뜻이다. "십자가 외에는 자랑할 것이 없다"거나(갈 6:14), "그리스도 예수를 자랑한다"(빌 3:3)고 할 때의 의미가 바로 그것이다. 성도들에게 "자랑할 사람은 주 안에서만 자랑하라"(고전 1:31; 고후 10:17)고 훈계하는 것 역시 마찬가지다. 그래서 복음이 자랑스러운 이유에 대한 설명은 곧 복음 자체의 본질에 관한 설명이 된다. "그래서 내가 복음이 자랑스럽다는 거야"라는 말은 사실상 "그래서 복음이 진짜 복음인 거야"라는 말과 다르지 않다. 그러므로 16절의 진술은 복음에 대한 바울 자신의 자신감을 넘어, 복음 자체의 본질에 대한 진술이 되는 셈이다.

바울이 복음에 대해 그토록 자신만만한 것은 이 복음이 바로 "하나님의 능력"이기 때문이다. 복음을 한마디로 말하면, "하나님의 능력"이다. 바로 이런 이유로 인해 예수에 관한 소식은 '복된 소식福音', 곧 사람들을 구원에 이르게 하는 메시지가 된다. 우리는 여기서 바울이 복음을 능력power이라는 말로 정의하고 있음에 주목해야 한다. 복음과 복음 아닌 것들을 구분하는 관건은 바로 능력, 곧 힘이다. 물론 이 능력은 막연한 힘이 아니라 구원에 이르게 하는 특정한 힘을 가리킨다. 하지만 여전히 힘은 힘이다. 힘의 소유 여부가 바로 복음과 비복음을 갈라놓는 시금석이 된다는 것이다.

"복음=능력"이라는 바울의 등식은 다분히 전략적이다. 우리는 복음이라고 하면 십자가, 대속, 은혜, 믿음, 사랑, 칭의 등의 개념을 떠올린다. 내 경험에 의하면, 복음을 요약하여 능력이라는 말을 사용하는 사람은 별로 없다. 그러니 "복음이 하나님의 능력"이라는 말이 잘 와 닿지 않는다. 그래서 대충 넘어간다. 16절을 읽으면서도 복음이 **구원의** 능력이라는 사실에 치중하지, 구원의 **능력**이라는 사실에는 주목하지 않는다. 하지만 바울은 복음을 생각하며 가장 먼저 능력이라는 말을 입에 올린다. 그 이유를 놓치면 우리는 바울이 가장 강조하는 부분, 곧 바울 복음의 핵심을 놓치는 셈이 된다.

"능력"으로서의 복음, 갈라디아서와 고린도전서

이야기를 더 진행하기 전에 바울의 다른 편지들을 잠시 뒤적여 보자. 유대 율법과의 줄다리기가 보다 첨예한 방식으로 나타나는 갈라디아서에서도 바울은 진짜 해답과 가짜 해답 간의 차이를 능력 유무에서 찾고 있다. 바울은 갈라디아교회의 갈등을 "어떻게 의의 소망에 이를 수 있는가" 하는 물음의 관점에서 파악한다. 의의 소망이라는 목표를 두고, 율법으로 의롭게 되려는 태도와 믿음으로 의롭게 되려는 태도가 서로 경쟁한다. 바울의 입장은 단호하다. 율법을 통해 의롭게 되려는 것은 실상 그리스도로부터 끊어지는 사약의 처방전이다(갈 5:2-4). 반면 우리는 "성령으로 믿음을 좇아" 의의 소망을 기다린다(갈 5:5). 이러한 선택의 이유는 분명하다. 의의 소망을 추구하는 일에 있어서 할례나 무할례 같은 것은 "아무 효력이 없기 때문이다"(갈 5:6). 여기서 "효력이 없다"는 말은 우리를 의의 소망에 도달하게 해줄 힘 혹은 능력capability이 없다는 뜻이다. 할례를 받거나 혹은 할례를 안 받았다고 해서 그것이 우리를 의의 소망으로 인도하는 것은 아니라는 말이다. 오히려 의의 소망을 향한 달음질에서 제대로 '약발'을 발휘하는 것은 "사랑으로 역사하는 믿음"이다(갈 5:6). 율법이 의의 소망에 이르게 할 능력이 없는 것은 그 속에 "생명을 부여하는 능력"이 없기 때문이다(갈 3:21). 그래서 바울은 율법이 "약하다"고 말한다(갈 4:9). 이는 율법으로는 성령을 받을 수 없다는 말과 같다(갈 3:2-5). 물론 성령의 역사는 믿음을 통해서만 주어진다(갈 3:2-5, 14). 믿음이 의의 소망에 이르는 해답이라는 말은 바로 그런 의미다.

고린도전서에서는 율법 대신 헬라의 지혜가 복음의 대항마로 등장하지만, 대결의 관건은 여전히 "능력"이다. 헬라의 지혜는 아름답고 그럴듯할지 몰라도, 결국 공허한 말에 지나지 않는다. 반면 십자가의 복음은 멸망하는 자들에게는 어리석어 보여도 구원을 얻는 자들에게는 "하나님의 능력"이다(고전 1:18, 24). 그래서 바울은 다른 모든 것을 버리고 십자가의 복음에 집중한다. 성도들의 믿음이 사람의 지혜가 아니라 하나님의 능력을 통해 일구어져야 한다는 신념 때문이었다(고전 2:1-5). 그런데 고린도의 성도들은 헬라의 지혜 혹은 그 가치관에 빠져 복음적 삶의 방식을 망각하고 있다. 이에 바울은 자신이 곧 가서 그처럼 교만한 자들의 "말이 아니라 능력"을 살펴보겠다고 경고한다(고전 4:19). 왜냐하면 하나님 나라는 멋진 말로 상속받는 것이 아니라 능력으로 상속해야 할 선물이기 때문이다(고전 4:20; 6:9-10). 물론 이 능력은 세상적 의미의 권력이나 영향력이 아니라 십자가라는 역설적 형태로 드러나는 능력이다. 죄를 돕는 능력이 아니라, 새로운 삶을 가능하게 하는 능력이기 때문이다. 하지만 관건은 능력이다. 이 능력이 십자가의 복음으로만 주어지는 것이기에, 십자가의 말씀이 참된 구원의 복음이 되는 것이다.

생명을 창조하는 능력

로마서 1:16의 주제문에서 바울은 복음을 능력이라고 정의했다. 그런데 능력이라는 말이 여기서 처음 쓰인 것은 아니다. 편지의 첫머리에서, 자신이 선포하는 그리스도에 관해 이야기하면서 바울은 이 단어를 이미 사용한 적이 있다. 그리스도에 대한 바울의 설명은 이중적이다. 말하자면 그는 두 번 태어나신 분이다. "육신으로", 그러니까 인간적 출생으로 말하자면 그는 다윗의 혈통을 따라 "태어나셨다"(1:3). 그런데 이것이 전부가 아니다. 그는 죽은 자 가운데서 다시 살아나셨다(1:5). 말하자면 이는 두 번째 탄생과 방불하다. 물론 부활은 출생과 다르다. 하지만 생명이 없는 곳에 생명을 창조한다는 사실은 같다. 첫 번째 나심이 "육신을 따라" 되어진 자연적 출생이라면, 이 두 번째 출생 혹은 부활은 "성결의 영", 곧 성령을 통해 이루어졌다.

바울은 성령을 통한 두 번째 생명 창조, 곧 부활을 두고 능력이라는 말을 사용한다. 예수는 "능력으로 죽은 자 가운데서 부활하셨다"(1:4). 물론 이때의 능력은 16절에서와 마찬가지로 "하나님의 능력"이다. 토기인형에 지나지 않는 아담에게 생명을 주어 살아나게 하셨던 것처럼, 죽으셨던 예수를 산 사람으로 다시 살려 내신 부활의 능력을 가리킨다. 그러므로 바울이 생각하는 "하나님의 능력"은 한마디로 생명 창조의 능력이다. 그리고 바로 여기에 하나님과 다른 모든 존재를 구분하는 절대적 차별성이 존재한다. 하나님 외에 생명을 창조할 수 있는 존재는 없기 때문이다. 따라서 하나님을 향한 인간의 섬김 혹은 믿음 역시 그분이 유일한 "창조주"이시라는 깨달음과 함께한다. 바울이 경건치 않음과 믿음의 차이를 창조주 하나님의 생명 창조 능력을 인정하느냐 인정하지 않느냐의 문제로 제시하는 것은 바로 그런 이유에서다.

창조주의 능력을 부인하는 불경건

복음을 말할 때, 바울이 택하는 출발점은 "경건치 않음"과 "불의"라는 인간사의 현실이다. 1:18-32의 논증에서 알 수 있는 것처럼, 경건치 않음은 하나님과의 관계 왜곡을, 그리고 불의는 거기서 연유하는 도덕적 타락상을 가리킨다. 그런데 여기서 하나님과의 관계 왜곡을 묘사하는 방식이 재미있다. 바울이 보기에, 인류가 드러내는 "경건치 않음"의 본질은 사람들이 하나님을 인정하지 않았다는 것이다. 창조물들 속에 하나님을 깨달을 만한 표시들이 주어졌음에도 불구하고, 그래서 어떤 의미로는 하나님을 "알면서도" 사람들은 그것이 창조주 하나님의 솜씨라는 사실, 하나님이 바로 그 모든 것들의 창조주라는 사실을 인정하지 않았다. 바울은 창조물들을 통해 드러난 것이 다름 아닌 하나님의 "영원하신 능력과 신성"이라고 말한다(1:20). 여기서 "능력"과 "신성"은 사실상 유사한 말로, 서로 겹치며 인간과의 차별성을 강조하는 효과를 낸다. 사람들은 창조물들을 통해 하나님의 영원하신 능력을 깨닫고, 마땅히 그 능력의 주인공인 하나님께

"영광을 돌렸어야" 했다(1:21). 하지만 사람들은 하나님의 능력과 신성을 인정하기를(1:21), 혹은 "그 마음에 하나님 모시기를" 싫어했다(1:28). 오히려 그들은 창조주 하나님의 고유 능력, 그의 "썩지 않는 영광"을 우상, 곧 하나님이 만든 피조물의 형상으로 바꾸어 버렸다(1:23). 결국 문제의 핵심은 하나님이 이 세상의 창조주라는 사실, 곧 그분에게 생명 창조의 능력이 있음을 인정하지 않았다는 것이다. 따라서 이러한 불경건의 반대 개념인 경건 혹은 믿음이, 생명의 창조주이신 하나님의 능력을 믿고 인정하는 모습으로 묘사되는 것 또한 지극히 자연스럽다. 그것이 바로 아브라함의 모습이다.

창조주의 능력을 믿는 아브라함의 신앙

자세한 설명은 어렵지만, 아브라함의 믿음에 관한 로마서 4장의 논증은 여러 가지 면에서 인류의 불경건에 관한 1장의 논증과 교차한다. 한마디로 아브라함의 믿음은 1장에서 묘사된 경건치 않음과 불의의 반대에 해당된다. 4장의 이야기가 분명히 드러내듯, 바울이 아브라함에 관해 말하는 가장 결정적 사실은 그가 "도저히 희망을 가질 수 없는 상황에서도 희망을 품고 믿었다"는 것이다(4:18). 이는 우리도 잘 아는 이야기다. 이 사건의 시점은 아브라함이 백 세, 그리고 사라가 구십이 다 된 무렵, 한마디로 아들을 가질 희망이 완전히 사라진 시점이다. 바울의 표현대로, 자녀 생산의 측면에서 말하자면 아브라함은 "자신의 죽음과 사라의 태의 죽음을" 잘 알고 있었다(4:19, 개역성경은 "죽은 것 같음"이라고 했지만, 원뜻은 그냥 "죽음"이다). 이때 하나님이 나타나 아들을 약속하셨다. 뿐만 아니라 그 아들을 통해 하늘의 별처럼, 바다의 모래처럼 많은 후손이 나올 것이며, 아브라함은 그 모든 후손의 조상이 될 것이라고 하셨다(4:17-18). 자연스러운 상황이라면 아브라함은 이 약속을 비웃어야 했다. (실제 창세기에서 볼 수 있는 아브라함의 처음 모습은 이러한 모습과 매우 가깝다). 하지만 그는 하나님의 약속을 의심하는 대신, 오히려 더 견고한 믿음으로 그 약속을 받아들였다(4:20). 다른 사람이라면 몰라도, 하나님의 약속이라면 이야기가 다름을 알았기 때문이다. 물론 이러한 믿음의 핵심에는 하나님은 "약속하신 것을 이루실 능력 또한 갖고 계신 분임을 확신했다"는 사실이 자리하고 있다(4:21). 1장에 빗대어 말하자면, 아브라함은 하나님의 "영원하신 능력과 신성"을 믿었다. 한마디로 "죽은 자를 살리시며, 없는 것을 있는 것처럼 부르시는" 하나님을 믿고 인정했다는 것이다(4:17). 창조주이신 하나님의 영광을 피조물 우상에게 주어 버렸던 사람들과는 달리, 아브라함은 창조주이신 "하나님께 영광을 돌렸다"(4:20). 하나님은 바로 이 믿음을 아브라함에게 의로 여겨 주셨다(4:22).

아브라함 이야기가 나온 김에, 히브리서 11장의 아브라함 이야기를 잠시 떠올려 보자. 히브리서는 이삭을 제물로 바친 아브라함의 태도에 주목한다. 그는 외아들 이삭을 하나님께 드렸다(히 11:17). 그런데 아브라함은 그 전에 이 이삭을 통해 수많은 후손이 태어나리라는 약속을 받았다(히 11:18). 그런데도 아브라함은 이삭을 드렸다. 물론 그가 "이것으로 약속은 끝이구나"라고 한 것은 결코 아니다. 그렇다면 결론은 한 가지다. 그 약속을 믿으면서도 아들을 바쳤다는 것은 "하나님은 이삭을 죽은 자 가운데서 살리실 능력이 있다고 생각했다"는 것을 의미한다(히 11:19 상). 그러므로 이 사건 역시 아브라함의 부활 신앙을 드러낸다. 그래서 히브리서 저자는 아브라함이 이삭을 "죽은 자 가운데서 다시 받았다"고 말한다(히 11:19 하). 자신의 죽은 몸을 살려 이삭을 낳게 한 것이나, 죽은 이삭을 다시 살려 내는 것이나 신앙의 본질은 동일하다. 생명을 창조하는 하나님의 능력에 대한 믿음인 것이다. 거칠게 말하면, 믿음의 본질은 어떤 심오한 깨달음이 아니라 "우리 하나님은 힘이 세다"는 사실을 믿는 것이다.

아브라함의 믿음, 우리의 믿음

바울의 복음에서 하나님을 향한 믿음은 무엇보다도 죽은 자를 살리는 하나님의 능력으로 수렴된다. 바울은 바로 여기서 아브라함의 믿음과 신자들의 믿음 사이의 연결고리를 보았다. 우리에게 옛날 아브라함의 이야기가 의미 있는 이유가 바로 여기 있다. 죽은 자를 살리시는 하나님을 믿은 아브라함처럼, 오늘 우리의 믿음 역시 "예수 우리 주를 죽은 자 가운데서 살리신 분을 믿는" 믿음이기 때문이다(4:24). 예를 들면, 이런 식이다. 아브라함의 믿음과 우리 믿음의 표본을 국립과학수사연구소에 보내 유전자 검사를 의뢰했다. 그랬더니 두 믿음 모두 부활 신앙이라는 동일한 유전자 구조를 가졌으며, 따라서 둘 사이에 확실한 친자관계가 성립된다는 결과를 통보받았다. 그러므로 아브라함은 우리 믿음의 아버지(조상)가 확실하며, 우리는 아브라함의 후손(하나님의 백성)이 확실하다.

아브라함이 부활 신앙으로 의롭다 하심을 받았다는 성경의 증거에 근거하여, 우리 역시 동일한 부활 신앙, 곧 하나님이 예수를 죽은 자 가운데서 살리셨다는 것을 믿음으로 의롭다 하심을 얻을 것이다(4:24). 부활 신앙으로 의롭다 하심을 얻는 만큼, 우리의 칭의는 예수의 부활을 전제한다. 십자가가 칭의의 유일한 관건인 양 생각하는 우리의 습관과는 달리, 바울이 말하는 칭의란 사실 부활의 효과를 설명하는 개념의 하나다.

> 예수는 우리가 범죄한 것 때문에 내어줌이 되고, 또한 우리를 의롭다 하시기 위하여 살아나셨습니다(4:25).

현재의 칭의와 미래의 구원

앞에서 살핀 것처럼, 복음에 대한 바울의 자신감은 이 복음이 믿는 자를 구원에 이르게 하는 하나님의 능력이라는 사실에 근거한다. 그리고 (율법이 아니라) 복음이 구원의 능력인 것은 이 복음에 하나님의 의가 나타난다는 사실, 곧 복음으로 인해 우리가 의롭다 하심을 얻는다는 사실 때문이다. 칭의를 "의의 소망"으로 제시하는 갈라디아서와는 달리(갈 5:5), 로마서에서 하나님의 의의 나타남은 일차적으로 현재적이다. 물론 전통적인 미래적 칭의 개념 역시 계속되지만(이를테면 2:13; 5:19), 하나님의 의가 현재 이미 계시된 것이라는 진술 또한 분명하기 그지없다. 하나님의 의가 "지금" 이미 나타났고(3:21), 신자들은 하나님의 은혜로 값없이, 그러니까 다른 조건이 아니라 믿음으로 의롭다 하심을 얻었다(3:24; 5:1). 바로 이 하나님의 의가 나타남 혹은 칭의로 인해, 복음은 믿는 자들을 구원에까지 이르게 하는 하나님의 능력임이 확인된다.

칭의가 구원의 능력이라는 바울의 진술을 보다 구체적으로 이해하기 위해, 우리는 바울이 말하는 구원이 기본적으로 미래의 선물이라는 사실을 인식할 필요가 있다. 구원의 현재성을 말하기 좋아하는 현대의 경향과는 달리, 신약이 말하는 구원이란 본질적으로 그리스도의 재림과 긴밀하게 얽힌 미래적 개념이다. 동시에 현재는 구원의 시간보다는 오히려 고난의 시간으로 간주되고(8:18; 고후 4:17), 이 고난은 미래의 구원을 위해 거쳐야 할 불가결한 과정으로 파악된다(5:3-4; 고후 4:17; 행 14:22; 빌 3:10-11). 학자들 역시 구원의 현재성을 좋아하는 경향이 있지만, 신약의 자료는 구원이 미래적 실체라는 사실에 아무런 의심의 여지를 남기지 않는다. 물론 에베소서 2장에서처럼 신자들을 구원받은 자로 묘사할 수 있지만, 이는 그들이 과거의 죄악된 삶에서 구출되었다는 의미이지 미래의 구원을 '선취先取' 했다는 의미는 결코 아니다. 출애굽과 가나안을 혼동할 수 없듯이, 현재와 미래 사이의 간격은 무시될 수 없다. 신자와 불신자의 차이는 구원을 이미 소유한 자와 그렇지 못한 자의 차이가 아니라, 소망이 없는 이들과 산 소망을 가진 이들의 차이다(5:5; 벧전 1:3-5). '믿음 장'으로 알려진 히브리서 11장에서 알 수 있듯이, 믿음이란 미래적 구원을 지향한다는 점에서 소망의 자태와 구분되지 않는다.

바울의 자신감은, 이 복음 속에 믿는 자들을 미래의 구원에까지 이르도록 하는 능력이 나타난다는 사실에 근거한다. 바로 이 점에서 복음은 유대의 율법과도 구별되고 헬라의 철학과도 구별된다. 구원에 이르게 하는 능력을 결缺하고 있다는 점에서, 유대의 율법은

"의문letter", 곧 글자 나부랭이에 머문다. 헬라의 철학 또한 공허한 말의 수준에 그칠 뿐이다. 그러므로 하나님의 의, 곧 칭의가 구원의 능력을 담보한다는 말은 한마디로 현재적 칭의가 미래적 구원에 이르는 유일한 관건이라는 뜻이다. 현재 신자들은 그리스도의 십자가와 부활 사건에 근거하여 하나님의 의롭다 하심을 경험한다. 그리고 이 칭의 체험은 신자들을 구원에까지 이르게 하는 결정적 열쇠로 작용한다. 그래서 믿음에 의한 칭의가 중요하다. 이를 통해서 우리가 구원에까지 이르기 때문이다. 로마서 5:9에서 바울은 이렇게 말한다.

> 만일 지금 우리가 그의 피를 통해 의롭다 하심을 받은 것이라면, 우리는 더더욱 그를 통해 진노하심에서 구원받게 될 것입니다.

"더더욱"이라는 말이 드러내듯, 이는 소위 '작은 것으로부터 큰 것으로a minori ad maius' 옮아가는 논증 방식이다. 악한 부모인 너희들도 자식에게 잘해 주는데, 하물며 하늘 아버지께서는 좀 잘해 주시겠냐(마 7:11), 악한 재판장이라도 조르면 들어주는데, 하물며 하늘에 계신 아버지께서 그 자녀들의 부르짖음을 외면하시겠냐(눅 18:6-7) 하는 식의 논증이다. 하나님은 아들의 죽음(여기서 "피"는 죽음을 말한다)이라는 대가를 치르고 경건치 못한 우리를 의롭다 하셨다. 우리에게 주시는 사랑이 이처럼 '대책 없는' 수준이라면, 여기서부터 마지막 구원까지의 과정은 걱정할 것도 없다. 10절에서 다시 설명하는 것처럼, 우리가 원수일 때조차 아들을 내어주어 우리를 자신과 화목케 하신 마당에, 하나님이 이미 의롭다 하심을 얻은 우리를 마지막 구원에까지 인도하시리라는 것은 뻔한 사실 아닌가?

로마서를 통해 바울이 밝히고자 하는 주된 논점이 바로 이것이다. **그리스도의 십자가와 부활을 통한 현재적 칭의가 미래적 구원에까지 이르게 한다는 사실을 선포하고, 그 과정을 구체적으로 해명하는 것이다.** 4장에서 칭의론이 일단락된 후, 5장부터 8장에 이르는 긴 논의는 모두 이 현재의 칭의에서 미래 구원의 소망에 이르는 역동적 과정을 풀어내는 이야기이다. 그래서 바울의 논증이 일단락되는 8장은 미래 구원의 확실성에 대한 강력한 선포 및 그 자신감의 근거인 하나님의 사랑에 대한 감격적인 선언으로 끝을 맺는다. 이 세상의 그 어느 것도 십자가에서 확증된 하나님의 깊은 사랑에서 우리를 끊을 수 없기에 우리의 미래는 확실하다는 것이다(8:31-39). 편지 본론의 결말에 해당하는 15장의 논증에서도 소망의 풍성함에 대한 기원이 그 마지막을 장식한다(15:13).

믿음, 칭의, 그리고 구원의 소망

복음은 "모든 믿는 자들"에게 구원의 능력이다. 이 능력의 관건은 "하나님의 의" 혹은 칭의다. 왜냐하면 구원의 관건인 칭의가 믿는 자들에게 주어지기 때문이다. 1:17의 표현처럼, "복음에 하나님의 의가 나타난다." 그런데 이는 "믿음으로부터 믿음으로from faith to faith" 되는 일이다(개역성경의 "이르게 하나니"는 원문에 없다). 이 표현의 의미는 논란의 대상이지만, 아마 반복에 의한 강조일 것이다. 그렇다면 '처음부터 끝까지 믿음으로' 정도의 의미가 된다. 이를 루터식으로 표현하면 "오직 믿음으로sola fide"가 된다. 이를 '행위 없이'라고 푼 것은 바울의 논점을 살짝 빗나간 것이지만(이에 대해서는 다시 다룰 것이다), "오직 믿음으로"라는 말 자체는 문제될 것이 없다. 믿음 외에는 달리 하나님의 의를 경험할 길이 없기 때문이다.

앞에서 우리는 믿음의 핵심이 생명을 창조하는 하나님의 능력을 인정하는 것이라고 말했다. 아브라함의 경우 이는 하나님이 자기의 죽은 몸과 사라의 죽은 태를 부활시킬 것이라는 믿음으로 나타났고, 우리의 경우는 하나님이 예수를 죽은 자 가운데서 살리셨다는 믿음으로 나타난다. 하나님은 이 믿음을 아브라함에게, 그리고 이제는 우리에게 의로 여겨 주신다(4:24). 그런 의미에서 칭의란, 앞에서 말한 것처럼, 십자가만큼이나 부활의 효과에 대한 주석이기도 하다. 예수께서 부활하신 것은 바로 우리의 칭의를 위해서인 것이다(4:25).

이 사실은 앞서 말한 5:10에서 재확인된다. 원수를 화목케 하는 사랑이라면, 그 사랑이 우리를 구원에까지 인도할 것은 분명하다. 이 화해는 "그 아들의 죽음을 통해" 이루어진 사건이다. 또한 우리의 구원은 바로 "그의 살아나심을 통해" 이루어질 것이다.

> 곧 우리가 원수 되었을 때에 그의 아들의 죽으심으로 말미암아 하나님과 화목하게 되었은즉 화목하게 된 자로서는 더욱 그의 살아나심으로 말미암아 구원을 받을 것이니라(5:10, 개역개정).

우리의 관심은 예수의 죽음과 부활로 요약되는 복음 사건이 어떻게 우리의 구원을 가능하게 하느냐를 이해하는 것이다. 앞으로 이 물음을 차근차근 풀어 나갈 것이다.

4. 하나님의 진노 이야기

1:18-32

앞 장에서 강조한 것처럼, 복음에 대한 바울의 자신감은 "이 복음은 모든 믿는 자를 구원에 이르게 하는 하나님의 능력"이라는 깨달음에 근거한다(1:16). 복음이 가진 능력의 비결은 복음 속에 나타나는 "하나님의 의"에 있다(1:17). 이 구원의 "의"는 유대의 율법에서도, 헬라의 철학에서도 발견되지 않는다. 따라서 복음 속에 계시되는 하나님의 의는 복음을 복음 되게 하는 가장 결정적 요소다. 물론 하나님의 의라는 하나의 개념 속에 구원 이야기를 전부 담을 수는 없다. 하지만 하나님의 의를 말하지 않고서는 구원을 말할 수 없다는 것 또한 사실이다. 그래서 바울의 구원 이야기는 하나님의 의에 관한 이야기로부터 시작한다.

"구원"을 위한 복음

일반적 견해에 의하면, 1:16-17의 주제 진술이 끝난 후 1:18부터 4장 끝까지 계속되는 긴 논증은 전부 "복음에는 하나님의 의가 나타나서"라고 하는 17절의 진술을 풀어내는 내용이다. 즉 어떻게 예수 그리스도의 복음 속에 하나님의 의가 계시되는지에 관한 이야기다. 하지만 하나님의 의에 관한 바울의 논증은 처음부터 그 의 자체에 관한 선언으로 시작하지 않는다. 바울의 글을 따라 읽어 보면 금방 알 수 있는 것처럼, 바울이 그려 내는 하나님의 의 이야기에는 어둠과 밝음이라는 뚜렷한 대조가 나타난다. 하나님의 의가 밝음이라면, 그 밝음이 드러나기 이전의 어둠 또한 존재한다. 빛이 존재하기 이전의 세계, 빛이 오기 전까지는 아무런 희망을 말할 수 없는 절대적 어둠의 이야기다. 그러므로 바울이 말하는 하나님의 의란 그냥 두어도 그런대로 살 만한 세상을 좀 더 좋게 만드는 무슨 이론이 아니다. 복음의 본질이 구원의 능력이라는 선언은, 애초부터 인간의 삶 자체가 '구원'을 필요로 하는 파국적 상황이라는 비극적 인식을 전제한다. 이는 복음이 다른 사상들 혹은 세계관들과 어긋나는 결정적인 갈림길 중 하나다.

물론 비극적 세계관은 보편적이다. 인간의 삶에는 근본적인 문제가 있다는 인식은 기독교의 전유물이 아니다. 유학 시절, 나의 스승들 중에는 원래 독실한 칼뱅주의자였다가 후에 신앙을 포기한 분이 있었다. 이 분이 언젠가 사석에서 "이제는 칼뱅주의 5대 교리 중에서 하나만 빼고 다 안 믿는다"고 웃으며 말씀하신 적이 있다. 아직도 믿는 그 하나가 뭐냐고 물었더니 "인간의 전적 부패"라고 하셨다. 그러면서 한마디를 덧붙이셨다. "하긴, 이건 뭐 믿는다고 말하기도 그렇지, 너무 뻔한 사실이니까……." 그분이 아니어도, 이 세계와 그 속에서 이루어지는 인간적 삶의 비극성을 증거해 줄 사람은 많다. 물론 희망을 노래하는 사람도 많다. 하지만 '희망'이라는 말 자체가 암시하듯, 이는 비극적 현실을 부인하거나 극복하려는 마음의 움직임이지 현실 자체에서 도출된 자연스러운 결론은 아니다. 신약의 히브리서에 의하면, 인간이 된다는 것은 "죽음의 고통"에 참여하는 것을 의미하며(히 2:9), 인간의 삶은 "일생 동안 죽음의 공포 아래 매여 종노릇하는" 과정으로 요약된다(히 2:15). 이는 가령 불교에서 인간의 삶을 '번뇌' 가득 찬 '고통의 바다苦海'로 묘사하는 것과 다르지 않다.

기독교의 복음이 다른 사상들과 결정적으로 달라지는 부분은 이 고통으로부터 벗어나는 방식에 있다. 불교가 그 해답을 '해탈解脫'이라 부르듯, 기독교는 그 해답을 '구원救援'이라 부른다. 신학적 무게에 눌려 본래의 느낌이 무뎌진 감이 있지만, 구원이란 말의 기본적 의미는 '구출deliverance'이다. 우리가 헤엄을 쳐 고통의 바다를 건너가는 것이 아니라, 바깥의 누군가가 고통의 바다에서 허우적이는 우리를 구출하는 것이다. 그러므로 문제 해결의 실마리는 우리 속에 있지 않다. 우리는 스스로를 구출할 수 없으며, 유일한 해결 가능성은 우리 밖으로부터*extra nos* 누군가가 와서 우리를 건져 내는 것이다. 물론 이 '누군가'란 인간의 세계와 삶을 창조하신 분, 그래서 어긋난 삶의 조직을 '수리'할 능력을 가진 하나님뿐이다. 그러므로 기독교의 구원 이야기는 세계의 창조자이신 하나님이 직접 인간의 삶 속으로 '찾아와' 세계의 잘못된 부분을 '제대로 만드는' 이야기다. 구원이란 '나타나는' 것, 곧 '계시되는' 것이다. 구원의 가능성은, 마치 땅 속의 씨앗이 적당한 조건 아래서 발아하듯, 우리 속에 잠재해 있다가 자연스레 발현되는 것이 아니다. 타이타닉호의 승객들처럼, 우리는 우리 자신을 구원할 수 없다. 구원은 저기로부터 우리에게 나타나야 하고, 그래서 우리는 그 구원을 "참고 기다린다"(8:25; 갈5:5).

우리에게 계시되는 그 구원의 가능성은 "하나님의 의"라고 불린다. 구원의 이야기는 "하나님의 의가 계시되는" 이야기다. 이를 한마디로 요약한 것이 바로 17절의 진술이다.

> 하나님의 의가 복음 속에 계시됩니다revealed.

신학에서는 이를 바울의 '칭의론doctrine of justification'이라 부른다. 바울이 지금부터 풀어 가는 이야기는 하나님의 의가 어떻게 드러나는지(1-4장), 그리고 하나님의 의가 어떻게 우리를 구원에 이르게 하는지(5-8, 9-11장)에 관한 것이다.

진노의 어두운 그림자

바울의 구원 이야기는 "하나님의 의"가 드러나는 이야기다. 동사적으로 표현하면, 하나님이 인간을 '의롭게 하는' 혹은 '의롭다고 여기는' 것에 관한 이야기다. 당연히 우리는 그것이 무슨 말인지 궁금하다. 하나님의 의가 계시된다는 것, 하나님이 우리를 의롭게 하신다는 말은 도대체 무슨 뜻인가? 이 물음에 관한 바울의 답변은 이중적이다. 하나님의 의를 말하기 전에 바울은 먼저 구원을 필요로 하는 인간적 상황, 곧 하나님의 의가 계시되지 않으면 아무런 희망이 없는 세상의 절망에 관해 먼저 말을 꺼낸다. 3:21에서 "그러나 이제는 하나님의 의가 나타났다"는 말을 꺼내기까지, 그 이전의 긴 이야기는 모두 이 어둠과 절망에 관한 이야기다. 하나님의 의는 구원의 소식이다. 그러므로 구원을 필요로 하는 절망적 상태에 대한 하나님의 해답이다. 물론 해답이 반갑게 다가오는 것은 우리가 그 해답을 필요로 할 만큼 절박한 상황 속에 있기 때문이다. 만일 우리에게 아무런 문제가 없다면, 복음이 아무리 해답이라고 우기며 접근하더라도 우리는 그 해답의 가치를 전혀 느낄 수 없을 것이다. 그래서 바울은 이 절망적 사태에 관한 이야기로부터 복음 이야기를 시작한다.

인간적 절망을 요약하는 바울의 단어는 "진노" 혹은 "분노wrath"다. 물론 이 분노의 주체는 하나님이다. 구원의 열쇠가 "하나님의 의"였던 것처럼, 절망적 상황의 본질 역시 "하나님의 분노"이다. 세계는 절망적이다. 왜냐하면 하나님의 진노가 나타나기 때문이다.

> 하나님의 진노가 하늘로부터 계시됩니다(1:18).

17절과 18절 사이의 뚜렷한 병행관계가 암시하듯, 하나님의 의의 계시는 하나님의 진노의 계시와 분리되지 않는다. 그래서 의의 계시에 대해 했던 이야기들은 많은 부분 여기서도 그대로 해당된다. 하나님의 의가 우리 바깥에서 우리에게 계시되는 것처럼, 하나님의 진노 역시 우리에게 "계시"된다. 하나님의 의가 우리 속에 내재한 잠재적 가능성이 아닌 것처럼, 하나님의 진노 역시 그 가능성이 우리 속에서 썩어 진동하는 악취가 아니다. 하나님이 손을 내밀어 우리를 건져 내시듯, 또한 하나님은 인간들을 향해 "분노를 발하신다." 이것이 기독교가 세상을 바라보는 방식이다. 하나님이 창조주이시라면, 우리는 하나님을 말하지 않고서 우리의 삶을 말할 수 없다. 우리 위에 하늘이 있고 그 하늘 아래 우리가 살아가듯, 우리의 삶은 모두 창조주 하나님과의 관계 속에서 이루어진다. 그런데 우리에게는 근본적인 문제가 있고, 우리는 그 문제로부터 구출되어야만 한다. 그렇다면 우리의 난관은 그저 우리의 '내부적' 문제가 아니다. 이 문제는 근본적으로 피조물인 우리와 우리의 창조주 간의 관계 자체가 어긋남을 의미한다. 그리고 하나님은 이 어긋남에 대해 우리들에게 "화를 내신다." 곧 하나님의 피조물로서 우리는 창조주 하나님에 대해 책임이 있다. 그런데 우리는 그 책임을 다하지 못했다. 바로 이것이 비극의 본질이다. 우리의 상태가 절망적인 근본 이유는, 우리 속에 내재한 어떤 병인 때문이 아니라 우리의 어긋난 삶이 하나님의 진노를 자초할 것이라는 사실 때문이다.

진노의 현재성

여기서 잠시 진노의 시점에 대해 생각해 보자. 하나님의 진노 역시 본래 미래적인 개념으로, 마지막 심판 때에 드러나는 하나님의 엄중한 심판을 가리킨다. 마지막에 심판이 있을 것이며, 우리는 이때 하나님의 진노를 받든지 아니면 그 진노로부터 구원을 받든지 할 것이다(살전 1:10; 빌 3:20). 이 점에는 이견이 없다. 하지만 많은 학자들은 1:18의 "나타난다"는 동사가 현재형임을 지적하며 이 진노가 현재에 이미 '나타나고 있다is being revealed'고 생각한다. 대개 학자들은 이어지는 논증에서 세 번 반복되는 하나님의 "넘겨주심/버려두심"에 관한 언급(1:24, 26, 28) 및 "그릇된 행동에 대한 마땅한 보응을 받았다"는 27절의 진술이 그 진노의 현재적 양상을 묘사하는 것이라고 말한다. 사람들을 타락한 상태에 버려두는 것, 그리고 그런 행태가 야기하는 나쁜 결과들이 바로 하나님의 진노의 현재적 표현이라는 것이다.

하지만 이런 추측들은 진노를 심판의 시점으로 못 박는 바울의 명시적 진술과 어긋난다. 분명 바울은 하나님께서 심판의 날까지 진노를 유보하면서 회개할 기회를 주기 위해 인내하고 계신다고 말한다(2:5). 완고한 이들을 자기 욕심에 "넘겨주는" 것은 미래의 진노를 미리 내리는 것과 다르다. 비정상적인 성적 탐닉으로 인해 모종의 대가를 치르는 것 역시 종말론적 진노와 혼동해서는 안된다. "진노의 날"이라는 표현이 잘 말해 주듯, 하나님의 진노는 마지막 심판 상황을 전제한다. 현재 예수의 십자가 죽음으로 의롭다 하심을 받은 우리가 장차 "그의 진노로부터 구원을 얻을 것"이라는 바울의 진술처럼(5:9), 하나님의 진노는 먼저 나온 구원과 마찬가지로 인간의 최종적인 운명을 가리키는 종말론적 개념이다. 그래서 이 진노는 미래의 "상속"과 대조되기도 한다(엡 5:5-6). 우리가 기다리는 예수는 바로 장래 하나님의 진노로부터 우리를 건지는 구원자이시다(살전 1:10; 빌 3:20). 그러므로 하나님의 진노가 나타난다는 바울의 선언은, 지금도 그 진노의 양상을 엿볼 수 있다는 말이 아니라, 창조주 하나님께 합당한 삶을 살지 못한 이들의 마지막은 하나님의 진노일 수밖에 없다는 말이다. 심판 때에 하나님은 각 사람에게 그가 행한 대로 갚아 주실 것이다. 하나님의 뜻에 합당하게 산 사람은 영생, 곧 구원으로 갚아 주실 것이고, 그렇지 못한 이들에게는 "노와 분", 곧 정당한 "진노"로 갚아 주실 것이다(2:6-11). 복음 속에 구원의 능력이 있다는 것은, 이 복음을 통해 우리가 진노의 길을 벗어나 구원과 영생의 길을 갈 수 있다는 말이다.

하나님을 인정하지 않는 불신앙

1:18-32의 논증은 비교적 깔끔하게 분해될 수 있다. 우선 신문의 머리기사에 해당하는 18절의 선언이 나오고, 이어 인간과 창조주의 관계 왜곡이 묘사된다(1:19-23). 그리고 하나님의 "넘겨주심"이라는 주제를 통해 인간의 삶이 드러내는 성적·도덕적 질서의 왜곡 양상을 적나라하게 묘사한다(1:24-25, 26-27, 28-32).

바울은 하나님의 진노를 야기하는 삶의 패턴을 "불경건과 불의" 두 마디로 요약한다. 다소 도식적으로 풀면, 여기서 불경건은 하나님과 인간 사이의 수직적 비틀림, 불의는 사람과 사람 사이의 수평적 비틀림을 가리킨다. 물론 그렇다고 두 차원이 분리되는 것은 아니다. 사람들의 세계가 모두 하나님에 의해 창조된 세계라면, 내가 다른 사람들과 관계하는 방식은 또한 내가 창조주 하나님과 관계하는 방식의 표현이기도 하다. 따라서 보다 직접적이고 종교적인 의미에서의 "불경건"이든, 혹은 보다 인간적이고 도덕적인 의미에서의 "불의"든, 이 모두는 궁극적으로 창조주 하나님의 의도에 어긋나는 삶, 곧 "(인간의) 불의로 (하나님의) 진리를 방해하는" 삶, 진리 아닌 것으로 진리를 재갈 물리려는 행태로 파악된다. 그래서 모든 잘못의 바닥에는 창조주 하나님을 하나님으로 인정하지 않겠다는 생각, 자신이 우주의 주인이 되어 자기 의지를 관철하겠다는 생각이 깔려 있다. 하나님의 진노를 촉발하는 사태의 핵심은 사람들이 "하나님 인정하기를 싫어했다"는 사실이다(1:28).

무엇보다 바울은 인간의 불경건이 분명한 의지적 선택이라는 사실, 그래서 사람들은 그들의 불경건에 대해 "핑계할 수 없다"는 사실을 강조한다(1:20). 심판 때에 사람들은 "몰랐다"고 변명할 수 없다. 하나님은 "하나님을 알 만한 것", 곧 하나님에 관해 알려질 수 있고 그래서 인간들이 알 수 있는 사실들을 사람들 속에 분명히 드러나게 하셨다(1:19). 여기서 바울은 하나님의 창조를 생각하고 있다. 하나님께서 세상을 지으실 때부터 그 지으신 만물 속에는 "하나님의 보이지 않는 속성", 곧 하나님의 "영원하신 능력과 신성"이 분명히 드러나 있다. 하나님의 이러한 속성 자체는 "보이지 않는 것"이지만, 하나님께서 창조하신 만물 속에 분명히 반영되어 있으며, 창조주요 생명의 주이신 하나님의 "하나님 되심", 곧 그분의 "영원하신 능력"을 분명히 드러내 준다.

앞 장에서 살핀 것처럼, 바울의 생각에서 하나님과 사람의 가장 근본적 차이는 "능력"이다. 하나님께는 만물을 만들고 생명을 창조할 능력이 있지만, 사람에게는 그런 능력이 없다. 사람은 세상의 모든 만물과 마찬가지로 하나님이 지으신 피조계의 일부일 뿐이다. 생명과 창조의 능력을 가졌느냐 갖지 못했느냐 하는 것이 창조주 하나님과 그분이 만드신 피조물을 구분하는 가장 결정적인 차이점이다. 그래서 사람이 아니라 하나님이, 다른 피조물이 아니라 하나님이 만물의 창조주라는 사실을 드러내는 것은 하나님에 의해 만들어진 만물 자체다. 하나님의 능력이 "영원하다"는 것 역시 마찬가지다. 하나님이 창조주이시요 만물은 그의 손으로 만드신 작품들이다. 만드신 하나님은 영원한 분이지만, 피조물들은 영원하지 않다. 구약의 시인이 노래하듯, 하늘과 땅은 모두 사라지더라도 주님만은 그대로 계신다. 주님은 낡아 가는 창조물들을 옷을 갈아입듯 바꾸실 것이다. 이들은 지나갈 뿐이지만, 주님의 햇수에는 끝이 없다(시 102:26, 이 시편은 히 1:10-12에도 인용되었다).

창조물들은 이 진리를 분명히 드러낸다. "하늘이 하나님의 영광을 선포하고, 땅이 그 손으로 하신 일을 드러낸다"(시 19:1). 아무런 소리도 안 들리는 듯하지만, "낮은 낮에게 말씀을 전해 주고, 밤은 밤에게 지식을 알려" 주어(시 19:2, 새번역), 창조주 하나님이 이 모든 것을 지으셨음을 알게 한다. 그러니 이를 보고 탄성을 지르며 하나님께 영광을 돌리는 것이 마땅하다.

> 주님, 주님께서 하신 일을 생각하면 기쁩니다.
> 손수 이루신 일을 기억하면서 탄성을 지릅니다.
> 주님, 주님께서 하신 일이 어찌 이렇게도 큽니까?
> 주님의 생각이 어찌 이다지도 깊습니까?(시 92:4-5; 참조. 104:24)

구약의 시인들처럼 이렇게 외치며 어깨춤을 추었어야 했다. 그런데 사람들은 그것을 거부했다. 여기서 바울의 논점은, 사람들이 창조세계를 보고도 하나님 알기에 실패했다는 것이 아니다. 그들은 하나님을 알았다(1:21). 문제의 핵심은 그들이 하나님을 알면서도, 곧 만물 속에 드러난 하나님의 "영원하신 능력과 하나님 되심"을 알고도 "하나님을 하나님으로 영화롭게 하지도, 감사를 드리지도 않았다"는 사실에 있다.

시편의 시인은 "우둔한 자"나 "미련한 자"는 창조세계를 보면서도 그것이 하나님의 작품인 줄 깨닫지 못한다고 말한다(시 92:6). 낫 놓고 기역 자를 모르는 형국이다. 바울은 한 걸음 더 나아간다. 그들이 이처럼 미련해진 것은 그들의 생각이 "허망해지고" 또 그들의 마음이 "어두워진" 탓이다(1:21). 또 그들의 생각이 이처럼 허망하게 된 것은 애초부터 그들이 세계의 창조주이신 "하나님께 영광을 돌리지도 않고 감사드리지도 않았기" 때문이다(1:21). 그들은 창조세계에 드러난 하나님의 능력과 신성을 인정하고 그분께 영광을 돌리는 대신, 스스로 지혜로운 이들로 자처했다(1:22). 하지만 에덴동산의 비극이 잘 보여주듯, 창조주를 거부하고 자기를 주장한다 해서 피조물이 창조주가 되는 것은 아니다(창 3:5). 오히려 그 결과는 우상숭배다. 하나님을 거부하는 인간들의 오만은 결과적으로 하나님이 만드신 피조물들을 하나님으로 숭배하는 어처구니없는 결과를 낳고 말았다. 영원하신 하나님, "썩지 않는 하나님의 영광을 썩어질 사람과 새와 네발 짐승이나 기어 다니는 동물의 형상으로 바꾸어 놓은" 것이다(1:23). 사람들은 "스스로 지혜롭다 했지만, 오히려 우둔하게 되었다"(1:22). 생각의 "허망함" 역시 하나님 대신 그분이 만드신 피조물을 숭배하는 어리석음을 포착한다(사 44:9). 바울의 직접적인 판단처럼, "사람들은 하나님의 진리를 거짓으로 바꾸고, 영원히 찬

송 받을 창조주 대신에 피조물을 숭배하고 섬겼다"(1:25).

하나님의 넘겨주심

사람들은 창조주의 능력과 신성을 인정하기를 거부하고 대신 우상을 숭배하는 어리석음을 저질렀다. 이에 대해 하나님은 그들을 "버려두시는" 혹은 "넘겨주시는" 것으로 대응했다. 하나님의 버려두심은 단순한 무관심이 아니라 적극적 처벌의 한 형태다. 끝없이 고집을 부리는 아이에게 "좋아, 그럼 어디 네 마음대로 해봐!"라고 하는 것처럼, 하나님은 자신에게 영광 돌리기를 거부하는 인간들을 그 "마음의 욕정"에, "부끄러운 정욕"에, 혹은 "타락한 마음 자리에" 넘겨주신다(1:24, 26, 28). "넘겨준다"는 말이 시사하듯, 스스로 주인이고자 하는 인간의 욕망과는 달리 인간은 애초부터 독립적인 존재가 아니다. 하나님을 섬겨야 했지만 거부했고, 그래서 하나님은 그들을 "그들의 마음의 욕심"에 넘겨주어 이 욕심의 전횡에 휘둘리도록 버려두셨다. 창조주 하나님과의 관계가 단절되고 주인일 수 없는 가짜 주인에게 소유권이 넘어갔다는 점에서 이는 인간들의 반역에 대한 하나님의 강력한 처벌에 해당한다.

인간의 집요한 범죄와 하나님의 버려두심은 구약에서 인류의 대표 격인 이스라엘과 하나님의 관계에서 분명히 드러난다. 스데반의 설교에서처럼, 이스라엘은 하나님 인정하기를 싫어하고 "송아지를 만들어 놓고서 그 우상에게 희생제물을 바치고, 자기들의 손으로 만든 것을 두고 즐거워하였다"(행 7:41). 이에 대해 "하나님께서는 그들에게서 얼굴을 돌리시고, 그들을 내버려 두셔서[넘겨주셔서], 하늘의 별들을 섬기게 하셨다"(행 7:42). 스데반의 견해는 결코 유대인들을 향한 기독교적 편견이 아니다. 유대 율법의 일부인 신명기에서 하나님과 이스라엘의 관계를 바로 그렇게 회고하고 있기 때문이다. 신명기 32장의 노래에서 모세는, 하나님을 버리고 우상을 섬겨 하나님을 격분케 한 이스라엘의 행태와 이에 대한 하나님의 대응을 묘사한다. "자기들을 지으신 하나님을 버린" 이스라엘에 대해 하나님은 아버지와 자녀로서의 연을 끊고, 그의 얼굴을 이스라엘에게서 숨기겠다고, 그러고는 결국 그들이 어떻게 될지 두고 보겠다고 경고하신다(신 32:19-20). 물론 그들의 운명은 처참할 것이다. 그들이 섬기던 우상은 무기력한 존재로 드러나고, 오직 하나님만이 참된 하나님으로 드러날 것이다. "그러나 이제는 알아라. 나, 오직 나만이 하나님이다. 나밖에는 다른 신이 없다"(신 32:39).

죄의 지배 아래 있는 삶

하나님은 사람들을 그들의 욕심에 넘겨주셨다. 따라서 이제 사람들의 삶을 지배하는 것은 하나님의 진리가 아니라 불의다(1:18). 이렇게 해서 하나님을 향한 "불경건"은 사람들 사이의 "불의"로 이행한다. 우상숭배란 하나님을 인정하기 싫어하는 것이다(1:28). 물론 그들은 '다른 신'을 섬긴다. 하지만 이들 신이란 어차피 실재하지 않는 허상들, 인간 스스로가 신이라고 착각해 버린 피조물의 형상에 지나지 않는다. 존재하지 않는 신에게 무슨 뜻이 있을 리 없다. 결국 우상숭배자들이 말하는 신이란 신의 이름을 빙자한 자기 욕심에 지나지 않는다. 말하자면 우상숭배란 결국 자기의 욕심을 정당화하기 위한 일종의 종교적 이데올로기에 가깝다. 내 손으로 형상을 만들고 그것을 하나님이라 부르듯, 내 욕구를 꺼내 놓고 그것을 하나님의 뜻이라 부른다. 이러한 조작이 깊어져 우상이 정말 신인 줄 알고 숭배하는 수준에 이르면, 그야말로 자신의 욕심이 신의 권위를 가지고 자신과 타인을 주무르는 상황이 된다. 창조주 하나님이 그 지으신 사람들을 다스리시는 진리에서 벗어나, 순종하기 거부하는 이들을 그 "마음의 욕심에 넘겨주신" 상황이 되는 것이다.

하나님께서 사람들을 이기적 욕심에 넘겨주셨다는 진술과 더불어 바울이 부각시키는 사실은 창조 질서의 교란 혹은 뒤바뀜이다. 사람들은 하나님의 영광과 피조물의 형상을 뒤바꾸었다(1:23). 하나님은 이들을 그 욕심에 넘겨주셨고, 그 결과 그들은 "하나님의 진리를 불의로 뒤바꾼" 삶, 곧 하나님이 창조한 세계의 원래 질서를 뒤바꾼 도착된 삶을 살았다(1:25). 이런 창조 질서의 왜곡은 가장 내밀하고 강렬한 형태의 인간관계라 할 수 있는 성적 차원에서 가장 선명하게 드러난다. 여자들은 남자와의 "본래적" 관계를 "뒤바꾸어" 여자들끼리의 동성애적 관계에 탐닉하고(1:26), 남자들 역시 여자와의 정상적 관계를 뒤바꾸어 동성애적 욕구를 불태우며 부끄러운 짓을 했다(1:27). 이런 식으로 사람들은 창조 질서를 뒤집은 도착적 욕망에 휘둘려 "서로의 몸을 욕되게" 했다(1:24).

바울은 이들이 "그 잘못에 마땅한 대가를 스스로 받았다"고 말한다(1:27). "대가"는 통상 긍정적인 의미의 보상을 뜻하지만(고후 6:13), 여기서는 잘못된 행동으로 인한 부정적 결과를 가리키는 것으로 보인다. 하지만 이 "대가"가 구체적으로 무엇인지는 알 도리가 없다. 한때 이 대가가 동성애적 생활을 통해 주로 전염되는 에이즈를 가리킨다는 견해도 있었지만, 이는 바울이 지금으로부터 2천 년 전에 이 글을 쓰고 있다는 사실을 망각한 결과다. 동성애와 무관하게 이 병에 감염된 사람이 많다는 사실 역시 이러한 해석의 억지스러움을 잘 보여준다. 아마 이 구절은 억지로 해석하다가 애먼 상처를 유발하기보다는 차라리 모르는 채로 두는 것이 더 좋은 구절 중 하나일 것이다.

1:28-31에서는 보다 일반적인 필치로 다양한 형태의 도덕적 타락을 묘사한다. 구문론적으로 보면, "가득 차 있다"는 분사와 결합된 네 개의 명사(불의, 악행, 탐욕, 악의), "가득하다"는 형용사와 결합된 다섯 개의 명사(시기, 살의, 분쟁, 사기, 적의), 복수 목적격 형태로 열거된 열두 개의 명사와 형용사(수군거리는 자, 중상하는 자, 하나님을 미워하는 자, 불손한 자, 오만한 자, 자랑하는 자, 악을 꾸미는 모략꾼, 부모를 거역하는 자, 우매한 자, 신의가 없는 자, 무정한 자, 무자비한 자)가 아무 접속사도 없이 차례로 나열되어 극적인 효과를 낸다. 물론 32절의 "이 같은 것들"이라는 두루뭉술한 표현에서 알 수 있듯이, 이런 유의 목록은 세밀한 붓질로 해당되는 악행을 일일이 열거하는 것이 아니라, 큰 붓으로 몇 가지 굵은 사례를 그림으로 '하나님의 도덕적 질서로부터 벗어난 삶'이라는 대략적 패턴을 제시하는 것이다.

여기 열거된 악행들은 대부분 인간관계의 왜곡을 포착한다. 하지만 "하나님을 미워하는 자" 등이 말해 주듯, 이러한 도덕적 "불의"는 하나님을 향한 "불경건"과 분리되지 않는다. 창조주 하나님과 피조물 사이에 분명한 질서가 있듯, 하나님의 창조세계 속에도 창조주가 세운 자연적·도덕적 질서가 있다. 이 질서, 곧 "하나님의 공정한 법도"를 깨뜨리는 행위들은 하나님을 인정하기 싫어하는 불경건의 구체적 표현들에 지나지 않는다. 따라서 하나님의 진노는 불가피하다(1:18). 여기서 바울은 다시금 이러한 타락상의 의도적 측면을 부각시킨다. 하나님을 알면서도 하나님께 경배하기를 거부했던 것처럼(1:21), 이러한 불의한 삶은 도덕적 무지의 결과가 아니다. 이들은 "이와 같은 일들을 하는 자들은 죽어 마땅하다"는 하나님의 규칙을 안다. 하지만 그들은 이에 개의치 않고 "이런 일들을 한다." 뿐만 아니라 이런 악한 의도로 서로 의기투합하며 "이런 일을 저지르는 사람을 두둔하기까지" 한다(1:32). 따라서 그들은 하나님의 진노가 내릴 심판의 날에 몰랐다는 "핑계를 댈 수 없다"(1:20).

이곳 말고도 여러 번 바울은 유사한 악의 목록을 제시하며 "이런 일들을 행하는 자들은 하나님 나라를 상속 받지 못할 것"이라고 경고한다(갈 5:19-21; 고전 6:9-10; 엡 5:5-6; 골 3:5-6). 물론 이것들은 전부 교회 내의 신자들을 향한 경고다. "착각하지 말라"거나 "속지 말라"는 경고가 더해지기도 한다(갈 6:7; 엡 5:6). 바울이 분명히 밝힌 것처럼, 하나님의 진노는 "불의로 진리를 방해하는 모든 경건치 않음과 불의"를 겨냥한다(1:18). "하나님의 진리" 혹은 "하나님의 공정한 법도"는 사람을 차별하지 않는다. 바울의 의도는 우선 이 보편적 원칙을 분명히 하는 것이다.

바울이 인간의 타락상과 그에 대한 하나님의 진노를 말하는 것은 그것이 하나님의 의와 구원 이야기의 첫 단추가 되기 때문이다. 그리고 로마서의 정황에서 이 원칙을 분명히 하는 데는 보다 실질적인 이유가 있다. 당시의 유대인들 및 기독교인들 가운데는 이런 공정한 심판에 대해 '열외 의식'을 가진 사람들이 있었다. 유대인들처럼 하나님의 선택에 의지하기도 하고, 기독교인들처럼 십자가의 용서에 의지하기도 했다. 하지만 아무리 정당한 신학적 신념이라도 하나님의 공정한 심판을 무시하는 것이라면 이는 곧 가짜 해답의 자리로 떨어진다. 선택과 은총의 논리를 오해한 것이기 때문이다. 그리고 가짜 해답에 대한 이러한 집착은 복음이 제시하는 참된 해답을 가로막는 심각한 장애물로 작용한다. 로마서 2장부터 시작되는 날 선 논증의 주제가 바로 그것이다.

5. 계급장 떼고 시작하기

2:1-29

바울의 물음 이해하기

역설적이지만, 공감의 첫 단추는 다름을 인식하는 것이다. 우리가 바울의 생각에 공감하려면 먼저 그의 세계가 우리의 세계와 다르다는 사실을 실감해야 한다. 2천 년 전 바울의 열정과 고민이 오늘 나의 열망과 고민이어야 할 이유는 없다. 물론 내 사정이 급하다고 바울의 이야기를 내 질문에 관한 답변이라고 우길 수도 없다. 물론 우리는 로마서가 하나님의 말씀이며, 그래서 오늘 나를 위한 복음이기도 하다고 믿는다. 하지만 실을 바늘허리에 묶어 쓸 수 없는 것처럼, 바울의 글이 나를 위한 복음이 되는 데는 절차가 필요하다. 우선 바울의 세계와 그의 관심사를 확인하는 일이 먼저라는 것이다.

로마서에서 바울은 구원의 복음에 관해 말한다. 원칙적으로 복음은 모든 사람에게 열려 있다. 그래서 나는 로마서를 나를 위한 복음으로 읽을 수 있다. 하지만 로마서는 또한 나름의 사연을 가졌다. 바울이라는 저자가 있고, 로마의 그리스도인들이라는 독자가 있다.

그리고 이 둘 사이에는 그들 나름의 얽힘이 있다. 바울이 들려주는 복음 이야기는 신학 서적류의 추상적 구원론이 아니라, 바울 자신과 로마교회 독자들의 삶 속에 스민 복음 이야기다. 그들의 삶과 충돌하여그 부딪힘 속에서 선명한 깨달음으로 빛나는 복음이라는 말이다. 우리의 일차 과제는 이 본래의 부딪힘을 파악하는 것이다. 바울 자신이 사역하던 세계 속에서 붙들고 씨름해야 했던 문제들을 확인하며, 그 문제들과 복음이 어떻게 부딪혀 어떤 빛을 발하는지 관찰하는 것이다.

"모든" 이를 위한 복음

로마서에서 바울은 무엇보다 구원의 공평함에 큰 방점을 찍는다. 구원의 빛이든 진노의 어둠이든 복음은 사람을 차별하지 않는다. 구원의 복음은 "모든" 믿는 자에게 열린 가능성이다(1:16). 진노의 칼 역시 "모든" 경건치 않음과 불의를 겨냥한다(1:18). 그저 원칙을 천명하기 위해서라면 여기서 굳이 "모든"이라는 단어를 덧붙일 이유는 없다. 복음은 "믿는 자를 구원하는 하나님의 능력"이라 말해도 되고, 경건치 않음과 불의는 하나님의 진노에 직면한다고 말해도 좋다. 그런데 바울은 매번 "모든"이라는 말을 덧붙인다.

일단 이 점에 눈을 뜨면, 우리는 로마서에서 바울이 이 사실을 의도적으로 강조하고 있다는 것을 쉽게 확인할 수 있다. 하나님은 "각 사람", 곧 모든 사람에게 행위대로 갚아 주실 것이다(2:6). 그래서 율법 없이 죄를 지은 사람은 "누구나" 율법 없이 멸망하고, 율법 안에서 죄를 지은 사람은 "누구나" 율법을 통해 심판을 받을 것이다

(2:12). 물론 현실적으로 의인은 "한 사람도" 없으며(3:10), "모두가" 다 엉뚱한 길로 가 버렸다(3:12). 이러한 상황에서 율법의 실질적 기능은 "모든" 입을 막고, "온" 세상이 하나님의 심판 아래 있도록 하는 것일 뿐이다(3:19). "모든" 사람이 죄를 지었기 때문에 하나님의 영광에서 멀어졌다(3:23). 하나님의 복음은 사람을 차별하지 않으며(2:11; 3:22), 따라서 하나님의 심판은 공정하다(2:2, 5).

유대인과 이방인의 동등함

오늘날 우리에게는 복음의 공평함이 당연하다. 목청을 높이는 것이 오히려 이상하다. 그런데 바울은 다르다. 복음의 원리에는 '차별이 없음'을 집요하게 강조한다. 왜일까? 왜 바울은 그렇게 많은 지면을 들여 복음의 공평함을 역설하는 것일까? 이런 물음과 함께 바울의 진술을 더 자세히 들여다보면 또 한 가지 사실이 관찰된다. 여기서의 차별 없음은 추상적 의미의 공평함이 아니라, 유대인과 헬라인 혹은 유대인과 이방인 사이의 매우 구체적 공평함을 의미한다. 일단 이 점을 의식하며 로마서를 따라가면, 우리는 바울의 논증 전체가 바로 '유대인-헬라인'의 관계 문제로 채색되고 있음을 쉽게 관찰할 수 있다.

주제문에서 밝힌 것처럼, 복음은 모든 믿는 자를 구원하는 하나님의 능력이다. 이는 우선 유대인에게, 그리고 헬라인에게도 마찬가지다(1:16). 교리 설명을 위해서라면 그냥 "복음은 믿는 자들을 구원하는 하나님의 능력"이라는 말로 충분하다. 그런데 바울은 굳이 "모든" 믿는 자라 말하고, 한 걸음 더 나아가 유대인과 이방인을 구체적으로 언급한다. 심판과 저주의 이야기도 마찬가지다. 하나님은 각 사람을 행위대로 심판하시는데, 이는 우선 유대인에게 그러하고 또한 헬라인에게도 마찬가지다(2:9-10). 할례를 받은 유대인이라도 율법을 어기면 무할례자 취급을 받고, 할례를 받지 않은 이방인이라도 율법의 규정을 지킨다면 유대인처럼 간주될 것이다(2:25-29). 칭의 역시 마찬가지다. 하나님은 할례자나 무할례자나 모두 믿음을 통해 의롭다 하실 것이다(3:30). 따라서 하나님은 유대인의 하나님일 뿐 아니라 이방인의 하나님도 되신다(3:29). 무할례자일 때 믿고 의롭다 하심을 받았던 아브라함의 경우에서 드러나듯, "믿음으로 의롭다 하심을 얻는" 복은 할례자뿐 아니라 무할례자에게도 공히 적용된다(4:9-12).

일견 5-8장에서는 공평함이라는 논지가 사라진 듯 보인다. 이 부분의 긴 논의는 모두 "우리 주 예수 그리스도로 말미암은" 의, 곧 믿음을 통한 의가 어떤 메커니즘을 통해 구원 혹은 영광이라는 궁극적 목표에 이르게 되는지를 설명한다. 특별히 7장은 이 과정에서 유대인의 율법이 왜 해답이 아닌지를 인상적으로 묘사한다. 구원의 과정 자체에 집중한다는 점에서 유대인-이방인 문제가 표면에 드러나지 않는다는 것은 사실이다. 하지만 믿음을 내세워 공평함을 주장해 온 상황에서(1-4장), 믿음의 궁극적 효력에 관한 5-8장의 논증은 이런 공평함의 논리에 실질적인 버팀목 역할을 수행한다. 유대인-이방인의 주제가 바울의 뇌리에서 사라진 것이 아니라는 사실은 이 문제가 다시 부상하는 9-11장에서 재차 확인된다. 물론 유대인의 구원사적 우월성을 배경으로 하는 1-4장과는 달리, 여기서 바울의 논증은 유대인의 복음 거부와 이방인의 복음 수용이라는 역설적 현실을 배경으로 한다. 따라서 여기서는 아래위가 뒤바뀐다. 1-4장의 논증이 (선민이 아니었던) 이방인의 동등함에 치중했다면, 9-11장의 논증은 (잠시 복음을 거부하고 있는) 유대인의 동등함(혹은 우선성)을 부각시킨다. 유대인들의 불순종으로 이방인들이 하나님의 긍휼을 입었던 것처럼, 결국에는 유대인들 역시 그와 같은 긍휼을 경험할 것이다(11:30-31). 전체적으로 바울의 결론은 분명하다. "하나님이 모든 사람을 불순종 가운데 두신 것은 모든 사람에게 긍휼을 베풀기 위함이다"(11:32). 하나님은 "모든 사람의 주이시며, 그를 부르는 모든 사람에게 부요하시다"(10:12 하). 하나님 앞에서는 "유대인이나 이방인이나 차별이 없다"(10:12 상).

유대인의 배타적 선민의식

뻔한 사실을 구구절절 되뇌는 경우는 없다. 어느 글에서 특정한 논점 하나가 반복된다면, 이는 그럴 수밖에 없는 사정이 있음을 시사한다. 로마서의 경우도 마찬가지다. 구원이 "모든 믿는 자"를 위한 것이라면, 이 점에서 유대인과 이방인이 다를 수 없다는 것은 당연하다. 그런데 바울은 로마서에서 이 사실을 지겹도록 반복한다. 그 이유가 무엇이겠는가? 바로 구원이 모든 이들을 위한 것이 아니라는 생각, 하나님의 구원에 관한 한 유대인과 이방인 사이에는 분명한 차별이 있다는 생각이 존재하기 때문이다. 다소 거칠게 말하면, 하나님의 백성인 유대인들은 하나님의 진노를 피하고 구원을 받겠지만, 이방 죄인들은 그런 은총을 누리지 못하고 망할 것이라는 생각이다.

이러한 유대적 확신은 하나님께서 조상 아브라함을 택하셨고 그와 그 후손들에게 영원한 복을 약속하셨다는 사실에 근거한다. "하나님의 친구"로 불렸던 아브라함처럼, 그의 후손들 역시 그의 공로 및 그에게 주신 약속의 혜택을 누릴 것이라는 신념이다. 그래서 옛적 에스라의 이름을 차용한 바울 당시의 한 유대 묵시가는 "당신은 그[아브라함]와 영원한 언약을 맺으셨고, 영원히 그의 후손들을 버리지 않겠다고 약속하셨습니다"라고 호소하며, 거기서 이스라엘의 희망을 찾았다(제4에스라 3:15). 우리가 알듯, 유대인들은 출애굽 후 시내 산에서 하나님과 언약을 맺었는데, 그 언약의 핵심은 "나는 너희 하나님이 되고, 너희는 내 백성이 될 것이다"라는 약속이었다. 그러므로 유대인들은 선택된 "하나님의 백성"이고, 하나님은 "유대인의 하나님"이다(3:29; 9:4-5). 당연히 구원이란 하나님과 유대인들 사이의 이야기다. 유대인, 곧 하나님의 백성이 된다는 것은 바로 구원받는다는 것을 의미한다.

유대인의 배타적 선민의식과 기독교

마태복음과 누가복음의 세례 요한 이야기는 이러한 유대적 신념의 일단을 잘 보여준다. 세례 요한은 자기에게 나온 "무리들"(누가복음) 혹은 "바리새인과 서기관들"(마태복음)에게 "누가 너희들은 임박한 진노를 피할 것이라고 가르치더냐?"고 따지며 그들의 소박한 확신을 허문다. 요한의 반박은 당시 유대인들 사이에 아브라함의 자손은 임박한 진노를 피하리라는, 소위 유대식 '구원의 확신'이 널리 퍼져 있었음을 말해 준다. 하지만 이런 견고한 확신은 실상 중대한 '착각'에 불과했다. 심판을 피하는 유일한 길은 아브라함의 후손됨에 호소하는 것이 아니라 "회개에 합당한 열매를 맺는" 것이다. 하나님께서 길가의 돌들로도 아브라함의 후손들을 얼마든지 만들 수 있다면, "아브라함의 자손"이라는 외적 신분은 더 이상 아무런 의미도 없는 것이다(마 3:7-9; 눅 3:7-8).

기독교의 확산 과정에서도 이러한 유대적 신념은 막강한 위력을 발휘했다. 선교 초기 이방세계로 흩어진 유대 신자들은 이방인들을 무시한 채 동료 유대인들에게만 복음을 전했다(행 11:19). 메시아 예수를 통한 구원은 하나님의 백성을 위한 것이며, 택한 백성이 아닌 이방인들은 구원과는 무관하다고 생각했기 때문이다. 좀 과장하자면, 우리가 강아지에게는 전도하지 않는 것과 마찬가지다. 사도행전의 고넬료 사건에서 보듯이, 유대 신자들은 이방인들의 구원 가능성을 예상하지 못했다. 구원이란 본래 하나님과 그분이 택한 백성 간의 이야기인 탓이다. 이들은 하나님이 유대 신자들에게 주신 것과 같은 성령을 고넬료 집안에 주셨음을 확인하고 나서야 "그렇다면 이방인들에게도 생명을 얻는 회개를 주신 것"이라고 인정할 수 있었다(행 11:18).

물론 이방인의 구원을 인정하더라도, 구원의 조건은 여전히 민감한 사안으로 남는다. 성령 받은 이방인들은 계속 이방인으로 머물러도 되는가? 아니면 일단 믿게 된 이상, 할례를 통해 하나님의 백성, 곧 유대인이 되어야 하는가? 이 물음에 대한 유대 기독교인들의 대답은 간단하지 않았다. 바리새파 출신의 보수적 신자들은 이방 신자들이 "구원을 받으려면" 할례를 받고 율법의 여러 조항들을 지켜야 한다고 주장했다(행 15:1). 할례 받지 않은 이들은 하나님의 백성의 공동체에서 끊어지리라는 성경적 원칙에 근거한 생각이었다(창 17장; 출 4:24-26; 레 12:3; 수 5:2-9). 반면 이방 선교에 적극적이었던 이들은 성령의 임재가 할례의 필요성을 폐기하는 것으로 간주했다. 하나님께서 할례를 받지 않은 이방인에게 성령을 주셨다는 것은 그들을 현재 모습 그대로 받으셨음을 의미하며, 따라서 할례라는 조건은 무의미해졌다는 추론이었다. 격론이 오고 간 후, 예루살렘 교회는 최종적으로 할례가 필요하지 않다는 결론을 내렸다(행 15:1-29).

하지만 예루살렘 회의 하나로 모든 상황이 평정되기는 어려웠을 것이다. 실상 유대인과 이방인의 관계 문제는 초대 기독교의 역사 전체를 채색하는 핵심 이슈였다(갈 2:11-21). 이방 선교의 선봉이었던 바울이 이 문제로부터 자유로울 수는 없었다. 빌립보서에서 할례를 주장하는 "악한 사역자들"을 "개들"이요 "거세당"(개역한글에는 "손할례당")이라고 격하게 비난하는 모습은 사안의 힘겨움을 여실히 드러낸다(빌 3:2). 갈라디아서의 격앙된 논증은 바로 이러한 문제를 해결하려는 노력이었다. 보다 차분한 논조이기는 하지만 우리가 지금 읽고 있는 로마서 역시 마찬가지다. "할례"라는 명사가 신약에 모두 36번 나오는데, 그중 31번이 바울의 것이고, 그중 절반인 15번이 로마서에 나온다. 할례 문제, 곧 유대인과 이방인의 관계 문제가 로마서의 논증을 채색하는 핵심 색조의 하나임을 말해 주는 대목이다.

본래 이방인인 우리로서는 실감하기 어렵지만, 할례 및 선민의식과 관련된 유대인들의 신념을 무시하고서는 이방 선교의 역동적 이야기를 실감 나게 이해하기란 어렵다. 앞서 세례 요한의 이야기에서처럼, 로마서를 비롯한 기독교의 복음 이야기가 많은 부분 유대인들의 이러한 배타적 선민의식과 대결하는 문맥에서 전개되기 때문이다. 물론 복음의 보편성은 시공의 제한을 받지 않는다. 그렇지만 유대인과 이방인이 갈라져 있던 세계에서 이 복음의 보편성은 하나님의 구원이 유대인만을 위한 것이 아니라 "모든 믿는 자들"을 위한 것이라는 주장, 곧 하나님은 유대인만의 하나님이 아니라 이방인의 하나님도 되신다는 주장으로 나타난다. **유대인들의 배타적 선민의식이 복음의 효과적 선포와 정확한 수용을 방해하는 상황에서는, 복음 선포가 많은 부분 이러한 배타적 자폐성을 허무는 노력에 집중될 수밖에 없기 때문이다.**

논증의 수사적 움직임

앞 장에서 우리는 인류의 죄와 하나님의 진노에 관한 바울의 첫 논증을 살펴보았다. 하나님의 의를 말하기 위한 일종의 정지작업이었다. 그런데 바울의 논증은 거기서 멈추지 않는다. 인류의 불경건과 불의에 관한 일반적인 묘사는 금방 특정한 대상을 겨냥한 날 선 공격으로 이행한다. 물론 그 특정 대상이 누구인지 눈치 채기는 어렵지 않다. 바로 "우리는 다르다"라고 생각했던 유대인들이다(2:17). 2장에서 시작되는 바울의 논증은 바로 그런 유대적 허위의식을 문제 삼는다.

여기서 우리는 바울이 논증을 시작하는 방식에 주목할 필요가 있다.

> 그러므로 다른 사람들을 심판하는 사람이여, 그대가 누구이든 어떤 변명의 여지도 없습니다. 다른 사람을 심판함으로 자기 자신을 심

판하는 셈입니다. 왜냐하면 남을 심판하는 당신 역시도 동일한 일들을 저지르기 때문입니다(2:1).

문두의 "그러므로"는 2장의 논증이 1장의 내용을 토대로 하고 있음을 보여준다. 사실 인류의 타락상을 묘사하는 1장의 논증을 자세히 살피면, 그것이 애초부터 2장의 비판을 염두에 둔 포석임을 발견한다. 재미있게도 우상숭배 및 성적·도덕적 타락에 관한 1장의 비판은 전형적인 유대적 관점과 유대적 어투를 보여준다. 당연히 유대인들은 자기들이 늘 하던 대로 이방인을 비판하는 바울의 말에 맞장구를 치며 흐뭇했을 것이다. 2:1의 "다른 사람들을 심판하는 사람"은 바로 이런 순간의 유대인을 포착한다. 이처럼 이방인들의 우상숭배와 도덕적 타락을 경멸하는 이들에게 바울은 "영적·도덕적 타락은 죽음에 해당한다. 그러므로 당신도 핑계할 수 없다. 왜냐하면 당신 역시 똑같은 일을 저지르고 있으니까!"라고 말한다. 지금 바울의 논법은, 비유 속에 나오는 부자에게 격노하는 다윗을 향해 "당신이 바로 그 죽일 놈"이라고 돌려 치던 나단 선지자를 닮았다. 여기서 우리는 바울이 1장에서 왜 "이방인"이라는 단어 대신 "모든 경건치 않음과 불의"라고 말하는지 깨닫게 된다. 유대인들은 바울이 이방인을 욕한다고 생각했겠지만, 오히려 바울은 애초부터 유대인들을 염두에 두고 있었던 것이다.

자부심과 착각 사이

당연히 유대인을 겨냥한 2장의 논증은 유대인들의 자가당착, 곧 "우리는 이방인과 다르다"는 고매한 선민의식과 실제로는 이방인과 전혀 다를 것이 없는 저급한 삶 사이의 모순을 부각시킨다. 이방인들로 둘러싸인 당시의 세계에서 유대인들은 자칭 '시대의 양심'이었다. 그들은 스스로를 "맹인의 길을 인도하는 자"로, "어둠에 있는 자들의 빛"으로 간주했다(2:19). 그들은 또한 "어리석은 자들의 교사"이며 "어린아이들의 선생"이기도 했다(2:20). 우상숭배를 비롯하여, 이방인들의 세계에 만연한 온갖 도덕적 악의 실상은 그들의 이러한 자의식을 정당화하고도 남는 것처럼 보였다.

이러한 자부심의 근저에는 그들이 언약 백성이라는 신념, 곧 다른 사람들이 갖지 못한 율법을 가졌다는 특권이 자리한다. 그들은 '유대인이라 불리는' 사람들이었다. 이 명칭에는 단순한 민족적 구분을 넘어서는 도덕적·종교적 차별성이 내재되어 있다. 그들은 율법을 의지하며 거기서 안식을 누리고, 하나님을 최고 가치로 알고 자랑했다(2:17). 보다 구체적으로 그들은 율법의 가르침을 받아서 하나님의 뜻을 알았고 삶의 최고 가치가 무엇인지를 분별하는 이들이었다(2:18). 한마디로 그들은 "율법 속에 담긴 지식과 진리의 형상을 소유한" 자들이었다(2:20). 이는 엄연한 사실이었고, 그런 점에서 그들은 이방인들이 갖지 못한 "나음"을 소유한 자들, 곧 "하나님의 말씀을 맡은 자들"이었다(3:1-2). 시편의 언어로 하자면, 그들은 "여호와의 율법을 즐거워하며, 그 율법을 주야로 묵상하는" 자들, 곧 "복 있는" 사람이 될 가능성이 있는 자들이었다.

하지만 그들의 복됨은 그런 잠재적 가능성에서 끝난다. 유대인들이 애지중지한 "스스로에 대한 믿음"(2:20, 원문에는 "스스로 믿으니"가 20절이 아니라 19절이다), 곧 "우리는 이방인과 다르다"는 신념은 선민이라는 신학적 자부심의 표면에 어린 무늬일 뿐, 그들의 삶에서 우러난 빛깔은 아니었다. 그들은 하나님의 말씀을 위탁받았다(3:2). 하지만 그들은 율법을 소유했을 뿐, 이 소유는 그들의 삶에 아무런 변화도 가져오지 못했다. 율법의 소유가 자랑스러워 자신과 남을 차별했지만, 막상 그들의 삶은 그들이 정죄하던 이방인들과 다를 것이 없었다.

이 부분에서 바울의 묘사는 다소 충격적이다. "다른 사람을 가르치는 네가 왜 너 자신은 가르치지 않느냐?"는 물음은 우리의 예상을 뛰어넘는 자극적 사례들로 이어진다. 도둑질하지 말라고 가르치면서도 도둑질했고, 간음을 정죄하면서도 간음을 저질렀으며, 우상을 역겨워하면서도 신전의 물건들을 훔쳤다(2:21-22). 율법을 자랑하기는 했지만, 이를 실천하지는 않았고, 도리어 율법을 어겨 하나님을 욕되게 했다(2:23). 이방인들 중에서 이들의 삶은 "맹인의 빛"은 고사하고, 그들로 인해 "하나님의 이름이 이방인들 중에서 모욕 당하는" 수준에 불과했다(2:24).

어쩌면 여기서 바울이 그리는 유대인상에 역사적 의문을 제기할 수도 있을 것이다. 당시의 모든 유대인들이 그랬을 리는 없을 것이기 때문이다. 하지만 지금 여기서 우리에게 중요한 것은 바울의 말 속에 담긴 수사적 의도를 파악하는 일이다. 구약에 익숙한 사람들은 여기서 바울이 "언약 백성"이라는 정체성의 핵심을 공격하고 있음을 감지할 것이다. 이스라엘이 열방 중에서 하나님의 "특별한 소유"로 점지되었다는 신념에는 "너희가 내 말을 잘 듣고 내 언약[율법]

을 지키면"이라는 선명한 단서가 동반되었다(출 19:5). 그들은 하나님의 "거룩한 백성"으로, 하나님의 거룩함을 드러내고 중재하는 "제사장들의 나라"로 부르심을 받았다(출 19:6). 베드로전서가 이사야서를 인용하여 묘사하는 것처럼, 하나님의 선택은 애초부터 "그의 놀라운 빛으로 너희를 불러 주신 분의 탁월한 덕을 선포하도록" 하기 위함이었다(벧전 2:9; 사 43:21, 베드로전서가 인용한 칠십인역 구약은 "나의 찬송을 부르려 함이라"는 히브리어 표현을 "나의 덕을 알리려 함이라"는 말로 바꾸어 옮긴다). 그렇다면 율법을 어기고 하나님의 이름을 욕되게 하는 유대인들은 사실상 언약 자체를 폐기하고 있는 셈이 된다. 에스겔서에서 하나님이 말씀하시듯, 언약 관계의 위기는 이스라엘이 열방 중에서 하나님의 이름을 더럽혔다는 사실과 무관하지 않았다(겔 20:22-23). 그렇다면 이방인들 중에서 하나님의 이름을 더럽히는 바울 당시의 유대인들은, 마치 옛적 포로기의 유대인들처럼 언약 백성으로서의 의무를 포기해 버린 이들, 곧 언약 백성으로서의 정체성을 포기한 사람들에 해당한다. 머리로는 하나님의 선민이라 스스로 믿고 있지만, 그들의 행위는 선민의 정체성과는 거리가 멀었다. 율법을 지키고 언약을 준수하는 사람들에게야 유대인, 곧 '할례'라는 신분증이 가치 있겠지만, 율법을 지키지 않는 상황에서 그들의 외적 할례는 무가치하다. 젊은 청년이 경로우대증을 가진 것처럼, 순종하지 않는 자의 할례는 그저 무할례와 다름없는 것으로 전락한다(2:25). 이는 회개에 합당한 열매가 없는 상황에서는, 아브라함의 후손이라는 신념이 무가치하다는 세례 요한의 판단과 다르지 않다.

행위를 따라 갚으시는 공평한 하나님

물론 바울의 이러한 비난은 자의적인 판단이 아니다. 이방인을 심판하는 유대인을 향해 "너도 마찬가지!"라고 외치며 할례자를 무할례자라고 부르는 대담한 행보에는, 유대인들 스스로가 잘 아는 한 가지 신념, 곧 하나님은 모든 사람에게 행한 대로 갚아 주시는 분이라는 유서 깊은 신념이 자리하고 있다. 유대인이나 이방인을 막론하고 하나님은 모든 사람을 어떤 신학적 신념이 아니라 그들의 삶을 근거로 심판하실 것이다. 2:6-11은 깔끔한 교차대구적 구조를 통해 이러한 전통적 신념을 선명하게 진술한다.

A. 하나님께서 각 사람에게 그 행위를 따라 갚으심(6절)
  B. 선을 행하는 이에게 영생으로 갚으심(7절)
    C. 악을 행하는 이에게 진노로 갚으심(8절)
    C'. 악을 행하는 이에게는 파멸
      —첫째는 유대인, 그리고 헬라인도(9절)
  B'. 선을 행하는 이에게는 영광
    —첫째는 유대인, 그리고 헬라인도(10절)
A'. 하나님은 외모로 사람을 취하지 않으심(11절)

6절은 시편 62:12을 인용하여 행위심판의 원칙을 천명하고(잠 24:12; 마 16:27; 벧전 1:17), 11절은 그 원칙을 재천명한다. "외모를 취하지 않는다"(문자적으로 "얼굴을 보지 않는다")는 것은 외면적 조건에 좌우됨이 없이 공평하게 심판하신다는 뜻으로 결국 각자의 행위에 따라 보응하신다는 말과 겹친다. 이 두 구절 사이에서 7-8절은 두 가지 상이한 삶과 그 종말론적 운명을 서술한다. 9-10절은 순서를 바꾸어 같은 내용을 반복하면서, 거기에 "먼저 유대인에게, 그리고 헬라인에게도"라는 구절을 덧붙인다. 행위심판의 원칙을 재천명하는 바울의 의도가 '우리는 열외'라고 말하고 싶었던 유대인을 겨냥한 것임을 잘 드러내 주는 대목이다. 또한 수사적으로 이러한 교차 대구 구조에서는 중심에 놓인 사항이 힘을 받는 수가 많다. 여기서는 악행에 관한 C와 C'가 그 중심에 해당한다. 이처럼 악한 삶에 대한 경고를 중심에 두고 강조하는 것 역시 율법을 어기면서도 심판을 두려워하지 않았던 유대인을 비판하려는 의도를 보여준다.

바울이 소개한 행위심판의 원리는 구약과 유대교를 관통하는 불변의 상식이다. "우리", 곧 바울을 비롯한 모든 유대인은 1장에서 묘사된 불경건과 불의에 하나님의 심판이 정확하게 시행될 것임을 잘 "안다"(2:2). 물론 이러한 원리는 "이런 일들을 행하는 자들을 심판하면서도 그들과 같은 일을 행하는 자들"이라고 해서 달라질 수 없다. "네가 하나님의 심판을 피할 줄로 생각하느냐?"는 물음은 "누가 너희들은 임박한 진노를 피할 것이라고 가르치더냐?"는 세례 요한의 물음을 상기시키며, 선민 유대인들의 공허한 허위의식을 통렬하게 폭로한다(2:3). 물론 진노는 아직 임하지 않았다. 하지만 이는 심판의 잠정적 유보일 뿐, 행위심판이라는 원칙의 파기를 의미하는 것은 아니다. 심판은 여전히 진리대로 될 것이지만(2:2), 자비로우신 하나님은 잠시 회개의 기회를 주고 계신다. 따라서 현재의 평온함은 하나님의 무관심이 아니라 그의 "인자하심과 용납하심과 길이 참으심"의 결과다(2:4). 하지만 유대인들은 하나님의 의중을 깨닫고 회개하는 대신 완고한 태도를 고집하며, 결과적으로 영생이 아닌 "하나님의 진노"를 계속 쌓고 있다(2:5). 하나님의 공평한 심판은 이들 불의한 '선민들'에게 진노를 내릴 것이다(1:18). 율법 없이 범죄한 이방인이 율법 없이 망하는 것이 당연하듯, 율법을 소유하고서도 범죄한 자들은 그 율법의 정죄에 의해 심판을 당할 것이다(2:12). 하나님이 그리스도를 통해 모든 사람을 심판하는 그날에는, 율법을 듣는 자가 아니라 율법을 실천하는 자가 의롭다 하심을 얻을 것이며(2:13, 15), 하나님의 진리는 사람을 차별하지 않고 공평하게 시행될 것이기 때문이다.

구원의 소망이 넘쳤던 유대인들을 진노의 대상으로 뒤집은 바울은, 율법이 없어 진노의 대상이라 무시당했던 이방인을 구원의 대상으로 제시함으로써 더욱 날카로운 논증의 날을 겨눈다. 율법을 갖지 않은 이방인이라도 "본성으로" 율법이 요구하는 바를 행한다면 자신이 스스로에게 율법이 된다(2:14). 그러므로 이들은 비록 글로 된 율법은 없지만, 오히려 그들의 마음에 율법의 요구사항들이 새겨져 있음을 드러낸다(2:15). 사람들의 "양심"이 바로 그 내면적 율법의 기능을 수행하면서 그들의 생각을 고발하기도 하고 변호하기도 한다(2:15). 이로써 바울은 율법 소유라는 배타적 특권에 과도한 희망을 걸었던 유대인의 허위의식에 치명타를 날린다. 2장의 말미에서는 할례를 화두로 삼으며 같은 논법이 등장한다. 할례자가 율법을 어기면 할례가 무의미한 것처럼, 무할례자라도 "율법의 규정들을 잘 지키면" 할례자로 인정받는 것이 마땅하다(2:26). 물론 이는 마지막 심판이라고 해서 달라질 이유가 없다. 이방인일지라도, 할례를 받지 않고도 율법을 잘 지키는 사람이라면 율법을 갖고서도 지키지 않는 유대인을 심판하게 될 것이다(2:27). 비록 이론적 가능성에 국한된 이야기이겠지만, 하나님의 '의인'으로서 불의한 이방을 심판하리라고 기대하던 유대인들로서는 여간 자극적인 발상이 아닐 수 없다. 이러한 역발상을 감행하는 바울의 의도는 명백하다. 구체적 실천으로 뒷받침되지 않는 헛된 특권의식은 공허하다는 것이다.

> 우리 유대인들이 이방인들보다 낫습니까? 전혀 그렇지 않습니다! (3:9)

물론 하나님의 선택은 중요하고, 그래서 유대인의 정체성 또한 중요하다. 하지만 구약의 가르침이 분명히 말해 주듯, 이 정체성은 더 이상 외면적 표지의 문제가 아니며, 할례 역시 외과적 포경수술의 차원으로 설명할 수 있는 것이 아니다(2:28). 구원받을 백성으로서의 정체성은 내면적 차원의 문제이며, 할례 또한 남자의 생식기가 아니라 사람의 마음과 얽힌 문제다(2:29). 이러한 참 해답을 말하기 위해 바울은 먼저 그들이 가진 허상을 부수는 것이다.

놀랍게도 바울이 유대인의 공허한 선민의식을 부순 무기는 소위 믿음과 은총의 논리가 아니라 행위심판이라는 구약적 신념이었다. 바울은 이 행위심판 사상이 "내 복음에 의한" 것, 곧 자신이 선포한 복음에 속한 것임을 분명히 한다(2:16). 그렇다면 우리의 물음은 이것이다. 이 행위심판의 사상, 곧 율법을 실천함으로 의롭게 된다는 칭의 사상이 믿음과 은총으로 의롭게 된다는 그의 주장과 어떻게 연결되는가? 어떤 이들이 주장하는 것처럼, 행위심판의 사상은 그저 유대인 비판을 위해 잠시 쓰고 버리고 갈 일회용품에 불과한 것일까? 그렇지 않다면, "율법을 지켜" 의롭게 된다는 바울의 주장(2:13)과 "율법의 행위로는" 의롭게 될 수 없다는 또 다른 바울의 주장(3:20) 사이에는 어떤 논리가 자리하고 있을까? 다음 장에서 우리는 지금까지의 논의를 바탕으로 칭의와 관련된 바울의 진술들을 보다 상세히 해명하게 될 것이다.

6. "율법의 행위들"은 왜 가짜 해답일까

3:1-4:12

앞 장에서 우리는 로마서를 관통하는 당면 관심사의 하나로 유대인의 구원론적 특권의식을 거론했다. 유대인들은 할례로 상징되는 그들의 신분을 일종의 구원론적 입장권으로 간주했다. 반면, 바울은 이들의 실제 삶이 그들의 자부심과 모순된다는 사실을 지적함으로 그 입장권의 무효를 폭로했다. 경로우대권이 실제 노인들에게만 해당되는 것처럼, 할례 역시 실제 유대인, 곧 내적 유대인에게만 유효하다. 따라서 바울의 비판은 바로 이 자부심과 실제 행동 사이의 위선적 틈새를 겨냥한다. 언약 백성다운 삶이 없는 마당에, 언약 백성이라는 자부심은 공허하다. 바울의 이러한 판단 배후에는 하나님은 모든 사람을 "행위대로" 심판하신다는 정통적인 신념이 깔려 있다. 그래서 그는 유대인들의 "행위"를 문제 삼았고, 이를 근거로 유대적 특권의식의 허구성을 폭로할 수 있었다.

3장 후반부에서 본격적으로 시작되는 바울의 칭의론은 바로 이러한 비판의 문맥에 자리하고 있다. 칭의와 관련된 바울의 주장은 분명하다. 사람이 의롭다 하심을 얻는 것은 "율법의 행위"로가 아니라 "믿음으로"다.

> 왜냐하면 사람은 율법의 행위와는 상관없이 믿음으로 의롭다 하심을 얻는다고 우리가 생각하기 때문입니다(3:28).

칭의에 관한 바울의 논점은 이중적이다. 부정적으로 칭의는 "율법의 행위를 통해" 주어지는 것이 아니다(3:20). 긍정적으로 칭의는 "믿음을 통해" 주어진다(3:22, 26). 당연히 바울의 칭의론 탐구는 상반된 이 두 진술의 의미를 추적한다. "율법의 행위"로 의롭다 하심을 얻지 못한다는 말의 의미는 무엇인가? "믿음으로" 의롭다 하심을 얻는다는 말은 또 무슨 뜻인가? 믿음에 관한 이야기는 다음으로 미루고, "율법의 행위들로는 의롭다 하심을 얻지 못한다"는 부정적 진술을 먼저 살펴보자.

"율법의 행위들"은 율법의 실천을 의미하는가

"사람이 율법의 행위들로는 의롭다 하심을 얻을 수 없다"는 선언은 무슨 뜻일까? 종교개혁에서 연유한 전통적 해석에 의하면, 여기서 "율법의 행위들"은 실제로 '율법을 행하는 것'을 의미한다. 사람이 율법을 행하는 것으로는 의롭게 될 길이 없다는 신념이다. 물론 여기서 "율법"은 보다 일반적 의미로 확대될 수 있다. 그렇다면 바울의 주장은 "(도덕적) 행위로는 의롭다 하심을 얻을 수 없다"는 말이 된다. 우리가 어떤 삶을 살든, 그 삶이 칭의의 실질적 근거가 될 수는 없다는 말이다.

이 부정적 진술은 칭의가 "믿음으로", "은혜로" 주어진다는 긍정적 진술에 의해 뒷받침된다. 잘 알려진 것처럼, 루터는 여기에다 "오직"을 더하여 "오직 믿음으로"와 "오직 은혜로"를 말했다. 물론 이는 칭의로부터 일체의 인간적 행위를 배제하기 위해서였다. 어떤 인간적 행위의 개입 없이 오직 믿음과 은혜로만 의롭다 하심을 얻는다는 것이다. 그러므로 실질적으로 전통적 칭의론의 핵심은 칭의의 과정에서 인간의 행위를 배제하는 데 있다. 우리는 이것이 복음의 요체라 여긴다. 복음이 "복된" 소식이 되는 이유는, 스스로의 행위로는 구원받을 수 없는 존재들이 행위 없이 오직 믿음으로, 그러니까 오직 하나님의 은혜로 의롭다 하심을 얻을 수 있기 때문이다. 이러한 해석의 관점에서 볼 때, "율법의 행위들"이란 우리의 행위를 통해 의롭다 하심을 얻겠다는 태도, 곧 우리가 흔히 율법주의 혹은 공로주의라고 부르는 그런 태도가 된다.

문제 하나, 신약성경 내의 모순

어쩌면 당연한 것으로 여겨지는 해석이기는 하지만, 사실 이러한 '율법주의적' 해석은 여러 모로 심각한 문제를 야기한다. 많은 그리스도인들이 믿음과 행위의 관계에 대해 혼란스러워하는 이유가 바로 이 부분에 대한 오해와 무관치 않다. 그런 신념이 성경 다른 부분의 가르침과 충돌을 일으키기 때문이다. "오직 믿음"을 역설했던 루터가 야고보서를 '지푸라기 서신'이라 부른 사실은 유명하다. 사실 자신의 독일어 번역 성경에서 루터는 야고보서를 히브리서, 유다서,

요한계시록과 더불어 신약의 제일 끝에 몰아 놓고, 아예 페이지 숫자도 붙이지 않았다. 정경으로 인정하기를 주저했다는 이야기다. 물론 이유는 분명했다. 그는 이렇게 말한다.

> 필립〔멜란히톤〕이 「변증」에서 했던 것처럼 많은 사람들이 야고보를 바울과 화해시키기 위해 땀을 흘리지만 소용이 없다. "믿음이 의롭게 한다"는 말과 "믿음이 의롭게 하지 못한다"는 말은 완전히 모순된다. 누구라도 이 두 진술을 조화시킬 수 있는 사람이 있다면, 나는 내 박사모를 그에게 씌어 주고, 그로 하여금 나를 바보라고 부를 수 있게 하겠다.

물론 우리는 루터의 이런 입장을 따를 수 없다. 그래서 중재의 노력은 계속된다. 바울과 야고보가 믿음과 칭의를 서로 다른 의미로 사용한다는 주장도 있고, 바울은 구원의 과정을, 야고보는 구원 이후를 말한다는 설명도 있다. 어떤 입장을 취하든, 한 가지는 분명하다. 바울과 야고보의 조화란 불가불 "오직 믿음"의 포기를 요구한다는 것이다. "행함으로 의롭다 하심을 얻는다"는 야고보의 말은 달리 해석할 도리가 없다(약 2:24). 야고보 역시 이신칭의를 말하지만, 이 믿음은 산 믿음, 곧 "행함과 함께 일하고 행함으로 온전케 된" 믿음이다(약 2:22). 이런 믿음에 의한 칭의가 "행위 없는" 것일 수는 없다. 그래서 칼뱅도 "우리가 행위 없이 의롭다 하심을 얻는 것은 아니지만, 행위로 의롭다 하심을 얻는 것도 아니다"라고 말했다(「기독교강요」 3.16.1). 당연히 루터는 야고보서를 받아들일 수 없었다. 산 믿음에 대한 야고보의 주장을 수용한다면, 우리는 루터와 거리를 두어야 한다. 행위 없는 "오직 믿음"이 아니라 행위로 온전케 된 "산 믿음"이 칭의의 근거이기 때문이다. 물론 루터 역시 행위와 동반된 믿음을 강조한다. 하지만 내가 보기에, 행위가 배제된 "오직 믿음" 개념과 "행위와 함께하는 믿음" 개념은 논리적으로 모순된다. 루터의 사상 자체도 내적 모순이 엿보인다는 것이다.

문제 둘, 바울 서신 내의 모순

물론 이것이 바울과의 결별일 필요는 없다. 사실인즉, 바울은 한 번도 올바른 행위를 나쁘게 말한 적이 없다. 그의 첫 서신인 데살로니가전서는 성도들의 삶을 "믿음의 행위와 사랑의 수고와 소망의 인내"라는 세 마디 말로 요약한다(살전 1:3). 개역성경은 "믿음의 역사"로 옮겼지만, 이는 다른 곳에서 줄곧 "행위"로 번역되는 바로 그 단어다. 여기서 바울은 믿음과 행위를 하나로 엮는다. 사랑이 수고로, 소망이 인내로 나타나듯, 믿음은 행위로 그 면모를 드러낸다. 우리의 개신교적 본능은 여기서도 순서를 따지며 "믿음이 행위에 앞선다"고 말하고 싶을 것이다. 하지만 지금 바울의 입장에서 중요한 것은 순서가 아니라 이 둘의 뒤엉킴이다. 칭의론의 교본 노릇을 하는 갈라디아서나 로마서에서도 믿음은 "사랑을 통해 활성화되는 믿음"(갈 5:6) 내지는 "믿음의 순종"(1:5; 16:26)으로 나타난다. 바울이 말하고자 하는 믿음이 행위를 배제하는 개념이라면 애초부터 생겨날 수 없는 표현들이다. 그러므로 바울이 말하는 믿음은 결코 "행위 없이"라는 말과 연결될 수 없는 개념이라는 것이다.

로마서로 돌아가 보자. 앞 장에서 본 것처럼, 바울이 유대인의 가짜 자부심을 해체하는 결정적 무기는 하나님의 공평한 심판, 곧 외적 조건이 아닌 행위에 근거한 심판이다. 참고 선을 행하는 삶은 영생으로 보답 받고, 그 반대의 삶을 살면 "노와 분"을 피하지 못한다(2:6-11). 이러한 전통적 관점은 역사적 예수(마 16:27)를 비롯한 초대교회 전반에 널리 퍼진 신념으로서, 바울 역시 이러한 신념의 울타리를 전혀 벗어나지 않는다(6:19-23; 8:13; 갈 5:19-21; 6:7-9; 고전 6:9-10 등). 로마서에서 바울의 칭의론은 바로 이러한 행위심판의 사상을 바탕에 깔고 나온다. 한마디로, "하나님 앞에서는 율법을 듣는 자가 의인이 아니요 율법을 행하는 자라야 의롭다 하심을 얻는다"는 진술이다(2:13). 물론 전통적 해석은 2:13을 일종의 원론적 진술, 곧 사실이기는 하지만 비현실적인 진술로 간주한다. 우리가 율법을 완벽하게 지킨다면 의롭다 하심을 얻을 수 있다. 하지만 우리는 의롭게 될 만큼 완벽하게 율법을 지킬 수 없다는 것이다. 그리고 "율법의 행위로 의롭다 하심을 얻을 수 없다"는 말이 바로 이런 현실적 한계를 지적한 것이라고 주장한다. 하지만 이러한 완벽주의적 발상은 바울이 말하는 바를 넘어선다. 바울의 말은 "하나님 앞에서는 율법을 완벽하게 지키는 자라야 의롭다 하심을 얻는다"는 것도 아니고(2:13), "율법을 불완전하게 행하는 것으로는 의롭다 하심을 얻을 수 없다"는 것도 아니다(3:20). 마태복음 7:21에 기록된 예수의 경고를 그런 식으로 무시할 수 없다면, 바울의 진술 역시 액면 그대로 수용해야 한다.

로마서 2장에서 보듯이, 바울이 말한 참된 해법은 "내적[이면적] 유대인됨"과 "마음의 할례"였다(2:29). 이 내적 유대인은 육체에 할례를 받고 율법을 소유한 외적 유대인과 대조된다. 물론 내적 유대인은 할례와 율법을 무시한 채 "오직 믿음"을 지향하는 존재가 아니라, 행위와 삶 자체가 하나님의 선민다운 사람을 가리킨다. 한마디로 실제로 율법을 지키는 사람이다. 또 마음의 할례는 잘 알려진 구약적 개념이다. 곧 불순종을 순종으로, 율법을 무시하는 사람을 율법 잘 지키는 사람으로 변화시키는 수술이다(신 10:16; 30:6; 렘 4:4; 9:25-26). 이 마음의 할례가 사람을 향한 명령일 수도 있고 사람에게 주어지는 하나님의 약속일 수도 있지만, 순종이라는 핵심 개념은 변하지 않는다. 그러므로 율법을 자랑하면서도 지키지 않는 이들을 향한 바울의 대안은 율법의 폐기나 초월이 아니라 율법의 실천과 순종이다. 바로 이런 사람, 바로 이런 실질적 유대인이 하나님 앞에 의롭다 하심을 얻는다. 이런 관점을 역설하는 바울이 왜 "율법을 행하는 것으로는 의롭다 하심을 얻을 수 없다"는 말을 했을까?

문제 셋, 로마서 내의 모순

더 나아가 "율법의 행위들"을 도덕적 율법 준수로 해석하는 관점은 로마서 자체의 논증과도 어울리지 않는다. 전통적 해석에서처럼 만약 바울이 "율법을 행해서는 의롭게 될 수 없다"고 말했다고 치자. 그렇다면 이는 지금 바울이, 율법을 지켜 의롭게 되려고 하는 이들을 상대로 논증을 펼치고 있음을 의미한다. 하지만 막상 바울의 논증 속에는 그처럼 율법을 지켜서 의롭다 하심을 얻겠다는 이들이 보이지 않는다. 거듭 지적하지만, 2:1-3:20의 신랄한 비판은 시종 율법을 자랑하면서도 지키지는 않는, 아니 지킬 의사가 없는 율법적 위선자들을 겨눈다. 바울은 이들을 향해 "왜 율법을 지키지 않느냐?"고 따지며, 행위심판의 원리로 이들을 압박한다. 율법을 지켜 의롭게 되려는 이들에게 "어차피 완벽하게 지킬 수 없는 마당에, 율법을 지킨다고 될 일이 아니다"라고 말하는 것이 아니라, 지킬 생각은 안하고 그저 잘난 척만 하는 이들에게 "그저 율법을 듣기만 해서 될 일이 아니라 율법을 지키는 것이 중요하다"고 말하는 것이다.

이런 상황에서 "율법을 지키는 것으로는 의롭다 하심을 얻을 수 없다"는 경고는 뜬금없다. 지키려고 애쓰는 사람이 없는 마당에 율법을 지키려 해서는 안된다고 경고를 날릴 이유가 없기 때문이다. 바울은 허공을 향해 주먹을 내두르거나 정한 방향 없이 무조건 내달리는 사람이 아니다(고전 9:26). 만약 "율법의 행위들로는 의롭다 하심을 얻을 수 없다"는 3:20의 경고가 2장에서부터 이어진 논증의 자연스러운 발전이라면, 여기 "율법의 행위들"은 자연히 그가 지금까지 비판해 온 유대인들의 태도를 반영하는 표현이라야 한다. 그렇다면 유대인들이 내세우는 이 "율법의 행위들"은 실제로 율법을 지키는 태도를 가리킬 수는 없다. 오히려 이 "율법의 행위들"은 율법을 지키지 않으면서 율법의 소유를 자랑했던 이들, 내면적 순종은 없으면서 유대인이라는 외면적 신분을 내세웠던 이들, 마음은 전혀 할례 받지 못했으면서 육신의 할례에 의지하고자 했던 이들의 태도를 묘사하는 것이라야 한다.

따라서 로마서 논증의 흐름상 "율법의 행위들"은 실제 율법을 지키는 태도를 가리키는 표현이 아니다. 오히려 이 표현은 행위와 실천은 없으면서도 자신은 하나님의 심판을 피할 것으로 기대했던 위선적 유대인들을 묘사한 것으로서, 이들이 칭의의 근거로 내세웠던 외면적 유대인됨의 표지들, 곧 할례나 율법 소유 등의 요소들로 보는 것이 합당하다. 그러므로 "율법의 행위들로는 의롭다 하심을 얻을 사람이 없다"는 말은 율법 실천이 결여된 상황에서 할례나 율법 소유 같은 외적 요건들, 혹은 '가짜 해답들'로는 의롭다 하심을 얻을 수 없다는 의미가 된다.

종교적 위선에 대한 싸움

앞에서 강조한 것처럼, 유대인들은 하나님의 선민이라는 정체성에 희망을 걸었다. 하지만 이런 언약적 자부심은 언약적 책임과 분리될 때 쉽게 오만한 허위의식으로 전락한다. 구약 선지자들의 무수한 경고들이 웅변하듯, 실천적 경건이 결여된 제의적 경건은 무의미하며, 내적 정체성을 유지하지 않은 채 외적 정체성을 자랑하는 것은 어리석다. "순종이 제사보다 나은" 것은 하나님이 "성회와 더불어 악을 행하는 것을 참지 못하시는" 분이기 때문이다(삼상 15:22; 사 1:13). 따라서 이스라엘을 향한 하나님의 거듭된 경고는 언약적 특권을 언약적 책임과 연결하지 않는 오만함, 혹은 언약적 책임은 무시하면서 제의적 몸짓으로 언약적 특권을 확보하려는 위선을 겨냥한 것이다. 제사라는 섬김의 의식도, 할례라는 정체성의 표시도 모두 무의미하다. 궁극적으로 중요한 것은 제사가 아니라 순종이다. 할례는 육체가 아니라 오히려 마음에 행해야 할 의식이었다. (이 부분에 대한 보다 자세한 내용은 예레미야에 관한 12장의 설명을 참조하라.)

기독교는 언약적 위기에 대한 이 같은 선지자적 문제의식에서 출발한다. 기독교의 첫 음성인 세례 요한은 유대인들을 향해 "아브라함의 자손"이라는 이유만으로 임박한 진노를 피할 것이라는 착각을 버리라고 경고하면서, 이들에게 "회개에 합당한 열매"를 맺으라고 요구했다(마 3:7-10; 눅 3:7-14). 하나님 나라는 통속적 의미에서 행위의 원칙을 포기하고 믿음에 의지하라는 요구가 아니라, 회개한 삶이 없이는 하나님의 임박한 심판을 피할 수 없다는 경고와 더불어 다가오는 것이었다.

당시 경건의 대표주자였던 바리새인들과 서기관들에 대한 예수님의 비판 또한 마찬가지다. 예수님의 관점에서 이들은 행위에 몰두하면서 자신을 믿으려 들지 않는 그런 부류는 아니었다. 복음을 확실하게 이해하기 위해서는 이 점을 분명히 인식하는 것이 중요하다. 그분이 보기에 바리새인들은 "사람의 전통"으로 "하나님의 계명"을 무시하는 자들이었다(막 7:6-13). 그들은 "박하와 회향과 근채의 십일조는 드릴" 정도로 종교적 철저함을 꾀하면서도 정작 "율법의 더 중대한 요구인 정의와 자비와 신실함은 팽개치는" 자들이었다(마 23:23). 이들의 문제는 율법을 지키려 했다는 것이 아니라, "말만 하고 행하지는 않았다"는 사실이었다(마 23:3). 그리고 그들이 만들어 내는 행위들은 하나님을 향한 참된 경건의 표현이 아니라 철저히 계산된 몸짓, 곧 사람에게 보여주고 사람으로부터 인정을 받으려는 정치적 의도의 표현이었다(마 23:5). 그래서 예수님은 자신의 제자들에게 "너희 의가 서기관과 바리새인들의 의보다 더 낫지 못하면 결코 천국에 들어갈 수 없다"고 경고하며(마 5:20), "사람들에게 보여주려고 너희 의를 행하지 않도록 주의하라"고 가르치신다(마 6:1). 내적 더러움을 종교적 열정이나 의식으로 덮는 것이 해답이 아니라, 내면 자체를 깨끗하게 하는 것이 필요하다는 가르침이다. 물론 이를 위해서 우리는 예수께로 가야 한다. 하지만 이런 믿음으로의 부름은 "안 해도 된다"는 헛된 위로를 위해서가 아니라 예수의 죽음과 부활을 통해 이루시는 새롭고 참된 삶을 위한 것이다. 참된 삶 없이 하나님 나라에 들어갈 수는 없기 때문이다(마 7:21; 18:21-35; 22:11-14; 25:31-46).

바울의 관점은 구약의 선지자들, 세례 요한, 그리고 예수께로 이어지는 이런 일관된 신념의 연장선 위에 선다. 그래서 로마서에서의 바울 역시 선민이라는 자부심에 넘치면서도 실질적 경건은 보이지 못하는 유대인의 위선을 폭로한다(2장). 물론 언약적 위기의 해결은 요구의 철회가 아니라 순종의 구현이다. 순종하지 않아도 좋다고 말하는 것이 아니라, 순종하지 않는 사람들을 순종하게 만드는 것이다. 구약의 선지자도 세례 요한도 예수님도 이 대목에서는 모두 한목소리를 낸다. 바울이라고 다를 리 없다. 그래서 그는 "마음의 할례"를 문제의 참된 해결책으로 제시한다. 이런 변화가 "의문/율법"이 아니라 "영", 곧 성령으로 가능하다는 것이 바울이 역설한 복음의 핵심이었다(2:29). 갈라디아서에서 분명히 밝힌 것처럼, 믿음이 유일한 해답인 이유가 여기에 있다. 예수의 십자가와 부활에 대한 믿음을 통해서만 성령의 선물을 받을 수 있기 때문이다(갈 3:2-5, 14; 4:1-7; 5:5). (갈라디아서에 관해서는 다음 장에서 더 자세히 다룰 것이다.)

물론 예수께서 우리 죄를 대속하고, 우리 대신 언약의 요구를 충족하셨기 때문에 우리는 더 이상 그 요구 아래 있지 않다고 말할 수도 있다. 하지만 "대속"의 개념으로 모든 것을 해결하려는 태도는 성경의 가르침을 넘어서는 위험한 발상이다. 히브리서의 논법을 빌리자면, 죄는 그대로 두고 죄의 증상을 해결하는 일은 구약의 제사로도 가능하다. 예수의 제사가 "더 나은" 것은 그저 반복되어야 할 제사를 한 번에 해치웠기 때문이 아니다. 예수의 제사의 참된 독특성은 구약의 제사가 건드리지 못했던 "양심"을 깨끗하게 했다는 데 있다(히 9:13-14). 바울에게도 십자가와 부활은 순종의 면제가 아니라 순종의 참된 가능성을 의미한다. 로마서 6장이나 8장을 신중하게 읽어 본 사람이라면 누구나 이 말에 동의할 것이다. 그리스도의 십자가는 언약 백성답지 못한 존재들을 살려 내어 "선한 일을 행하는 하나님의 친 백성"으로 만드는 언약 갱신 혹은 새 창조의 사건이다(엡 2:1-10; 딛 2:14; 벧전 2:9). 다음 장에서 보다 자세히 설명하겠지만, 바울이 칭의를 십자가뿐 아니라 부활과 연결하는 이유가 바로 여기 있다(롬 4:25). 사칫 "행위로 구원을 얻을 수 없다"는 진술은 구속 사건의 목적을 거스리는 사탄의 속삭임이 될 수 있다. 복음은 순종의 가능성 혹은 능력을 약속하는 것이지 순종의 면제를 내세우는 것이 아니기 때문이다.

이렇게 보면 바울이 비판하는 "율법의 행위"는 율법에 대한 진솔한 순종을 가리키는 것이 아니라 참된 순종은 없으면서도 경건한 척하려는 위선적 노력들, 사실은 남과 다를 바 없으면서도 다르다는 근거로 내세우는 외면적 조건들을 가리킨다. 물론 여기에는 철저한 십일조와 같은 종교적 의식뿐 아니라 도덕적 노력들 또한 포함될 수 있다. "의로운" 자신은 "토색, 불의, 간음을 일삼는" 존재들과는 다르다고 우쭐하면서 다른 사람들을 멸시했던 바리새인처럼 말이다(눅 18:9, 11-12). 하지만 여기에는 한계가 있다. 이런 태도의 핵심에는 남과 나를 비교하면서 "나는 다르다"라고 말하고 싶은 위선적 본성이 자리하고 있기 때문이다. 온갖 인간적 조건들을 내세우며 "나는 의롭다"고 강변한들, 그것이 나를 의롭게 하는 것은 아니다.

나중에 더 설명하겠지만, 바울은 유대인이건 이방인이건 모든 인간이 죄라는 수렁에 빠져 있다고 믿었다(3:9). 유대인을 향한 비판의 결론이 바로 그것이다. 사실 율법을 주신 의도가 그러했다. 그 율법으로 "우리는 이방인과 다르다"라며 우쭐하라는 것이 아니라, 그 율법으로 자신의 죄를 깨닫고 하나님 앞에서 입을 닫으라는 것이다(3:19-20). "이제 나는 끝장났구나. 누가 나를 이 죽음의 몸에서 건져 낼 수 있다는 말이냐!"(7:24) 하는 인간적 절망이 참된 해답으로 향하는 전제가 되기 때문이다.

가짜 해답의 위험성

죄라는 수렁에서 우리를 건져 낼 수 있는 인간적 가능성은 존재하지 않는다. 여기서 구원의 유일한 가능성은, 수렁 속에서 찾아낼 수 있는 사회적·종교적·도덕적 지푸라기들을 붙잡고서 "나는 너와 다르다"고 고집부리는 것이 아니라, 우리를 죄와 죽음으로부터 건져 올릴 수 있는 진짜 해답을 바라보는 것이다. 바울은 이것을 하나님의 은혜라 불렀다.

참된 순종을 동반하지 않는 율법의 행위들이 위험한 이유가 바로 여기 있다. 그 자체에 무슨 독이 들어 있기 때문이 아니라, 참된 해답을 가리는 방해물, 곧 위로부터 주어지는 은혜의 해답을 놓치게 만드는 장애물로 작용하기 때문이다. 사실 복음의 본질을 해치는 상황이 아니라면, 율법의 행위들에 속하는 모든 것은 그 자체로는 무의미하다. 아무래도 상관없다는 이야기다. 어차피 해답은 다른 곳에 있기 때문이다.

> 할례나 무할례는 아무것도 아니다. 중요한 것은 새로 지으심을 받는 것이다(갈 6:15).

> 할례나 무할례는 아무것도 아니다. 중요한 것은 하나님의 계명들을 지키는 것이다(고전 7:19).

문제는 우리가 이런 가짜 해답들에 집착한다는 사실이다. 이것들이 남과 나를 구별해 주고, 내 정체성을 뷰명히 해주고, 나를 남보다 더 나은 존재로 만들어 주기 때문이다. 바울이 줄곧 비판하는 것처럼, 유대인들에게는 할례나 율법의 소유가 그러했다. 또 고린도전서에서 보는 것처럼, 이방인 신자들에게는 그들이 속했던 헬라세계의 권력이나 지위나 지혜가 그러했다. 오늘날의 우리 역시 이런 가짜 해답들에 매력을 느낀다. 우리 모두는 가짜 해답들, 바울이 "육체"라는 말로 요약했던 이런 위조지폐에 집착하며 이런 것들로 구원을 사겠다고 고집부린다. 이렇게 우리는 다른 사람과 나를 구분하고, 하나님은 내가 가진 지폐로만 살 수 있는 분이라고 믿고 싶어 한다. 방언을 못하면 구원을 못 받은 것이라는 식의 궤변이 떠돌 때처럼, 할례를 받지 않으면 구원을 얻을 수 없다는 유대인의 고집은 바로 이런 가짜 해답으로 참된 구원을 확보하려는 우상숭배적 아집의 한 표현이었다. 이런 아집 혹은 육체의 정욕 아래에서는 복음의 진리를 말할 수 없다. 두 주인을 섬길 수 없기 때문이다. 예수를 따르기 위해 자신의 재산을 포기해야 했던 부자 청년의 경우처럼, 복음의 참 의미를 이해하기 위해서는 내가 가진 가짜 해답을 내려놓지 않으면 안 된다. 앞 장의 제목을 빌자면, 우리가 붙여 둔 모든 육신적 "계급장을 떼고" 시작하지 않으면 안된다는 것이다. 과거의 화려한 계급장을 다 떼고 그리스도 알기를 추구했던 바울처럼 말이다(빌 3:4-12).

차별 없는 칭의

"율법의 행위들로는 의롭다 하심을 얻을 육체가 없다"는 바울의 선언은 이런 가짜 해답을 제거하기 위한, 이로써 "믿음으로 의롭다 하심을 얻는다"는 복음의 참뜻을 선포하기 위한 전략적 움직임이다. 복음 속에 드러났고 믿음으로 주어지는 하나님의 의는 이제 "모든 믿는 자들에게" 공히 해당된다. 왜냐하면 믿음에 관한 한 유대인과 이방인 사이에 아무런 차별이 있을 수 없기 때문이다(3:22). 모두 죄를 지었고, 모두 하나님의 영광에서 멀어졌다(3:23). 여기서 할례가 도움이 될 리 만무하다. 따라서 이제 모두 예수 그리스도를 믿는 믿음으로 의롭다 하심을 얻는다. 할례든 율법의 소유든, 일체의 인간적 조건과 무관하다는 점에서 우리는 "공짜로", "하나님의 은혜로" 의롭다 하심을 얻는다(3:24). 이어지는 질문에서 드러나는 것처럼,

바울이 이 점을 강조하는 이유는 분명하다.

> 그러므로 자랑할 근거가 어디 있습니까? 이제는 없습니다. 어떤 법칙 때문에 그렇습니까? 행위들의 법칙이라서 그렇습니까? 그것이 아니라 믿음의 법칙이기 때문에 그렇습니다. 왜냐하면 사람은 율법의 행위들과는 상관없이 믿음으로 의롭다 하심을 얻는다고 우리가 인정하기 때문입니다. 아니면, 하나님은 유대인만의 하나님이라는 것입니까? 이방인의 하나님은 아니겠습니까? 그렇습니다. 이방인의 하나님이시기도 한 것입니다. 할례자도 믿음으로 또 무할례자도 믿음으로 의롭다 하시는 하나님은 한분이기 때문입니다(3:27-30).

의롭다고 "간주된" 아브라함

4장 전반부에서 바울이 아브라함을 통해 증명하려고 하는 바가 바로 이것이다. 3장에서 논증한 것처럼, 한분 하나님 아래 하나의 칭의 원리가 있다. 육체적 조건과 무관한 믿음의 칭의다. 그렇다면 우리는 "우리 조상 아브라함"에 관해서는 무엇이라고 말해야 할까? 그가 "육신으로" 무엇을 얻었다고 말할 수 있을까? 물론 그가 "육신으로" 무언가를 얻었다고 말할 수는 없다. 그가 (율법의) "행위들로" 의롭다 하심을 얻은 것이라면 자랑할 것이 있겠지만, 하나님 앞에서는 자랑할 것이 없다. 창세기 15:6에 기록된 것처럼, 아브라함이 의롭다 하심을 얻은 것은 그가 믿었기 때문이지 다른 어떤 이유 때문이 아니었다.

> 아브라함이 하나님을 믿었고, 이것이 그에게 의로 간주되었다(4:3; 창 15:6).

바울은 상업적 용어를 빌려서 칭의의 본질을 설명한다. 우리가 누군가에게 일을 해주었다면 그 삯은 공짜로 받는 은혜가 아니라 당연히 받아야 할 빚이다(4:4). 물론 아무 일도 하지 않았다면 아무것도 요구할 수 없다. 그런데 우리가 무엇을 받았다면 이는 마치 일을 한 것처럼 간주해 준 것일 뿐, 우리에게 무슨 권리가 있어서는 아니다. 포도원 품꾼의 비유에서 보듯, 겨우 한 시간 일한 사람을 하루 종일 땀 흘린 사람처럼 간주하는 것은 주인의 은혜로운 처사이지 당사자의 자격과는 무관하다. 바울에 의하면, 이것이 하나님 앞에서 모든 사람이 처한 상황이다. "의인이라고는 한 사람도 없는" 상황(3:10), "모든 사람이 죄를 지어 하나님의 영광에서 멀어진" 상황에서(3:23) 유일한 칭의의 가능성은 하나님이 그 사람을 그냥 공짜로 의롭다고 간주하는 것뿐이다. 아브라함 이야기가 말해 주는 바가 바로 이것이다. 아브라함은 하나님 앞에서 내세울 것이 아무것도 없다. 그저 "경건치 않은 자를 의롭다 하시는 분"을 믿었을 뿐이다. 그런데 하나님은 이 믿음을 그에게 의로 "간주해" 주셨다(4:5). 칭의란 어차피 경건치 않은 자를 의롭다고 "간주해" 주는 것이기에, 여기에 무슨 조건을 따질 수 없다. 이를 강조하기 위해 바울은 다윗의 시편을 인용한다. "불법이 용서되고, 죄가 가려진 사람은 행복하다. 주께서 그 사람의 죄를 죄로 간주하지 않을 사람은 행복하다"(4:7-8; 시 32:1-2). 바울이 이 시편을 인용하는 것은 여기에서도 "간주하다"라는 전략적인 동사가 나타나기 때문이다. 칭의가 자격 없는 자들을 그냥 의롭다고 "여겨 주는" 행동임을 부각시키기 위한 것이다.

일견 이 부분의 논증은 칭의가 (도덕적) 행위와 무관하다는 주장처럼 들릴 수 있다. 6절의 "행위들과 무관하게"라는 표현은 분명 도덕적 행위를 의미할 수 있고, 칭의를 죄 용서로 묘사하는 시편 역시 도덕적 행위의 불필요함을 말하는 듯하다. 하지만 바울의 실제 논점은 여기에 있지 않다. 칭의가 "전에 지은 죄를 간과하는" 용서라는 사실은 이미 진술되었다(3:25). 또 하나님은 "경건치 않은 자를 의롭다 하시는" 분이다(4:5). 따라서 칭의는 당연히 행위와 무관하다. 하지만 이는 당연한 사실일 뿐, 힘주어 증명해야 할 사안은 아니다. 어차피 "행위 없는" 죄인을 용서하는 칭의가 "행위 없이" 이루어진다는 말은 어색한 동어반복에 불과하기 때문이다.

이방인의 조상 아브라함

논증의 흐름에서 드러나듯, 바울의 당면 과제는 칭의가 우리의 행위와 무관함을 논증하는 것이 아니다. 3장 말미에서도 그랬듯이, 그의 핵심 논점은 죄 용서/칭의가 유대인뿐 아니라 모든 믿는 자들을 위한 것임을 밝히는 것이다. 9절 이후의 논증이 이를 잘 보여준다.

> 그렇다면 이 복이 누구를 위한 것입니까? 할례자를 위한 것입니까, 아니면 무할례자를 위한 것이기도 합니까?

이 물음에 답하기 위해 바울은 창세기 15:6을 재차 인용한다(4:9 상).

엄밀히 말하면, 창세기를 다시 인용하는 것이 아니라 3절의 창세기 인용을 재차 확인하는 형식이다. 아브라함이 하나님을 믿었고, 이것이 그에게 의로 간주되었다고 "우리가 〔이미〕 말하지 않았느냐?"는 것이다(4:9 하). 창세기 인용의 본래 의도를 밝히고 있음을 알 수 있는 대목이다.

이 부분에서 바울의 논증은 간명하다. 그는 아브라함의 칭의 시점에 주목한다. 그의 칭의는 할례자로서인가? 그렇다면 "믿음-칭의"의 복은 할례자만을 위한 것이라는 논리가 가능하다. 하지만 그가 믿고 의롭다 하심을 받았다는 창세기 15:6의 이야기는 분명 그가 할례를 받았던 17장의 기록보다 앞선다. 곧 그는 할례를 받기 전, 그러니까 아직 이방인일 때 믿음으로 의롭다 하심을 받았다(4:10). 물론 그는 할례를 받았다. 하지만 이는 이미 받은 칭의, 곧 이방인으로서 받은 칭의를 확인하는 절차였다(4:11). 따라서 할례는 "아브라함은 무할례 상태에서 하나님을 믿는 모든 자들의 조상"이라는 사실, 곧 무할례자들 역시 믿음으로 의롭다 하심을 받는다는 사실을 확증하는 징표가 된다(4:11). 할례 자체가 할례와 무관한 이신칭의를 확증하는 역설적 징표인 셈이다. 물론 그는 할례자의 조상이기도 하며, 따라서 할례자 역시 그의 뒤를 따라 이신칭의의 복을 누린다. 하지만 아브라함은 그 이상이다. "우리 조상 아브라함이 무할례자로서 보여주었던 믿음의 자취를 따르는" 모든 자들의 조상인 것이다.

바울 당시의 상황에서, 하나님의 의가 모든 믿는 자에게 미친다는 진리는 이신칭의의 행복이 유대인들의 전유물이 아니라는 선언을 포함할 수밖에 없었다. 사도행전식으로 말하면, 이는 결국 "하나님께서 이방인에게도 생명 얻는 회개를 주셨도다"라는 깨달음과 같다(행 11:18). 일단 칭의가 할례와 같은 육신적 요건과 무관함을 깨닫고 나면, 우리는 믿음에 의한 칭의의 의미를 새롭게 묻게 된다. 가짜 해답을 포기하고 나서, 참해답의 의미를 묻는 것이다. 할례와 같은 율법의 행위들과는 달리, 믿음이 모든 사람을 의롭게 하는 이유는 무엇일까? 도대체 "믿음이 뭐길래" 우리 칭의의 효과적인 수단이 되는 것일까? 다음 장에서 우리는, 믿음으로 의롭다 하심을 받았던 아브라함의 믿음을 통해, 의롭게 하는 믿음의 속내를 들여다볼 것이다.

7. 믿음이 의로움의 해답인 까닭은 무엇인가

4:1-25

이행칭의와 이신칭의

앞 장의 내용을 잠시 상기해 보자. 율법의 행위들은 우리를 의롭게 하지 못하는 가짜 해답이다. 그런데 이 율법의 행위들이란 율법을 실제로 지키는 태도가 아니라 율법을 소유하고 자랑하면서도 정작 지키지는 않는 위선적 행태를 겨냥한다. 그런 점에서 할례, 음식 규정 및 절기 규정 등은 가장 대표적인 율법의 행위들이다. 이것들이야말로 유대인과 이방인을 가장 확실히 구별하는 것들이기 때문이다. 하지만 이런 것들은 칭의의 문을 열 수 없는 엉터리 열쇠다. 할례 받은 유대인이라고 의롭다 하심을 받는 것이 아니다(갈 2:15). 유대인이라는 외적 신분이 칭의의 열쇠가 아닌 이유는 분명하다. 하나님 앞에서는 율법을 듣는 이가 아니라 율법을 실천하는 이가 의인이라고 인정될 것인데(롬 2:13), 유대인이라는 외면적 정체성이 이런 실천적 순종을 가져다주는 것이 아니기 때문이다. 원칙적으로 하나님의 백성이 의롭다 하심을 얻는다는 말은 정당하다. 하지만 이는 껍질이 아니라 알맹이의 문제다. 율법의 소유나 육체의 할례 등으로 확보되는 인종적·문화적 정체성이 아니라, 마음의 할례와 율법 순종으로 드러나는 실천적 정체성이어야 하는 것이다(2:28-29).

그렇다면 이런 관점이 "믿음에 의한 칭의"와 무슨 관계가 있을까? 바울은 마음의 할례와 율법의 순종을 최종 해답으로 제시하며, 그래서 "율법을 행하는 자라야 의롭다 하심을 얻는다"고 말한다(2:13). 사실 이것이 바울이 칭의에 관해 던진 최초의 주장이다. 그렇다면 의문이 생긴다. 이런 이행칭의justification by works 원리는 바울 복음의 상징인 이신칭의justification by faith 교리와 모순이 아닌가? 바울이 율법의 행위들을 가짜 해답이라고 질타한 것이 율법 실천의 부재 때문이라면, 믿음을 그 해답으로 제시한 것은 어떻게 이해해야 할까? 그리스도께서 오셨으니까, 이제는 율법 실천의 길이 아닌, "오직 믿음"이라는 새로운 길이 열렸다는 뜻인가? 그렇다면 유대인의 실수는 결국 그들의 불순종보다는 그들이 예수를 믿지 않았다는 사실에 있는 것이 아닌가? 그런데도 바울의 비판은 왜 그들의 불순종을 그토록 집중적으로 겨냥하고 있는 것일까? 아니면 우리가 "오직 믿음"의 의미를 오해한 것은 아닐까? 사실 바울은 "오직 믿음"이라는 말로 "믿음이야말로 참된 순종을 가능하게 하는 유일한 해답이다"라는 주장을 펼치고 있는 것은 아닐까? 심판의 시점을 두고 보았을 때, 순종/행위가 궁극적 판단 기준이 된다는 것은 맞지만, 이는 율법 혹은 율법의 행위를 통해서가 아니라 믿음으로 확보될 수 있는 것이라는 선언이 아니냐는 것이다.

앞에서 우리는 "믿음의 행위"에 관해 이야기한 적이 있다. 갈라디아서의 "사랑을 통해 활성화되는 믿음"이나 로마서의 "믿음의 순종"을 언급하기도 했다(살전 1:3; 살후 1:11; 갈 5:6; 롬 1:5; 16:26). 이들은 모두 믿음에서 행위가 산출된다거나, 믿음이 사랑을 통해 제 기능을 발휘한다거나, 믿음에 의해 순종이 가능해진다는 생각을 전제한다. 하지만 이는 우리가 통상적으로 생각하는 믿음의 핵심이 아니다. "참된 믿음은 반드시 행위로 이어진다"는 식의 말을 하곤 하지만, 이는 주로 바울과 야고보의 대결 상황에서나 나오는 말이지, 믿음 자체의 특징을 말하며 떠올리는 생각은 아니다. 오히려 우리는 "행위 아닌 믿음"이라는 이항대립에 익숙하다. 바로 여기서 문제가 생긴다. "행위 아닌 믿음"이라고 말해 놓고, 이 (행위 없는) 믿음이 반드시 행위로 이어진다고 말하기 때문이다. 언어유희 아닌 정상적인 논법으로는 해명되기 어려운 진술이다. 논리적 모순을 함축한 설명이다.

하지만 우리는 바울의 복음이 "믿음-행위"의 이항대립에 근거한 것이 아니라고 말했다. 바울이 배격한 율법의 행위란 행위 자체를 비난하는 것이 아니라 행위의 부재를 폭로하는 것이다. 반대로 바울은 행위, 사랑, 순종 등을 믿음과 함께 엮는다. 이는 유대인의 전통적 사고 속에서 율법과 연결되었던 것들이다. 바로 여기에 바울 복음의 차별성이 드러난다. 항간의 오해와는 달리, 바울의 복음은 십자가를 내세워 행위의 요구를 폐기하려는 것이 아니다. 말하자면, 바울의 정책은 결코 하향 평준화가 아니다. 마태복음 혹은 히브리서, 야고보서뿐 아니라 바울 또한 순종을 종말론적 칭의, 곧 궁극적 구원의 조건으로 제시한다(2:6-11; 6:19-23; 8:13; 고전 6:9-10; 갈 5:21; 6:7-9). 그러므로 바울이 말하는 행위 혹은 사랑, 순종 등은 모두 종말론적 구원의 필수 요건들이다. 바울은 이러한 결과들을 율법에서 떼어 내어 믿음과 연결한다. 구원에 필요한 순종이란 율법의 소유나 할례의 산물이 아니라 믿음의 작용이라는 것이다. 그렇다. 바로 여기에 복음의 차별성이 있다. 율법은 불순종을 정죄할 수는 있어도, 이를 순종으로 바꿀 수는 없다. 육신에 할례를 줄 수는 있지만 마음에 할례를 줄 수는 없다. 그래서 율법은 무력한 "글자/의문"의 영역에 머문다(2:29; 고후 3:6-7). 그런데 "율법이 할 수 없는"(8:3) 바로 그 일을 믿음이 해낸다. 믿음이 해답인 이유가 바로 여기에 있다. 이제는 순종이 필요 없다고 말하는 것이 아니라 여기에 참된 순종의 가능성이 있다는 선포다. 우리의 과제는 바로 이것이 바울이 말하는 믿음의 속내라는 사실을 분명히 깨닫는 것이다.

참을 수 없는 믿음의 기벼음

우리는 믿음과 은혜에 열광한다. 하지만 믿음과 은총에 대한 우리의 열정은 정말 열광 수준에서 멈추는 것 같다. 황소가 붉은 깃발에 흥분하듯, 우리는 믿음과 은총이라는 말에 흥분하지만, 그 말에 대한 진지한 관심은 흔치 않다. 자연스러운 현상이다. 우리가 믿음과 은총으로부터 필요로 하는 것이 그리 복잡한 것이 아닌 탓이다. 많은 신자들에게 있어, "오직 믿음"의 반가움은 그것이 구원과 내 삶을 분리한다는 사실에 있다. "오직 은혜" 역시 마찬가지다. 그래서 "오직 은혜"이건 "오직 믿음"이건, 실제 의미는 똑같다. 곧 "행위 없이"다.

그러므로 우리가 믿음과 은혜에 열광하는 것은 믿음과 은혜 자체의 울림 때문이 아니라 믿음과 은혜가 구원의 방정식에서 행위를 배제한다는 사실 때문이다. 신학교에서건 교회에서건, "행위 없이"라는 말 말고 믿음의 속뜻을 설명해 보라고 하면 대개 긴 침묵이 따른다. 은혜에 관해 물어보아도 같은 결과다. "행위 없이"라는 사실 때문에 믿음과 은혜를 읊어 왔는데, 그것을 빼고 믿음과 은혜를 설명하라니 난감하기도 할 것이다. 하지만 이런 난감함은 성경에 대한 우리의 태도가 얼마나 정치적인지를 여실히 보여준다. "행위 없이"라는 반가운 대목에는 끊임없이 밑줄을 치면서도, 그 외의 사실에 대해서는 별 관심을 보이지 않는 것이다. 물론 이것이 믿음과 은혜에 대해 바울이 말한 전부라면 문제될 것이 없다. 하지만 사실은 그렇지 않다. 믿음과 은총에 대해 그토록 많은 말을 하고 있는데도, 우리가 관심을 기울이지 않는 것이다. 하지만 이런 정치적 조작의 몸짓은 참된 구도의 태도라기보다는 종교적 위선의 표현이기 쉽다. 우리 신념의 이러한 편향성과 우리 교회의 도덕적 무력함 사이에 아무런 관련이 없다고 누가 자신할 수 있을 것인가?

갈라디아서와 믿음

믿음은 하나님이 정한 칭의/구원의 방식이다. 이 믿음이 우리 자신이 아니라 예수를 향한 믿음 혹은 예수를 통해 자신의 구원을 이루어 가는 하나님을 향한 믿음이라는 점에서, 이 믿음은 일체의 인간적 조건 혹은 방식을 넘어선다. 이것을 은혜라 부른다. 하나님은 구원이 "은혜로" 되도록 하기 위해 모든 인간적 근거를 무시하고 "믿음"의 방식을 택하셨다(4:16). 하지만 인간적 조건을 무시하는 것 자체가 무슨 해답인 것은 아니다. 인간적 조건의 하나인 할례가 무익하다면, 이를 무시한 무할례 역시 무익하기는 마찬가지다. 가짜 해답을 버린다고 되는 것이 아니라 진짜 해답을 확보해야 한다. 바울은 믿음을 진짜 해답으로 제시한다. 그렇다면 이는 믿음 속에 율법의 행위라는 엉터리 해답이 갖지 못한 어떤 실질적 효과가 존재한다는 말이 된다. 그 효과가 무엇일까? 왜 율법의 행위는 의롭게 못하는데, 믿음은 우리를 의롭게 할 수 있는 것일까?

우리의 숙제는 로마서 본문을 읽으며 이 물음에 답하는 것이다. 로마서에서 믿음을 가장 절묘하게 묘사하는 대목은 4장의 아브라함 이야기다. 하지만 이것이 믿음에 대한 바울의 첫 이야기는 아니다. 이보다 먼저 기록된 갈라디아서에서 바울은 이미 같은 주제를 다룬 적이 있다. 그래서 로마서의 믿음을 살펴보기 전에 갈라디아서의 이야기를 잠시 들어 보기로 하자.

갈라디아서의 싸움터는 칭의다. 엄밀히 말해, 현재적 칭의가 아니라 "의의 소망", 곧 미래적 칭의가 주제다(갈 5:5). 이 "의의 소망"을 두고 율법의 행위와 믿음이 서로 싸움을 벌인다. 물론 바울의 입장은 분명하다. 율법의 행위들은 해답이 아니며, 믿음만이 참 해답이다(갈 2:16; 5:6). 왜 그럴까? 의미심장하게도, 율법의 행위와 믿음의 대결에서 승부를 결정짓는 관건은 다름 아닌 성령이다. 갈라디아인들의 회심 체험을 상기시키며, 바울은 이렇게 따진다. "여러분이 성령을 받았던 것이 율법의 행위 때문이었습니까, 듣고 믿었기 때문입니까"(갈 3:2, 5). 물론 그들은 듣고 믿음으로 성령을 받았다. 바울의 논점은 이것이다. 율법의 행위는 가짜 해답이다. 그것으로는 성령을 받을 수 없기 때문이다. 하지만 믿음은 칭의의 해답이 된다. 우리가 믿음으로 성령을 받기 때문이다. 율법의 행위가 우리를 의롭게 하지 못하는 것은 그 속에 무슨 교리적 독毒이 있어서가 아니다. 할례나 무할례는 그 자체로는 아무 의미가 없다(갈 5:6; 6:15). 문제는 이들이 성령의 통로가 아니라는 데 있다. 하나님은 "오직 믿음으로만" 성령을 주신다. 바로 여기에 율법의 행위 혹은 모든 가짜 해답들과 믿음의 차별성이 있다. 그래서 바울은 거듭 믿음을 성령의 통로로 반복하여 제시한다(갈 3:14). "성령으로, 믿음을 좇아" 의의 소망을 기다린다는 말도 "믿음에서 나는 성령으로" 의의 소망을 기다린다는 의미일 가능성이 높다(갈 5:5). 그러므로 이 역시 성령이 믿음에서 난다는 사실을 강조하는 표현이다. 물론 이 믿음은 그리스도, 곧 그의 죽음으로 수렴된다. 따라서 이는 결국 그리스도의 대속적 죽음이 우리의 성령 받음을 위해서라는 말과 같다. 그리스도께서 죽으시고 우리를 율법의 저주에서 건지신 것은 "우리가 믿음을 통해 성령의 약속을 받도록 하기 위해서"다(갈 3:14 하). 하나님이 "그 아들을 보내신" 일과 "그 아들의 영을 보내신" 일이 서로 분리될 수 없는 것도 같은 이치다(갈 4:5-6).

바울이 칭의를 성령과 연결하는 이유도 분명하다. 의의 소망이란 율법이 아니라 성령으로 기다리는 것이기 때문이다. 하나님 나라를 상속하려면 육체의 일이 아니라 성령의 열매가 필요하다(갈 5:19-25). 육체에다 인생의 씨를 뿌리면 그로부터 썩어짐을 수확하는 반면(바울 서신에는 지옥의 개념이 없는데, "썩어짐"은 복음서의 지옥에 비견될 만한 개념 중 하나다), 성령에다 씨를 뿌리면 이 성령으로부터 영생을 수확한다(갈 6:7-9). 결국 우리가 "의의 소망"(혹은 하나님 나라, 영생)에 이르는 것은 성령을 통해서다. 그런데 이 성령은 율법의 행위가 아니라 믿음을 통해 주어진다. 우리가 할례-무할례 대신 "믿음에서 나는 성령으로 의의 소망을 기다린다"는 말은 이런 바울의 관점을 정확하게 요약한다(갈 5:5).

물론 이는 할례로 대표되는 율법 언약, 혹은 율법의 행위가 줄 수 없는 복이다. 율법에는 "생명을 부여하는 능력"이 존재하지 않는다(갈 3:21). 율법의 행위로 성령을 받은 것이 아니라는 지적은 바로 이러한 율법의 한계를 포착한다(갈 3:2, 5; 나중에 바울은 이러한 무기력한 율법을 "의문", 곧 "글자 나부랭이"라고 부른다. 롬 2:29; 고후 3:6-9). 할례를 받는다고 무엇이 달라지는 것이 아니다. 중요한 것은 죄 혹은 육체의 욕심을 해결하는 것인데, 이는 성령의 간섭, 곧 "예수를 죽은 자 가운데서 살리신" 하나님의 간섭을 필요로 한다(갈 1:1). 이런 초자연적 간섭은 할례와 같은 인간적 조건들 혹은 율법의 행위들을 내세움으로가 아니라 십자가와 부활의 복음을 "듣고 믿음으로" 이루어진다. 그래서 믿음은 의의 소망을 향한 해답이다.

일단 율법의 행위가 율법 준수와 다르다는 사실을 수용하고 나면, 곧 믿음이 결코 행위의 반대가 아님을 인식하고 나면, 믿음 자체의 구체적 속내가 분명히 드러난다. 갈라디아의 성도들은 처음 바울이 선포한 십자가와 부활의 메시지를 "듣고 믿었다." 이 믿음을 통해 하나님은 그들에게 성령을 주셨다. 이 성령은 그들을 미래(의의 소망 혹은 하나님 나라, 영생)로 인도하는 소망의 근거였다. 성령을 따라 살면서 비로소 하나님 나라에 합당한 삶의 자태가 가능해졌기 때문이다. 반면, 할례를 의지하고 율법 언약에 머무는 것은 생명의 성령 없이 "자력으로" 의의 소망에 이르겠다는 불가능한 시도다. 그러므로 믿음과 율법의 행위 간의 대립은 수동적 믿음과 적극적인(그래서 율법주의적인) 율법 실천 간의 대조가 아니다. 오히려 그 반대다. **믿음과 율법(의 행위) 간의 대조의 본질은, 성령의 인도 아래 참된 삶을 가능하게 하는 능력과, 생명을 줄 수 없고 육체의 욕망을 극복할 수 없는 무의미한 자랑거리들 간의 대조인 것이다.**

사라와 하갈의 알레고리

결국 믿음과 율법의 행위 간의 대립은 하나님의 능력과 인간적 수단 간의 대조로 소급된다. 하나님의 초월적 손길이 닿는 것과 그 손길이 없는 인간적 자랑거리들 간의 대조다. 바울은 이를 성령과 육체의 이항대립으로 표현한다. 믿음이냐 율법의 행위냐 하는 물음은 결국 성령의 역사를 가능하게 하느냐 인간의 영역에 머물러 있느냐 하는 물음으로 귀결된다. 로마서에서 다시 나오겠지만, 갈라디아서에서 바울은 아브라함 이야기를 통해 이러한 진리를 설명한다. 흔히 '사라와 하갈의 알레고리'라 불리는 바로 그 구절이다(갈 4:21-31).

아브라함에게 두 아들이 있었다. 하나는 여종에게서, 그리고 하나는 자유로운 여자에게서 태어났다(갈 4:22). 비유적으로 두 어머니는 율법과 약속이라는 두 언약을 가리킨다(갈 4:24). 두 어머니, 곧 언약의 상이함은 그 아들들의 출생 방식과 연관된다. 여종에게서 난 아들은 "육신을 따라" 태어났다(갈 4:23). 이는 그냥 인간적인 방식으로, 곧 하나님의 간섭 없이 태어났다는 뜻이다. 반면, 사라의 아들은 그저 육신적 과정으로는 해명되지 않는다. 인간적으로는 아이가 태어날 수 없는 상황에서 시작된 이야기이기 때문이다. 이 아들은 하나님의 "약속"으로 태어났다(갈 4:23). 물론 약속했다고 아이가 저절로 생길 상황은 아니었다. 그러므로 이는 결국 하나님이 손을 대어 아이가 생기게 하셨다는 뜻이다. 바울은 이 간섭을 하나님의 영, 곧 성령의 역사라고 표현한다. 그러므로 "약속을 따라" 났다는 것은 "성령을 따라" 났다는 말이다. 그러기에 이 아들은 성령의 역사 없이, 그저 인간적 수단으로 태어난 아들과는 다르다. 물론 미래는 약속/성령으로 난 아들의 몫이다. 이후 창세기 이야기에서처럼, 육신을 따라 출생한 아들은 추방되고 약속으로 출생한 아들만이 적법한 상속자로 인정받는다.

이삭을 "성령으로 태어난 자"라 부르는 데서 감지할 수 있듯이, 바울은 성령으로 출생한 이삭을 역시 성령으로 출생한 갈라디아인들과 엮는다. 믿고 성령을 받아 하나님의 자녀가 된 갈라디아인들은 "이삭처럼 약속의 자녀들"이다(갈 4:28). 이 약속은 물론 "하나님의 약속"이며, 바울이 믿는 하나님은 "그리스도를 죽은 자 가운데서 살리신" 분이다(갈 1:1). 결국 약속의 자녀라는 말은 생명 창조의 능력을 가지신 하나님이 친히 성령으로 만드신 자녀라는 뜻이다. 믿음이 의의 소망을 기다리는 효과적인 방식이 되는 것은 이 믿음이 바로 창조주 하나님의 성령의 역사를 매개하는 방식이기 때문이다. 마찬가지로 할례나 음식 규정 같은 육체의 행위가 우리를 의의 소망으로 인도할 수 없는 것은 이러한 인간적인 차별성이 하나님의 초자연적 역사를 매개할 수 없다는 단순한 사실에 연유한다.

다시 로마서로

잠깐의 외도를 끝내고, 다시 본래의 산책길로 돌아가자. 그렇다면 로마서는 어떨까? 갈라디아서에 제시된 믿음과 성령의 이야기가 로마서에서도 통할까? 앞에서 살핀 것처럼, 아브라함의 칭의는 믿음과만 관계될 뿐 할례, 곧 유대인의 신분과는 무관하다. 칭의 당시 그는 무할례자였다. 칭의 후의 할례는 믿음에 의한 칭의를 확인하는 절차였다. 칭의는 오직 믿음으로만 주어진 복이다. 믿음에 근거한 것이므로 일체의 인간적 조건과 무관하다. 따라서 칭의는 순전히 하나님의 은혜다. 이처럼 미래를 상속하리라는 약속이 오로지 은혜에 달린 것이 되게끔 하기 위해 하나님은 모든 인간적 통로를 폐쇄하고 "오직 믿음으로" 아브라함을 의롭다 하셨다(4:16).

그렇다면 할례는 무의미한데, 믿음은 칭의의 근거가 되는 이유는 무엇일까? 이 물음을 두고 바울은 믿음의 모범답안인 아브라함을 탐구한다. "아브라함이 하나님을 믿었고, 이것이 그에게 의로 간주되었습니다"(4:3, 9). 로마서 4장 전반부가 칭의의 근거를 다룬다면, 4장 후반부는 그 근거인 믿음을 설명한다. 혹자는 믿음이 쉽다고 말할지 모르지만, 막상 아브라함의 상황을 놓고 보면 사태가 전혀 다르다는 것을 알게 된다. 알다시피 하나님이 아브라함에게 아들을 약속한 시점은 아들을 기대할 수 없는 상황이었다. 아브라함은 "백 살이 다 되었다." 자녀 생산을 두고 보자면, 죽음에 해당하는 상황이다. 그의 몸은 죽었고, 사라의 태 역시 죽었다(4:19). 그런데 이런 상황에서 하나님이 아들을 약속했고, 아브라함은 이를 믿었다. 말하자면 그는 "바랄 수 없는 중에 바라고 믿었다"(4:18). 통상적인 경우라면 약속 자체를 허튼소리로 무시하는 것이 자연스럽다. 하지만 아브라함은 "믿음이 없어 하나님의 약속을 의심"하는 대신, "믿음에 견고해져서 하나님께 영광을 돌렸다"(4:20). 물론 그가 그 약속에 "아멘!"이라고 할 수 있었던 것은 "약속하신 분이 그 약속을 이루실 능력 또한 가지신 분"임을 확신했기 때문이다. 하나님께는 아브라함과 사라의 죽은 몸을 다시 살려 아들을 낳게 할 능력이 있다. 왜냐하면 "그가 믿은바 하나님은 죽은 자를 살리시며, 없는 것을 있는 것처럼 불러내시는" 분, 곧 창조주이시며 생명의 주권자이신 하나님이기 때문이다(4:17).

아브라함이 "하나님께 영광을 돌렸다"(4:20)는 것은 이처럼 하나님을 죽은 자를 살리실 수 있는 분, 곧 생명의 창조주로 인정했다는 뜻이다. 바로 이 점에서 아브라함의 믿음은 1장에서 지적된 불경건과 대조된다. 사람들은 마땅히 하나님을 창조주로 인정하고 그분에게 감사하며 그분에게 영광을 돌려야 했다. 그런데 그들은 온갖 형태의 우상을 만들어 그것들을 창조주로 경배하며 영광을 돌렸다(1:21). 창조주 하나님께 가야 할 영광을 피조물의 형상으로 바꾸어 버렸던 것이다(1:23). 하지만 아브라함은 달랐다. 그는 하나님의 약속에 아멘으로 화답함으로 하나님을 생명의 창조주로 인정하고 그분에게 영광을 돌렸다. 하나님은 바로 이 믿음을 보시고, "이것을 그에게 의로 여겨 주셨다"(4:22).

아브라함의 신앙은 하나님을 생명/부활의 하나님으로 믿는 믿음이었다. "죽은 자를 살리시며, 없는 것을 있는 것 같이 부르시는" 분에 대한 믿음이다. 아브라함의 상황으로 말하면, 아들을 "약속"하신 하나님이 자기의 죽은 몸을 되살려 아들을 낳게 하실 것이라는 믿음이다. 이 부활 신앙이 그를 의롭게 한 믿음의 핵심이었다(4:22). 그런데 이 아브라함 이야기를 성경에 기록해 우리로 하여금 읽도록 했다는 것은 그 사건이 아브라함뿐 아니라 오늘의 우리, 곧 "장차 의롭다 하심을 얻게 될" 우리를 위한 것이기도 하다는 뜻이다(4:23-24). 왜 그런가? 바로 아브라함의 믿음과 우리의 믿음 사이에 존재하는 결정적 연관관계 때문이다. 아브라함이 "죽은 자를 살리시며, 없는 것을 있는 것 같이 부르시는 분"을 믿었다면, 오늘의(바울 당시의) 우리는 "예수 우리 주를 죽은 자 가운데서 살리신 분"을 믿는다(4:24). 하나님을 생명/부활의 주권자로 고백한다는 점에서 아브라함의 믿음과 우리의 믿음은 정확히 일치한다. 동일한 부활 DNA를 공유하기 때문에 아브라함과 우리 사이에는 분명한 친자관계가 성립한다. 우리 역시 부활 신앙으로 규정되는 "아브라함의 믿음에 속한 자들"이기에(4:16), 아브라함은 우리 조상임이 분명하고, 우리는 그의 후손임이 분명하다.

이처럼 칭의의 관건이 되는 믿음은 부활의 하나님을 향한 믿음이다. 우리에게 있어 이 부활 신앙은 하나님이 "예수 우리 주를 죽은 자 가운데서 살리"셨다는 신앙으로 고백된다(4:24). 그래서 우리의 칭의는 예수의 부활을 전제한다. 부활 없이는 생명의 주권자이신 하나님을 발견할 수 없고, 따라서 하나님을 향한 부활 신앙 역시 불가능하다. 하나님은 예수를 죽은 자 가운데서 살리셨다. 바울의 경우에서 보듯이, 부활하신 주님과의 만남이 모든 것을 뒤집어 놓았다. 다메섹 이후 바울에게 하나님은 그 무엇보다도 "예수 그리스도를 죽은 자 가운데서 살리신" 분 혹은 "죽은 자를 살리시는" 분으로 고백된다(갈 1:1; 고후 1:9; 롬 8:11). 아브라함에게서 보듯이, 칭의란 바로 부활의 하나님을 향한 신뢰의 산물이다.

십자가와 부활, 그리고 칭의

부활이 없다면, 칭의는 불가능하다. 그래서 바울은 4:25에서 이렇게 선언한다.

> 예수는 우리의 범죄로 인해 내어줌이 되고, 우리의 칭의를 위해 살아나셨습니다.

여기서 죄 용서는 십자가와, 칭의는 부활과 연결된다. 물론 이는 용서와 칭의 혹은 십자가와 부활을 분리하기 위함이 아니라, 이 둘을 모두 강조하려는 수사적 표현이다(3:25). 하지만 부활과 칭의의 긴밀한 연관은 여전히 선명하다. 예수께서 우리의 칭의를 위해 살아나셨다면, 그의 부활 없이는 칭의 자체를 말할 수 없다. 이는 통상 칭의를 십자가 죽음 및 죄 용서로 생각하는 우리의 습관과 어긋난다. 칭의는 분명 죄 용서를 포함하지만(3:23; 4:7-8), 죄 용서가 칭의의 전부는 아니다. 우리가 부활의 하나님을 믿어 의롭게 된다면, 그래서 우리의 칭의를 위해 예수께서 부활하신 것이라면, 우리가 의롭게 되는 과정 속에는 죽음을 통한 죄의 청산뿐 아니라 부활을 통한 새 생명의 발현 또한 포함될 것이기 때문이다.

칭의/구원과 부활의 구체적 관계는 앞으로 계속해서 차근차근 설명할 것이다. 일단 여기서는 부활이 칭의와 구원의 핵심임을 인식하는 것이 중요하다. 흔히 "오직 믿음"의 근거 구절로 인용되곤 하는 로마서 10:10을 생각해 보자. "사람이 마음으로 믿어 의에 이르고, 입으로 시인하여 구원에 이릅니다." 어처구니없게도 이 구절은 종종 (행동이 아니라) 마음으로만 믿고, (행위와 무관하게) 입으로만 고백하면 구원받는다는 뜻으로 곡해된다. 성경에서 말하는 "마음"이 오히려 행위와 연결된 개념이고, 입술의 고백이 제대로 된 공개적 고백임을 무시한 결과다. 실제 바울의 의도는 확실하게 제대로 믿는 믿음이 구원의 근거라는 것이다. 더 이상한 것은, 이 구절과 한 덩어리를 이루는 9절은 거의 인용되지 않는다는 사실이다. 실제 믿음의 내용이 9절에 나온다는 것을 생각하면 여간 역설이 아닐 수 없다. 그러면 우리가 무엇을 믿어 의롭게 되고 구원에 이르는 것인가?

> 당신이 만일 당신의 입으로 예수를 주님으로 시인하고, 또 하나님께서 그를 죽은 자 가운데서 살리셨다는 것을 당신의 마음에 믿으면 구원을 얻을 것입니다(10:9).

구원의 관건은 하나님이 예수를 죽은 자 가운데서 살리셨음을 믿는 것이다. 이것이 우리를 칭의와 구원으로 인도하는 믿음의 핵심이다

(고전 15:2). "예수는 주이시다"는 고백 역시 부활을 전제한 고백이다. 부활하시고 하나님의 우편으로 등극하신 예수께서 이제 온 우주의 "주"로서 통치하신다는 뜻이기 때문이다(행 2:36).

믿음을 부활과 연결하는 로마서의 움직임은, 믿음을 성령과 연결했던 갈라디아서와 다르지 않다. "생명의 성령"이라는 말에서 확인되듯(8:2), 성령이란 바로 창조주 하나님이 주도하시는 생명의 작용을 가리키는 것이기 때문이다. 율법이 성령을 주지 못한다는 말은 율법에는 죽은 자를 살릴 수 있는 능력이 없다는 말이다(갈 3:2-5, 21). 따라서 믿음이 성령의 원천이라는 갈라디아서의 말은, 믿음은 부활의 하나님이 약속하신 생명의 역사를 실행하실 것이라는 로마서의 신념과 구별되지 않는다. 접근 방식이 살짝 다를 뿐, 결국 같은 이야기를 하고 있는 셈이다.

되찾아야 할 부활 신앙

부활에 대한 고백은 부활의 역사성에 관한 고백을 포함한다. 부활이 껄끄러운 사람들이야 "사실보다는 의미가 중요하다"는 궤변을 늘어놓겠지만, 사실이 빠진 의미란 기초 없는 건물만큼이나 공허하다. 그렇다고 구원에 이르는 믿음이 부활의 역사성에만 머무는 것은 아니다. 부활은 역사적 사실이며, 그래서 대단한 의미를 함축한다. 바로 이 부활의 의미를 이해하는 것이 복음의 본질을 파악하는 관건이다. 우리는 우리 나름의 이유 때문에 십자가에 집착하겠지만, 하나님은 오늘도 부활의 메시지로 우리의 삶에 도전하신다. 그 옛날 부활의 약속으로 죽은 몸의 아브라함에게 도전하셨던 것처럼, 부활하신 예수께서 낙담한 제자들을 만나 그들의 삶을 뒤집으셨던 것처럼, 오늘도 부활의 도전은 계속된다. 하지만 우리가 그 도전을 인식하기는 하는 것일까?

많은 신자들에게 있어 부활은 일종의 회색지대다. 십자가의 의미는 잘 알지만, 부활은 어색하다. 다 완성된 퍼즐 위에 남아도는 출처 모를 조각처럼, 내가 완성한 복음 속에는 딱히 부활이 들어갈 자리가 없어 보인다. 십자가에 관한 찬송은 언제나 인기를 끌지만, 부활에 관한 찬송은 부활절이 지나면 금방 어색하다. 내가 죄 용서에만 집착한다면, 내게 중요한 건 죽음이지 부활이 아니다. 부활하셨다니까 그렇게 믿는 것이지, 굳이 살아나시지 않았어도 별로 달라질 것은 없다. 하지만 그렇다면 바울을 비롯한 초대교회는 왜 예수의 부활에 관해 그토록 목청을 높였을까? 도대체 나의 구원에 있어 부활이 갖는 의미는 무엇인가? 칭의가 부활에 기초한다는 바울의 선언은 어떤 의미로 받아들여야 하는 것인가? 그리스도의 부활이 없었다면 우리의 믿음 자체가 헛되다는 바울의 말은 과연 무슨 의미일까?

부활은 우리의 전망을 현재에서 미래로 넓히도록 요구한다. "의의 소망"이라는 표현이 말해 주듯이(갈 5:5), 칭의 역시 현재적 지평에서 끝날 수 있는 개념이 아니다. 바울이 칭의를 부활과 연결하는 이유가 거기 있다. 자세히 살펴보면, 부활에 대한 우리의 무지 혹은 무관심은 구원에 대한 우리의 '현세주의적' 조급함과 관계가 있다. 구원 얻을 것이라 말하기보다는 구원받았다고 말하고 싶고, "두렵고 떨림으로 너희[우리] 구원을 일구어 가야 할" 필요보다는 "이미 의롭다 하심을 얻었다"는 사실의 확인에 더 집착한다. 그래서 우리에게는 십자가가 소중하다. 나는 우리의 이런 태도를 '영적 축지법'이라 부른다. 그것은 현재와 미래 사이의 거리를 없애 버림으로 미래를 이미 가진 것처럼 믿고 싶은 심리다.

하지만 이런 우리에게 바울은 부활을 선포한다. 그 부활과 더불어 우리 시야를 마지막 결승점, 곧 재림과 심판의 시점으로 옮기라고 말한다(빌 3:10-14). 구약적 비유를 활용하자면, 출애굽의 과거에 집착하는 우리에게 가나안이라는 미래를 깨우친다. 그리고 바로 이 가나안이라는 미래적 지평 속에서 출애굽의 참의미를 발견하라는 가르침이다. 물론 '이미 가나안'을 말하고 싶은 우리로서는 현재 우리의 삶이 광야의 여정임을 수용하기가 쉽지 않다. 광야의 여정에서 멸망한 이들이 많다는 이야기는 더더욱 불편하다. 하지만 좋든 싫든 그것이 성경의 입장이다(고전 10:1-13; 히 3:1-4:13; 벧전 1:17; 2:11; 유 5절). 이를 무시하는 가르침은 구원의 복음이 아니라 죽음의 속삭임이다. 그러므로 구원의 길을 발견하는 과정은 구원을 보는 우리의 시력을 교정하는 과정을 포함한다. 앞으로 이어질 로마서 이야기들을 통해 우리는 출애굽에서부터 가나안으로 가는 여정과 그 속에서 우리를 인도해 가는 불기둥과 구름기둥의 임재를 확인해 나갈 것이다. 이를 통해 우리는 이미 가진 것보다 더 확실한 구원, 곧 "소망으로 얻은 구원"의 의미를 새로이 확인하게 될 것이다.

> 그렇다면 이제 우리가 그의 피를 통해 의롭다 하심을 얻은 것이라면, 더더욱 그를 통해 장래의 진노로부터 구원을 받게 될 것입니다. 우리가 아직 원수일 때 그 아들의 죽으심을 통해 하나님과 화목하

게 된 것이라면, 이제는 더더욱 그의 살아나심을 통해 구원을 얻게 될 것입니다(5:9-10).

8. 칭의와 구원, 그리고 하나님의 사랑

5:1-11

미래를 인식하는 믿음

로마서의 논점, 더 나아가 바울신학 전체를 이해하는 관건의 하나는 바울 복음의 뼈대인 미래적 지평을 분명히 인식하는 일이다. 앞 장에서 말한 것처럼, 구원의 길을 발견하는 과정은 구원을 보는 우리의 시력을 교정하는 과정을 포함한다. 바울이 말하는 바를 제대로 파악하려면, 우리는 먼저 '영적 축지법'에 호소하는 자신 없는 조급증에서 벗어나, 부활을 통해 매개되는 미래로 우리의 눈을 들어야 한다. 신약이 즐겨 사용하는 그림을 들어 말하자면, 지금 우리는 '이미 가나안'이 아니라, '아직도 광야'다. 우리는 출애굽을 구원이라 부를 수 있지만, 그렇다고 이 벗어남을 가나안으로 들어감과 혼동할 수는 없다. 홍해의 기적을 체험하면서 백성들의 기대는 이미 "주의 기업의 산"과 "주의 거룩한 처소"에 가 있을지 모르지만(출 15:17), 오늘 그들의 발은 광야의 먼짓길을 걷는다. 이 현실을 무시하는 것이 믿음으로 호도될 수는 없다. 오히려 이 광야가 출애굽의 감격을 더 의미 있게 만든다. 출애굽이 드러낸 하나님의 신실한 사랑이 가나안을 향한 백성들의 광야 길을 인도하는 구름기둥과 불기둥이 될 것이기 때문이다.

1:16-17을 다루면서 우리는 로마서 전반부의 주된 논점이 "그리스도의 십자가와 부활을 통한 현재적 칭의가 미래적 구원에까지 이르게 한다는 사실을 선포하고, 그 과정을 구체적으로 해명하는 것"이라고 말했다. 이런 틀에서 보면, 4장에서 칭의론이 일단락된 후, 5장부터 8장에 이르는 긴 논의는 모두 바로 이 현재의 칭의에서 미래 구원의 소망에 이르는 역동적 과정을 풀어내는 이야기들이다. 물론 이것이 바로 1:16-17의 내용이다. 복음이야말로 모든 믿는 자들을 미래적(!) 구원에까지 이끌고 갈 수 있는 하나님의 능력이다. 이 효과적 능력의 근거는 바로 십자가와 부활에 근거한 하나님의 의다. 그러므로 바울의 관심은 칭의라는 현재가 어떻게 구원이라는 미래로 이어질지를 밝히는 데 있다. 말하자면, 가나안에 대한 소망의 문맥에서 출애굽의 의미를 해명하는 것이다.

칭의와 소망의 탄생

베드로전서는 거듭남의 의미를 확실하게 보증된 "산 소망"의 확보로 요약한다(벧전 1:3). 그리스도의 피로 우리는 "썩지 않고, 더럽지 않고, 쇠하지 않는 유산"(벧전 1:4상), 곧 구원을 상속할 상속자가 되었다(벧전 1:5, 9). 지금은 하나님이 "우리를 위해 하늘에 간직하고 계시지만"(벧전 1:4하), 정해진 때, 곧 "말세"가 되면 이 구원은 우리에게 나타날 것이다(벧전 1:4-5). 신약 전체를 채색하는 이런 소망의 색조는 바울이라고 예외가 아니다. 하나님의 부르심은 "하나님의 나라와 영광"이라는 새로운 미래를 향한 소망의 부르심이다(살전 2:12; 엡 1:18; 4:4). 그러므로 소망은 신자와 불신자를 구별하는 결정적 표지의 하나이다(살전 4:13). 이처럼 하나님의 부르심은 미래 구원을 위한 하나님의 약속을 의미한다. 믿음이란 바로 이 약속의 확실함, 그 성취의 사실성을 믿는 것이다. 그러므로 본질상 믿음은 소망과 겹친다. 믿음의 대상인 하나님의 약속 자체가 미래를 향해 펼쳐진 것이기 때문이다. '믿음 장'으로 알려진 히브리서 11장에서 여실히 드러나는 것처럼, 믿는다는 것은 하나님의 약속을 소망하며 산다는 것이다.

아브라함 이야기로 돌아가 보자. 앞 장에서 우리는 아브라함을 의롭게 한 믿음이 부활 신앙, 곧 죽은 자를 살리시는 분으로 하나님을 믿는 믿음이라고 말했다(4:17). 물론 이는 하나님의 존재론적 속성에 대한 담담한 진술이 아니다. 아브라함의 부활 신앙이 의미를 갖는 것은 "하나님의 약속"이라는 긴장 속에서다. 하나님은 아브라함에게 아들을 약속했지만, 이 약속이 들려지는 현실적 상황은 이를 믿을 수 없는 것으로 만든다. 그런데도 그는 하나님의 약속을 믿었다. 약속하신 분이 자신의 죽은 몸을 살리실 수 있음을 알았기 때문이다(4:21). 그래서 그는 "믿음이 없어 하나님의 약속을 의심치 않고, 믿음에 견고해져서 하나님께 영광을 돌렸다"(4:20). 아브라함의 믿음은 현실의 불가능성 속에서 하나님의 약속을 믿고 소망하는 것이었다. "소망할 수 없는 상황에서 소망하며 믿는" 것(4:18), 이것이 바로 아브라함을 의롭게 했던 믿음의 본질이었다.

아브라함에게 주어진 아들의 약속은 그 자체가 미래를 위한 약속이었다. 그래서 그의 믿음은 그 약속을 향한 소망의 표현이었다. 장차 아들을 주리라는 약속도 그렇지만, 더 나아가 이는 그의 후손들이 가나안 땅을 차지하리라는 더 큰 소망의 첫 단추였다. "아브라함이 하나님을 믿으매, 이를 저에게 의로 여기시고"라는 말씀이 계시적 빛을 발하는 것이 바로 이런 소망의 문맥에서다. 곧 "아브라함과 그의 후손이 세상의 상속자가 될 것"이라는 약속이다(4:13). 물론 땅에 대한 약속은 신자들의 궁극적 구원에 대한 구약적 표상이다. 아브라함은 세상의 상속자가 될 미래를 꿈꾸며 부활의 하나님을 신뢰했다. 그는 이 믿음으로 의롭다 하심을 받았다. 오늘의 신자들 역시 미래의 구원을 바라보며 동일한 부활의 하나님을 신뢰한다. 아브라함처럼 우리 또한 이 소망으로 의롭다 하심을 받는다. 아브라함의 이신칭의가 세상의 상속자가 되리라는 약속의 문맥에서 등장하는 것처럼, 우리의 이신칭의 역시 구원/영광의 상속이라는 큰 문맥 속에서 그 본연의 의미를 획득하는 것이다. 바울이 로마서 5장에서 풀어 놓는 이야기가 바로 그것이다. 그래서 5장의 이야기는 "그러므로 우리가 믿음으로 의롭다 하심을 얻었은즉"이라는 말로 시작된다. 지금까지 설명해 온 칭의가 우리의 미래에 대해 갖는 의미를 설명하겠다는 뜻이다.

평화와 은혜, 미래 소망의 초석

바울은 소망을 말하기 전에 칭의의 현재적 면모를 보다 상세히 그려낸다. 재미있게도 바울은 칭의의 현실적 효과를 "평화"와 "은혜"라는 두 마디로 풀이한다. 그가 인사말에 빼놓지 않고 사용하던 바로 그 단어들이다(1:7; 고전 1:3; 고후 1:2; 갈 1:3 등). 의롭다 하심을 받았다는 것은 무엇보다도 하나님과 우리 사이에 평화로운 관계가 조성되었음을 의미한다(5:1). 죄인이며 원수였던 우리는 이제 하나님과 같은 편에 선 자들이 되었다. 또한 칭의는 "은혜 안으로 들어감"을 의미하기도 한다(5:2). 들어감을 "얻었다"는 현재완료 시제로, 이 들어감이 이미 이루어진 사실임을 강조한다. 그래서 우리는 지금 "이 은혜 속에 서 있다." 지시대명사를 활용한 "이 은혜this grace"라는 표현이나 현재완료형의 "서 있다"는 동사 역시 우리가 들어가 존재하는 은혜라는 '공간'의 현실성을 부각시킨다. 앞에서 바울은 하나님께서 우리를 믿음으로 의롭게 하신 것 자체가 칭의/구원이 "은혜를 따라" 되도록 하기 위해서였다고 말했다(4:16). 믿음으로 의롭다 하심을 얻었다는 것은 우리가 하나님의 주권적 은총 아래 살게 되었다는 것을 의미한다. 이제는 "은혜가 의를 통해 다스리며"(5:21), 우리는 이 "은혜 아래" 살아간다(6:14-15).

중요한 것은 이 평화와 은혜가 미래 소망의 초석임을 인식하는 일이다. 사용된 단어는 다르지만, 하나님과 평화를 누리게 되었다는 것은 원수였던 우리가 하나님과 "화해하게" 되었다는 말과 통한다(5:10). 이제 하나님은 우리의 불경건과 불의에 대해 진노를 내리실 무서운 심판자(1:18)가 아니라 십자가를 통해 우리를 자신과 화해시키는 "평화의 하나님"이시다. 그래서 어긋난 관계를 치유하여 평화를 회복하신 하나님의 행동은 우리의 미래를 보증하는 가장 확실한 증거다. 데살로니가전서에서 "평화의 하나님"이 그리스도의 재림 때까지 성도들을 거룩하게 지키시리라는 소망을 피력하는 것이 바로 그런 이유다(살전 5:23). 로마서 15장에서도 평화와 미래 사이의 이 같은 연관을 확인할 수 있다. "소망의 하나님이 모든 기쁨과 평화를 믿음 안에서 여러분에게 넘치게 하시기를, 그리하여 성령의 능력으로 소망이 넘치기를 원합니다"(15:13).

은혜 역시 미래를 향해 열린 개념이다. "거저"라는 개념을 바탕에 깐 은혜는 자연히 하나님의 주권을 부각시킨다. 따라서 "은혜 아래" 사는 것은 하나님의 주권으로 조성된 새로운 환경 속에서 산다는 것이다. 물론 인간적 조건이나 기여가 배제된 은혜의 상황에서는 내 욕심을 내세우고 자랑하는 일이 불가능하다. 오히려 여기서는 하나님의 주권적 의지가 새로운 삶의 원리로 작용한다. 따라서 은혜의 결과는 죄에 탐닉하는 방종이 아니라 하나님의 뜻에 순종하는 거룩함이다. 은혜 아래 있기 때문에 죄를 지을 수 없다는 말이 바로 그런 의미다(6:15). 이런 삶의 토양에서 구원의 소망이 뿌리를 내린다. 영생이 하나님의 선물인 것은, 심는 대로 거두는 삶의 원리가 폐기되었기 때문이 아니라(6:19-22; 갈 6:7-8), 은혜의 통치가 거룩함을 산출하고 바로 이것이 영생으로 이어질 것이기 때문이다(6:23). 5장 후반부에서 바울은 은혜가 의를 통해 우리의 삶을 다스리고, 이것이 우리를 영생으로 인도한다고 말함으로, 은혜의 개념에 함축된 미래적 지평을 보다 선명하게 펼쳐 보인다(5:21).

이처럼 칭의는 우리를 하나님과 평화롭게 하고, 우리를 은혜의 공간으로 인도한다. 여기서 미래를 향한 가능성이 열린다. 이제 우리는 "하나님의 영광에 대한 소망으로 자랑스러워하게" 되었다

(5:2). 물론 "하나님의 영광"은 미래적 구원 혹은 구원의 완성을 가리킨다(8:17-18; 고후 4:17). 개역성경에서 "즐거워한다"로 번역된 단어는 '자랑스러워한다'는 뜻이다. 물론 이는 단순한 심리적 뻐김이 아니라 소망에 대한 견고한 확신 혹은 자신감을 나타낸다. 우리의 소망은 우리를 "부끄럽게 하는" 엉터리 소망이 아니다(5:5). 그래서 우리는 이 소망을 자랑스럽게 생각한다. 바울이 복음을 "부끄러워하지 않고" 자랑스러워했던 이유가 바로 이것이다(1:16; 참조. 갈 6:14). 이 복음만이 믿는 자를 미래의 구원에까지 이르게 하는 하나님의 능력이 되는 것을 알았기 때문이다. 이것이 칭의의 효과다. 믿음에 의한 칭의의 체험은 우리로 하여금 미래의 구원을 이미 가진 것보다 더 확실한 것으로 알고 자랑하게 만든다.

환난 중의 소망

이 소망의 확실함이 5장 전반부(5:1-11)의 주제다. 9-10절의 선언처럼, 현재의 칭의와 화목이 미래의 구원을 확실하게 보장한다는 것이다. 하지만 바울은 이 "소망의 확실함"을 강조하기 전, 우리가 소망을 말하게 되는 실존적 상황, 곧 환난이라는 정황을 새삼 상기시킨다. "다만 이뿐 아니라, 우리는 환난 중에도 자랑스러워합니다"(5:3). 얼핏 새로운 사실을 추가하는 듯 느껴지지만, 사실 이 표현은 앞의 진술을 확대해 보여주는 일종의 근사기법close-up이다. 우리가 하나님의 영광을 소망하며 기뻐하는 삶의 정황을 보다 자세히 그려 내는 것이다. 물론 이 정황의 핵심은 환난이다. 언제나 그렇듯, 로마서의 문맥 내에서도 환난은 기독교적 삶의 변수라기보다는 차라리 상수에 가깝다. 산상수훈에서 제자의 삶이 그랬듯이(마 5:10-12), 바울 서신에서도 신자들의 현재와 미래는 고난과 영광의 이항 대립으로 나타난다. 현재의 고난은 장차 우리가 누릴 미래의 영광과는 비교도 되지 않는다(8:18). 현재 우리가 잠시 당하는 환난의 가벼움이 앞으로 우리가 영원히 누릴 영광의 무거움을 가져다준다(고후 4:17). 바울의 삶 역시 이런 고난과 영광의 회로를 벗어나지 않았다(8:35-36; 고전 4:9-13; 고후 6:3-10; 11:23-33; 살전 2:14-16). 그렇다면 "환난 중에도 자랑스러워한다"는 것은 아무 일이 없을 때뿐 아니라 환난 때도 그렇게 한다는 의미가 아니라, 원래 환난으로 채워진 우리의 삶이지만, 그런 중에서도 하나님의 영광을 소망하며 즐거워한다는 의미가 된다. 우리의 소망은 환난의 무게에 질식당하는 나약한 소망이 아니라, 환난의 어둠 속에서 더 밝은 빛을 발하는 산 소망이다.

환난에서 소망까지

그렇다면 우리가 환난 중에도 소망을 잃지 않고 즐거워하는 이유가 무엇인가? 바로 환난이 영광을 향한 여정의 장애물이 아니라 오히려 소망을 현실로 만드는 불가결한 과정이기 때문이다. 물론 여기에는 우리의 삶을 바라보는 인식의 혁명이 전제되어 있다. 이를 자세히 풀어 보자. 우선 환난은 인내를 "낳는다." 믿음의 삶, "복음에 어울리는 생활"(빌 1:27)은 성도들의 삶에 환난을 가져다준다. 하지만 신자들은 믿음을 타협함으로 이 환난을 피하려 들지 않는다. 오히려 그들은 믿음의 자태를 지키기 위해 환난의 상황을 인내한다. 그리스도에게 그러했듯이(히 5:8-9), 우리에게도 인내는 성품을 "단련"하는 효과를 낸다. 성도들이 금속이라면, 환난은 이들을 제련하는 불과 같다. 아픈 만큼 성숙한다는 말처럼, 많은 경우 단련된 "성품character"(NIV)은 고난이라는 제련과정의 산물이다. 그리고 우리의 소망이 현실이 되는 것은 바로 이러한 연단된 성품의 결과다.

우리는 바울의 단도직입적인 논리에 주목한다. 바울은 연단(된 성품)이 소망을 산출한다고 말한다. 우리가 신뢰할 수 있는 소망이란 막연한 낙관주의나 맹목적 신념의 산물이 아니며, 그 소망의 기다림은 뒷짐을 지고 버스를 기다리는 막연한 기다림이 아니다. 소망이 그저 시간 문제라면, 이런 환난-인내-연단의 "협착한 길"(마 7:14)은 필요치 않을 것이다. 하지만 소망은 연단된 성품을 필요로 한다. 하나님의 아들이신 그리스도께서도 고난을 통해 온전해지셔야 했다면, 하물며 우리일까? 내가 자주 강조하는 것처럼, 복음은 하나님의 요구를 에누리하는 '하향 평준화'가 아니다. 구원이 행위를 요구하고, 천국이 말씀의 실천을 요구한다는 것은 단지 야고보서나 마태복음의 가르침만은 아니다(약 2장; 마 7:21). 순종과 미래 구원의 긴밀한 연관은 바울에게도 마찬가지다. 육신대로 살면 죽는다는 원리는 변하지 않으며, 영생의 약속은 성령을 따르는 순종의 삶을 요구한다(6:20-23; 8:13; 갈 6:7-8). 반면 불순종의 삶은 우리를 하나님 나라로부터 배제시킨다(갈 5:21; 고전 6:9-10). 환난이 생산적 의미를 갖는 이유가 바로 이것이다. 환난은 인내를 이끌어 내고, 이 인내는 성도를 '내공 깊은' 영적 성품의 소유자로 다듬는다(히 12:10-11; 벧전 4:1-3, 12-14; 5:10). 바로 이것이 영생을 향한 협착한 길의 속내다.

환난이 불평의 원인이 아니라 즐거움의 텃밭이 될 수 있는 이유가 바로 여기 있다.

현실과 절망의 심연

하지만 인내가 있으면 배교라는 것도 있다. 컨디션이 좋을 때의 환난이란 인내와 연단과 소망으로 이어지는 계기가 되겠지만, 그렇지 못할 때의 환난은 하나님을 떠나고 믿음을 버리게 하는 유혹이 된다. 사실 신약에 "인내"에 관한 권고가 차고 넘친다는 사실 자체가 실제 상황의 어려움을 잘 보여준다. 인내하는 자에게는 "하늘에 너희 상이 크다"는 약속이 주어지지만(마 5:11-12), 제자로서 맛을 잃는 자들에게는 심판의 경고가 던져진다(마 5:13). 이처럼 현실의 힘겨움과 이로 인한 불확실성은, 우리를 두렵게 하며 우리의 소망에 의심의 그림자를 드리울 수 있다. 나는 어려운 환난의 절망을 무사히 통과할 수 있을까? 환난 중에서도 인내하며 믿음을 지키고, 이로써 잘 연단된 성품을 갖출 수 있을까? 나는 과연 그리스도의 재림 때에 "거룩하고 흠이 없는" 제물로 하나님께 바쳐질 수 있을 것인가? 이것이 바로 신약성경에서 소망의 확실함 혹은 구원의 확신을 말하는 정황이다.

신앙이 고난과 잘 연결되지 않는 오늘날 우리의 삶에서는 구원이 교리적 혹은 심리적 "확신"의 문제로 다루어진다. "구원받았습니까?"라는 물음이 시사하듯, 우리는 내가 이미 구원 얻었음을 "믿어야" 한다. 그리고 이 확신은 역으로 우리가 구원을 받았다는 사실에 대한 가장 중요한 증거로 제시된다. 하지만 이런 교리적·심리적 순환논법은 신약성경이 구원을 말하는 방식과는 거리가 멀다. 물론 가장 근본적인 문제는 구원을 미래적 소망의 대상에서 현재적 소유의 대상으로 바꾼 것이다. 나는 이를 '영적 축지법'이라 불렀다. "현재와 미래 사이의 거리를 없애 버림으로 미래를 이미 가진 것처럼 믿고 싶은 심리"다. 말하자면 광야를 가나안으로 둔갑시켜 보려는 종말론적 연금술인 셈이다.

원칙적으로 구원이란 현재적 소유가 아니라 미래적 소망의 문제다. 따라서 신약에서 말하는 구원이란 (현재적 소유에 대한) 심리적·교리적 확신의 문제가 아니라 실질적 가능성의 문제다. 구원이 모호하여 확신하기 어려운 것이 아니라, 현재의 상황이 힘겨워 결승점까지의 완주를 속단할 수 없다는 것이다. 그래서 구원에 관한 신약의 이야기는 (이미 받은) 구원의 (심리적) "확신"을 유도하기 위한 개념 조작이 아니라, 미래 구원의 "확실함"에 대한 선포였다. 그러므로 우리의 확신이 아니라 소망 자체의 확실함이 논의의 주제인 것이다. 초대교회는 현재와 미래를 겹침으로써 구원을 확실한 것으로 만들려는 조작을 시도하지 않았다. 대신 그들은 현재와 미래 사이에 놓인 환난의 심연 위에 놓인 "약속"이라는 다리를 보았다. 바울은 이를 믿음, 혹은 "소망의 인내"라 불렀다(살전 1:3).

하지만 소망을 가졌다는 사실 자체가 문제의 해답일 수는 없다. 우리는 견고한 소망을 말하지만, 헛된 기대 역시 익숙한 이름이다. 끝까지 자랑할 수 있는 소망이 있는 반면, 우리를 부끄럽게 하는 헛된 소망 역시 존재한다. 우리가 잘 아는 것처럼, 인간에게는 소망이 필요하다. 하지만 소망의 근거를 찾지 못한다. 그래서 우리는 우리

힘으로 소망의 근거를 만들어 낸다. 하지만 이런 인공적 소망들은 잠시 우리를 황홀하게 하다가 끝내 파멸로 이끄는 마약과 같다. 잠시 우리를 지탱해 주지만, 결국 우리를 망하게 하는 죽음의 처방이다. 그렇다면 우리의 소망은 확실한가?

십자가 사랑이 보증하는 미래

놀랍게도 바울은 소망의 확실함을 하나님의 사랑에서 찾는다. "소망이 부끄럽게 하지 않는 것은 우리에게 주신 성령을 통해 하나님의 사랑이 우리 마음에 부어졌기 때문입니다"(5:5). 우리 마음에 부어진 하나님의 사랑으로 인해 우리의 소망은 확실하다. 하지만 이 말이 무슨 뜻일까? 하나님의 사랑에 대한 강렬한 느낌이 우리가 가진 소망을 확실한 것처럼 "느끼게" 한다는 뜻일까? 하지만 내 확신이 강렬해진다고 해서, 그것이 소망 자체를 견고한 것으로 만드는 것은 아니지 않는가? 어떤 의미에서 하나님의 사랑이 우리의 소망을 확실한 것으로 만든다는 것일까?

이 물음에 답하기 위해 바울은 하나님의 사랑을 설명한다(5:6-8). 물론 이 사랑의 진원지는 십자가다. "하나님이 세상을 이처럼 사랑하사 독생자를 주셨으니" 하는 말처럼(요 3:16), 그리스도의 십자가 죽음은 우리를 향한 하나님의 사랑을 가장 극명하게 표현한다. 그런데 여기서 바울은 유독 십자가의 시점時點에 특별한 관심을 기울인다. 인간적인 상식으로는 남을 위해 죽는다는 사실 자체가 놀랍다. 또한 흔치 않은 이런 희생도 의로운 사람이나 착한 사람처럼 목숨을 바칠 만한 가치나 명분이 있을 경우로 제한된다. 나쁜 사람이나 부정한 사람처럼 무가치한 인간을 살리자고 자기 목숨을 내어놓는 경우는 없다. 누가 연쇄살인범이나 가정파괴범을 살리자고 소중한 자기 목숨을 내어놓겠는가?

이런 인간적인 상식의 배경에서, 십자가는 충격 그 자체다. 십자가를 두고 바울이 반복하는 세 번의 시간적 표현은 사뭇 인상적이다.

> 우리가 아직 연약할 때, 그리스도께서 경건치 않은 자를 위해 죽으셨다(5:6).

> 우리가 아직 죄인이었을 때, 그리스도께서 우리를 위하여 죽으셨다(5:8).

> 우리가 원수였을 때, 그 아들의 죽으심을 통해……(5:10).

좋은 사람을 위해 목숨을 버리는 일도 대단한 사랑이다. 하지만 십자가는 그런 이야기조차 아니다. 그리스도께서 십자가에 달리셨을 때, 우리는 아직 "연약한" 존재들, 하나님의 뜻을 실천할 수 없는 "죄인"들이었다. 그러니 하나님의 원수일 수밖에 없었다(참조. 8:7). 바로 이런 상황에서 하나님은 "원수"들을 위해 아들을 보내셨고, 이 아들은 "죄인"이며 "경건치 않는 자"들을 위해 십자가에 달리셨다. 이런 행동은 인간적인 상식을 깨뜨린다. 바보 온달을 사랑했던 평강공주처럼, 험악한 야수에게 마음을 준 벨 아가씨처럼, 설명 자체가 불가능한 막무가내의 사랑이다. 하나님의 사랑은 그런 사랑이다. 원수들을 위해 목숨을 내어주는 '대책 없는' 방식으로 "하나님께서 우리에 대한 자기 사랑을 확증하셨다"(5:8).

바로 이 사랑의 대지에 미래를 향한 소망의 나무가 뿌리를 내린다. 우리가 미래를 확신하는 것은 미래가 갑자기 현실이 되어서도 아니고, 미래를 향한 길이 꽃길로 바뀌어서도 아니다. 미래는 여전히 미래이며, 그 길은 여전히 협착하다. 하지만 우리에게는 하나님의 사랑이 있다. 뒤를 돌아보면, 우리를 여기까지 이끈 십자가의 사랑이 앞으로 남은 여정에 대한 불안을 바로 잠재운다. 그렇지 않은가? 우리는 연약한 죄인이었다. 그런데 하나님은 우리를 사랑하여 아들을 주셨다. 그 아들의 죽음으로 이제 우리는 의로운 자가 되었다. 이처럼 죄인을 위해 아들의 희생도 불사한 사랑이라면, 이 사랑이 의롭게 된 우리의 미래 여정도 너끈히 인도하시리라는 것은 당연한 결론 아닌가? 살짝 표현을 바꾸자면, 우리는 하나님의 원수들이었다. 하나님은 그런 우리를 위해 아들을 내어주셨고, 우리는 그의 십자가 죽음을 통해 하나님과 극적인 화해를 이루게 되었다. 하나님이 정말 이런 일을 하신 것이라면, 이제 화해된 우리를 마지막 구원에까지 데리고 가실 것이라는 사실은 자명하지 않은가? 원수를 위해서도 목숨을 버리는 사랑이, 그렇게 해서 자기 품에 들어온 자식을 버리겠는가? 9-10절은 반복을 통해 이런 '뻔한' 결론을 힘주어 강조한다.

> 그렇다면, 이제 우리가 그의 피를 통해 의롭다 하심을 얻은 것이라면, 우리는 더욱 그를 통해 〔미래의〕 진노하심에서 구원받게 될 것입니다. 곧, 우리가 원수였을 때, 그 아들의 죽으심을 통해 하나님

과 화해하게 된 것이라면, 화해하게 된 우리는 더욱 그의 살아나심을 통해 구원을 받을 것입니다.

이렇게 보면 현재의 칭의가 미래의 구원을 보장한다는 것은 단순한 교리적 논리가 아니다. 오히려 이는 칭의의 근거가 되는 십자가와 거기 담긴 하나님의 신실한 사랑이 미래를 확실히 보장한다는 확신이다. 그러므로 미래 구원의 확실성은 교리적 확신을 넘어, 하나님의 신실한 사랑에 대한 인격적 신뢰의 문제다. 하나님의 사랑과 그 사랑의 신실함이 우리를 끝까지 이끄시리라는 신뢰인 것이다. 우리가 최악일 때 우리에게 찾아와 우리를 안아 주신 하나님, 그 하나님의 은총 아래서 우리는 평화롭고 우리의 미래는 안전하다.

성령과 사랑

바울은 미래를 보증하는 하나님의 신실한 사랑이 성령을 통해 부어진 것이라 말한다(5:5). 사실 "부어짐"은 성령과 관련된 단어다(행 2:17-18, 33; 10:45). 바울은 이것으로 사랑을 묘사한다. 적어도 우리의 체험 속에서는 성령과 사랑이 분리될 수 없다는 사실을 염두에 둔 움직임이었을 것이다. 그러므로 하나님의 사랑이 "우리 마음에 부어졌다"는 말은 우리 마음에 부어 주신 성령을 통해 하나님의 사랑이 우리에게 부어져 우리 마음을 적셨다는 뜻이다. 십자가의 메시지가 선포될 때, 성령은 우리 마음의 눈을 열고, 세상이 알지 못하는 십자가의 비밀을 드러내고, 그 속에 담긴 하나님의 가없는 사랑을 깨닫게 한다. 바로 이 사랑의 발견이 새로운 삶의 시작이다.

바울의 사역에서도 성령의 임재는 방언, 예언, 기적과 같은 여러 현상들을 동반했다. 하지만 바울은 이런 외적 현상들을 미래 구원의 증거로 제시하지 않는다. 오히려 바울의 관심은 성령을 통해 전달되는 십자가의 사랑에 집중된다. 이 사랑이 미래 구원의 유일한 보증이기 때문이다. 8장 말미에서 감동적인 언어로 다시 선포되겠지만, 바울이 가진 확신의 핵심은 비록 우리의 삶이 험난하겠지만 우리 앞에 놓인 그 어떤 것도 "우리를 그리스도 예수 안에 있는 하나님의 사랑에서 끊을 수 없다"는 자신감이었다(8:39). 그 자신감의 모태가 바로 예수의 십자가였다. 그러므로 성령이 우리 구원을 보증한다는 말 속에는 우리 소망의 근거인 하나님의 사랑을 성령께서 매개한다는 생각이 깔려 있는 셈이다

바울은 성령에 대해 누구보다 할 말이 많은 사람이지만, 여기서 그의 생각은 성령과 더불어 부어지는 하나님의 사랑에 머문다(참조. 고전 13장). 우리는 성령에 대한 우리의 관심 역시 십자가의 사랑을 향한 것인지 물을 수 있다. 바울은 십자가에 대해서도 할 말이 많았지만, 무엇보다도 그는 이 사건을 사랑의 사건으로 이해했다. 우리는 또 십자가에 대한 우리의 집착이 속죄라는 차가운 법리에만 머문 채 거기 담긴 사랑의 뜨거움을 망각한 것은 아닌지 물을 수 있다. 하지만 사람과의 관계에서도 그러하듯이, 사랑을 잊고서 어찌 하나님과 올바른 관계를 맺을 수 있겠는가? 바울처럼 우리도 "나를 사랑하사 나를 위해 자기 몸을 버리신" 하나님의 아들을 말하지 않는다면(갈 2:20), "그리스도의 사랑이 우리를 몰아가신다"고 외칠 수 없다면(고후 5:14), 아직도 우리에게 무언가가 부족한 것이 아닐까?

재미있게도 바울의 언어는 하나님의 사랑과 그리스도의 사랑 사이를 오락가락한다(5:5, 8; 8:35). 그 이유는 물론 간단하다. 하나님이 자신의 사랑을 드러내신 것이 그리스도의 십자가이기 때문이다(5:8). 물론 이 사랑에는 우리를 위해 자신을 희생하신 그리스도의 사랑이 겹친다. 그래서 그 사랑은 한마디로 "우리 주 예수 그리스도 안에 있는" 혹은 "우리 주 예수 그리스도를 통한" 하나님의 사랑이다(8:39). 그래서 십자가에서 미래 구원에까지 이르는 하나님의 사랑 이야기는 또한 우리를 위해 죽으시고 부활하신 그리스도의 이야기이기도 하다. 구원의 시작부터 마지막까지 모든 것이 그리스도를 통해 이루어진다. 우리의 칭의는 예수 그리스도의 십자가를 믿는 믿음의 산물이다. 하나님과의 평화 역시 "우리 주 예수 그리스도를 통하여" 주어진다(5:1). 우리가 믿음으로 이 은혜에 서서 장래의 소망을 자랑스러워하는 것 역시 "그를 통해서"다(5:2). 우리의 소망을 견고케 하는 하나님의 사랑이 바로 그의 죽음을 통해 나타난 것이기 때문이다(5:6-8). 현재 우리의 칭의가 "그의 피를 통해" 이루어진 것이라면, 미래 우리의 구원 역시 "그를 통하여" 이루어질 것이다(5:9). 현재 우리의 화목이 "그 아들의 죽으심을 통해" 주어졌다면, 장래 우리의 구원 역시 "그의 살아나심을 통해" 현실화될 것이다(5:10). 그러므로 현재의 칭의가 어떻게 미래의 구원으로 이어지느냐 하는 이야기는 그리스도께서 우리를 위해 이루시는 일의 과거와 현재와 미래를 더듬어 가는 과정에 해당한다.

5장 후반부와 6장은 칭의에서 구원에 이르는 역동적 과정의 기독론적 계기에 초점을 맞춘다. 구원의 드라마가 "우리 주 예수 그리스도를 통하여" 이루어진다는 사실을 보다 상세히 풀어 보이는 것이다. 그중 5장 후반부는 두 번째 아담으로 인류를 대표하신 "우리 주 예수 그리스도"(5:21)의 순종을 인류의 첫 대표요 불행의 단초였던 "아담"의 불순종과 대비하면서, 이를 통해 아담으로 인한 정죄가 그리스도로 인한 영생으로 바뀌는 과정을 그려 낸다. 이 두 아담의 상반된 행로가 다음 장의 주제다.

9. 죄의 다스림에서 은총의 다스림으로

5:12-21

구원의 소망과 예수 그리스도

복음에 대한 바울의 생각을 다시금 정리해 보자. 그 자신이 천명하는 대로 바울은 복음이 자랑스럽다. 그 이유는 간단하다. 복음이 구원의 해답이 되기 때문이다. 그의 말대로, 복음은 믿는 모든 사람을 구원에까지 이르게 하는 "하나님의 능력"이다(1:16). 고린도전서에서 말했던 것처럼, 구원은 단순한 말의 조작이나 생각의 정리를 통해 확보할 수 있는 것이 아니다. 구원에 이르기 위해서는 힘, 곧 "능력"이 필요하다(고전 4:19-20). 그런데 이 능력은 유대의 거룩한 율법에서도, 혹은 헬라의 심오한 철학에서도 발견되지 않는다. 이 구원의 능력을 발견할 수 있는 곳은 하나님의 아들 예수 그리스도의 복음뿐이다. 바로 이 능력 속에 복음의 차별성이 존재한다.

로마서에서 바울은 이 능력을 우선 "하나님의 의" 혹은 "칭의"라는 개념으로 풀어낸다. 복음이 구원을 위한 하나님의 능력이라는 선포 이면에는 이 복음 속에 하나님의 의가 계시된다는 사실이 자리하고 있다(1:17). 그래서 바울은 하나님의 의에 관해 말한다. 바울의 사고 속에서 의의 계시 혹은 칭의는 하나님의 진노라는 암울한 미래를 구원이라는 밝은 소망으로 바꾸어 놓은 결정적 전환을 의미한다. 하나님의 의, 곧 칭의가 미래의 구원을 위한 가장 결정적인 근거라는 것이다. 현재적 칭의에서 미래적 구원에 이르는 이런 과정은 1:16-17에서 처음 요약된 후 5:1-11에서 더욱 분명한 필치로 상술된다. 믿음으로 의롭다 하심을 얻은 우리는 이 이신칭의를 통해 하나님의 영광을 소망하며 자랑하는 상황으로 옮겨졌다(5:2). 단도직입적으로 말하면, 예수 그리스도의 십자가 희생을 통해 의롭다 하심을 얻고 하나님과 화목하게 된 우리는 더더욱 그리스도의 부활을 통해 장래 하나님의 진노로부터 구원을 얻을 것이다(5:9-10). 그러므로 지금 그리스도를 통해 의롭다 하심을 얻은 우리는 든든한 희망 속에서 미래의 구원/영광을 향한 여정을 계속하고 있다. 앞에서 우리는 이 점에 대해 자세히 살펴보았다.

진노에 대한 두려움이 구원에 대한 소망으로 바뀌게 된 것은 그리스도의 사역을 통해서다. 당연한 말이라 생각하겠지만, 로마서 5장에서 바울은 말끝마다 그리스도를 언급함으로 이 사실에 방점을 찍고 있다. 믿음으로 의롭다 하심을 얻은 우리가 하나님과 화평을 누리는 것은 "우리 주 예수 그리스도를 통해서"다(5:1). 또 우리가 믿음으로 은혜의 자리에 들어가고 하나님의 영광을 소망하게 된 것도 "그를 통하여" 가능하게 된 일이다(5:2). 우리가 미래의 구원을 소망할 수 있는 것은 성령을 통해 우리 마음에 부어 주신 하나님의 사랑 때문인데, 이 사랑은 다름 아닌 그리스도의 십자가 희생을 가리킨다

(5:6-8). 우리가 의롭다 하심을 얻는 것은 "그의 피 때문"이고, 우리가 장차 진노하심에서 구원을 얻는 것 역시 "그를 통하여" 이루어질 것이다(5:9). 우리의 화목이 "그 아들의 죽으심을 통해" 이루어진 것처럼, 우리는 또한 "그의 살아나심" 때문에 구원을 얻게 될 것이다(5:10). 한마디로 우리가 미래의 영광에 대해 자랑스러운 소망을 가질 수 있는 것은 "우리 주 예수 그리스도를 통해서"다(5:11). 이처럼 5:1-11의 이야기는 그리스도로부터 시작하여 그리스도에서 끝난다. 칭의와 평화와 화목과 소망이 모두 예수 그리스도 때문에 가능하게 되었다는 것이다.

두 아담 이야기

이처럼 예수 그리스도는 인류의 운명을 진노에서 구원으로 바꾸어 놓았다. 그런 점에서 그는 인류의 운명을 결정했던 최초의 사람 아담과 통하는 대목이 있다. 크게 보면 인류의 이야기는 낙원의 행복을 죄와 사망의 다스림으로 전락시킨 아담의 이야기, 그리고 죄와 사망의 흐름을 칭의와 구원의 흐름으로 돌려놓은 그리스도의 이야기로 요약할 수 있다. 이런 관점에서 바울은 아담이 "오실 자", 곧 그리스도의 "표상"이라고 말한다(5:14). 여기서 "표상"으로 번역된 헬라어는 영어 type의 어원이 되는 튀포스인데, '모형' 혹은 '예표'라고 번역하기도 한다. 아담이 '표상' 혹은 '모형'이라면, 그리스도는 그 모형의 실체인 '원형antetype'이 될 것이다. 정확한 관계를 말하기는 어렵지만, 어떤 식으로든 이 두 인물이 연관된다는 뜻이다. (이것을 연구하는 분야를 모형론typology 혹은 예표론이라고 부른다.)

또한 바울은 비교의 방향을 바꾸어 그리스도를 아담이라고 부르기도 한다. 고린도전서 15장에서 바울은 그리스도를 "첫 사람 아담"과 대조되는 "마지막 아담"이라고 부른다. 혹은 "첫 사람"과 상응하는 의미에서 "둘째 사람"이라고 부르기도 한다(고전 15:45, 47). "한 사람" 아담과 또 "한 사람" 그리스도를 대조하는 로마서 5장 후반부의 논증 역시 동일한 관점을 바탕에 깔고 있다. 잘 알려진 대로, 아담은 가장 먼저 창조된 사람의 이름이기도 하지만 본래는 '사람'을 의미하는 히브리어 보통명사다. 창조 이야기에는 이 "아담"이라는 단어가 많이 나오는데, 개역성경은 이를 처음에는 "사람"으로 번역하다가(창 1:26-27; 2:7-8, 15-16, 18), 어느 시점부터는 개인의 이름으로 간주하여 그냥 "아담"이라고 음역하고 있다(창 2:19-25).

물론 바울이 그리스도를 아담이라 지칭하는 것은 그 이름이 사람을 뜻한다는 사실을 염두에 둔 것이다. 구체적으로 비교되는 것은 "아담"(5:14)과 "예수 그리스도"(5:17) 두 개인이지만, 바울은 이를 독립된 두 개인의 문제가 아니라 인류를 대표하는 "한 사람" 아담과 인류를 대표하는 또 다른 "한 사람" 예수 그리스도 사이의 대조로 파악하는 것이다. 로마서 5장에서 바울이 그리스도를 "마지막 아담"이라 부르는 대신 "한 사람"이라는 말을 사용하는 것은 바로 그런 이유에서였을 것이다. 그래서 이 "한 사람"은 언제나 "모든 사람"과 얽혀서 등장한다(5:12). 물론 로마서 5장에는 "모든 사람"보다는 "많은 사람"이라는 표현이 더 자주 나타난다(5:15, 18, 19). 그렇다고 의미가 달라지는 것은 아니다. 기계적으로 보면 "많은 사람"의 배후에 어떤 예외가 있다고 생각할 수 있지만 이는 사실 "모든"이라는 의미를 전달하는 일종의 수사적 표현이다. 결국 "한 사람" 아담과 "한 사람" 그리스도에 관한 이야기는 인류에게 무슨 일이 일어났는지를 말하는 또 하나의 방식인 셈이다.

첫 번째 아담의 "범죄" 이야기

구원에 관한 이야기가 진노에 관한 이야기로부터 시작하는 것처럼(1:18), "두 번째 사람" 혹은 "마지막 아담"의 이야기 역시 첫 번째 아담의 이야기로부터 출발한다. 그래서 바울은 두 아담을 본격적으로 비교하기에 앞서, 먼저 첫 사람 아담이 만들어 놓은 상황에 대해 이야기한다. 아담은 무엇보다도 죄를 세상에 들어오게 한 장본인이다. "한 사람을 통해 죄가 세상에 들어왔다"(5:12). 물론 이 죄의 진출은 아담의 범죄를 통한 것이었다. 그래서 바울은 아담의 행동을 시종일관 "범죄"라는 말로 요약한다. "아담의 범죄"(5:14), "그 범죄"(5:15), "범죄한 한 사람"(5:16), "한 사람의 범죄"(5:17), "한 범죄"(5:18) 같은 식이다. 바로 이 아담의 범죄를 통해 죄가 세상에 들어왔다. "죄가 들어왔다"는 표현에서 알 수 있는 것처럼, 여기서 바울은 죄가 마치 하나의 행동주체 혹은 세력인 것처럼 묘사한다. 물론 우리가 저지른 잘못도 죄라고 불릴 수 있다. 하지만 바울이 복수의 "죄들"이 아니라 단수로 "죄"라고 말할 때는, 우리 행동의 결과가 아니라 우리를 지배하는 하나의 세력으로서의 죄를 가리키는 경우가 많다. 이러한 죄 개념은 7장에서 더욱 분명히 설명할 것이다. 바울이 말하는 바는, 바로 이 죄의 세력이 아담의 범죄를 통해 세상에 들어왔다는 것이다.

더 나아가 죄가 세상에 들어옴으로 사망 또한 오게 되었다(5:12). 물론 그렇다고 해서 아담의 범죄 때문에 모든 사람이 자동적으로 죽게 되었다는 말은 아니다. 바울이 분명히 밝히는 것처럼, "모든 사람이 죄를 지었고" 그렇기 때문에 "사망이 모든 사람에게 이른" 것이다(5:12). 하지만 죄의 세력을 세상에 끌어들이고 이로써 모든 사람이 죄를 짓도록 만든 사람이 아담이라는 사실 또한 부인할 수 없다. 그래서 바울은 "한 사람의 범죄 때문에 사망이 그 한 사람을 통해 왕 노릇하였다"고 말한다(5:17). 13-14절은 이에 대한 보조 진술에 해당한다. 죄가 아담을 통해 세상에 들어왔다면, 이 죄는 아담 이후부터 줄곧 세상에 있었다. 하지만 이때에는 아직 율법이 존재하지 않았다. 하나님이 이스라엘에게 율법을 준 것은 모세의 때, 곧 이스라엘과 시내 산 언약을 맺을 때였기 때문이다. 그래서 아담과 모세 사이의 긴 시간은, 죄는 존재하지만 율법은 없어서 "죄를 죄로 여기지 않는" 특이한 상황으로 규정된다(5:13). 이 진술의 정확한 의도는 파악하기 어렵다. 일견, 죄를 죄로 간주하지 않는다면 그 죄로 인해 죽지 않을 것이라는 해석이 가능하다. 하지만 바울은 이런 식의 추론을 강력하게 부인하면서, 실제로 "아담으로부터 모세까지" 살았던 사람들에게도 죽음이 왕 노릇하였다는 사실을 강조한다(5:14). 또한 "아담의 범죄와 같은 죄를 짓지 않은 사람들"이라는 표현도 모호하다. 이들이 아무런 죄를 짓지 않았다는 의미는 분명 아니다(5:12; 3:23). 그렇다면 아담 이후의 사람들이 저지른 죄가 어떤 면에서건 아담의 범죄와는 구별된다는 의미가 될 것이다. 하지만 아담의 범죄가 죄를 세상에 들여온 첫 계기라는 중대성 외에, 아담의 범죄와 그 후손들의 범죄 사이에 무슨 차이가 있는지는 말하기 어렵다. 바울 자신이 설명을 제시하지 않기 때문이다. 이처럼 다소 모호한 부분이 있지만, 바울이 분명히 말하고자 하는 핵심은 분명하다. 12절과 14절에서 반복하여 역설하는 것처럼, 한 사람 아담의 범죄로 인해 죽음이 모든 사람에게 이르렀다는 것, 혹은 죽음이 왕 노릇하였다는 것이다. 이 죽음의 다스림이, 첫 사람 아담이 인류에게 남겨 놓은 '선물'이다.

마지막 아담의 "은혜" 이야기

첫 아담의 범죄와 그 비극적 흐름을 이야기한 바울은 이를 마지막 아담의 사역과 그 결과와 대조한다. 의미심장하게도 바울은 "한 사람 예수 그리스도"의 사역을 은혜라는 말로 요약한다. 첫 아담의 이름표가 "범죄"였다면, 마지막 아담의 이름표는 "은혜"다. 그리스도의 사역과 그 결과를 묘사하면서 바울은 길지 않은 본문 내에서 은혜(5:15, 17, 20, 21), 은사(5:15, 16), 선물(5:15, 16, 17) 등의 단어를 쉴 새 없이 반복한다. "은사"(카리스마)는 그 자체가 은혜(카리스)의 결과이기에, 이 둘은 사실상 겹친다. 또한 은혜는 하나님이 거저 주시는 것을 가리키고 그런 점에서 은혜는 "선물"일 수밖에 없다. 그러므로 은혜나 은사나 선물은 모두 같은 것을 가리키는 유사한 이름들이다.

범죄와 은혜의 대조에서 느껴지는 것처럼, 바울은 우선 이 두 "사람" 사이의 다름에 주목한다. 그리스도가 일구어 놓은 은혜 혹은 은사 이야기는 아담이 만들어 놓은 범죄 이야기와 전혀 다르다.

이 은사는 그 범죄와 같지 않습니다(5:15).

이 선물은 범죄한 한 사람을 통해 생겨난 결과와는 같지 않습니다(5:16).

당연한 이야기이지만, 여기서의 '다름'은 우선 그들이 야기한 결과의 상이함에 초점을 맞춘다. 첫 아담은 범죄를 통해 죽음이라는 결과를 가져왔고, 그리스도의 사역은 그와는 정반대의 상황을 조성했다.

한 사람의 범죄 때문에 많은 사람이 죽었습니다(5:15 상).

하나님의 은혜 혹은 한 사람 예수 그리스도의 은혜를 통한 선물이 많은 사람에게 넘쳤습니다(5:15 하).

여기서는 범죄의 결과가 죽음으로 분명히 명시된 반면, 은혜의 선물이 무엇인지는 구체적으로 표현되지 않는다. 하지만 동일한 생각을 반복하는 그 다음 진술은 이 은사가 무엇인지 분명히 말해 준다. 첫 아담의 범죄는 심판에서 정죄에 이르는 길을 만들어 놓았다(5:16 상). 반면 그리스도를 통한 은사는 아담이 야기한 "많은 범죄"를 도리어 "의로운 행동"으로 바꾸어 놓았다(5:16 하).

칭의인가 의로운 행동인가

영어와 한글을 막론하고 대부분의 번역들과 주석가들은 16절의 "의로운 행동"을 "의롭다 하심", 곧 칭의라는 의미로 옮긴다. 하지만 이는 바울이 실제로 사용한 단어가 아니다. 이 구절에서 바울이 사용한 디카이오마라는 단어는 로마서에서 자주 사용되는 것으로, "〔율법의〕 규정"(2:26), "〔율법의〕 요구"(8:4) 등을 의미한다. 본문 바로 뒤 18절에서는 아담의 범죄와 대조되는 그리스도의 "의로운 행동"을 나타내는 말로 쓰였다. 그러니까 실제 의로운 행동일 수도 있고 그 행동을 규정하는 요구일 수도 있다. 어쨌든 이는 실천적 의로움과 관련된 개념으로, 흔히 '칭의'로 번역되는 디카이오시스와는 구별된다. 그런데도 대부분의 학자들은 이 디카이오마를 디카이오시스의 의미로 받아들인다. 그리고 여기에는 실제 의도는 디카이오시스(칭의)였는데, 바울이 굳이 디카이오마(의로운 행동/규정)를 사용한 것은 선물(도레마), 심판(크리마), 정죄(카타크리마), 은사(카리스마), 범죄(파라프토마) 등과 같이 "마" 소리로 끝나는 다른 단어들과 운율을 맞추기 위해서였다는 설명이 뒤따른다. 하지만 단순히 운율을 위해 단어의 의미를 바꾸었다는 설명은 납득하기 어렵다. 더욱이 바로 뒤 18절에서 디카이오마가 그리스도의 행동을 가리키는 말로 사용되고 있고, 동일한 운율이 기대될 법한 상황에서 오히려 디카이오시스를 사용한다는 사실은 이런 설명을 더욱 미심쩍은 것으로 만든다.

16절의 진술을 액면 그대로 받아들이면, 그리스도의 은사는 "많은 범죄"라는 상황을 "의로운 행동"이라는 결과로 바꾸어 놓은 셈이

된다. 단순히 의롭다 하셨다는 것이 아니라 많은 사람들이 의로운 행동을 하는 상황을 조성했다는 것이다. 일견 무리한 해석이라 여겨질 수도 있지만, 이것이 바울의 본래 의도라는 사실을 확인하기는 어렵지 않다. 잠시 후 바울은 한 사람의 불순종으로 많은 사람들이 죄인이 된 것처럼, 한 사람의 순종으로 많은 사람들이 의로운 자들이 될 것이라고 말한다(5:19). 5장 마지막에서는 죄가 죽음을 통해 왕 노릇한 것처럼 은혜가 의를 통해 왕 노릇한다고 말한다(5:21). 6장에서 분명해지겠지만, 은혜가 다스리는 상황, 곧 "은혜 아래" 살아가는 상황은 죄를 지을 수 없는, 그래서 죄를 지어서는 안되는 상황을 가리킨다(6:1-2, 15). 약속된 영생이 하나님의 "은사"인 것은, 이것이 우리의 계속되는 범죄에도 불구하고 무조건 주어지기 때문이 아니다(6:23). 바울의 말처럼, 죄의 결과는 언제나 죽음이다(6:16, 21; 8:13). 영생이 은사라는 이야기는 그리스도께서 우리를 죄의 지배에서 해방하여 거룩함이라는 열매를 맺도록 하셨다는 사실, 우리가 이 거룩함을 통해 영생에 이르게 되었다는 사실 때문이다(6:22-23). 바로 이것이 그리스도 사역의 의미다. 성령의 언어로 말하자면, "생명의 성령의 법이 죄와 사망의 법에서 우리를 해방하셨다"는 것이다(8:2).

죽음에서 생명으로

17-21절의 논증 역시 동일한 논점을 다양한 방식으로 반복한다. 15-16절에서는 이를 '다름'의 논리로 풀었다면, 17-21절에서는 같은 이야기를 '유사함'의 관점에서 설명한다. "아담이 이렇게 한 것처럼,

그리스도는 저렇게 하셨다"는 식이다. 서로가 조성한 결과가 다르다는 점에서 두 아담은 다르다. 하지만 한 사람의 행동이 인류 전체의 궁극적 운명을 좌우한다는 점에서 두 사람의 역할은 유사하다. 아담은 인류에게 사망을 가져다주었고, 그리스도는 이 사망을 생명 혹은 영생으로 바꾸어 놓았다. 17절은 이런 상태를 왕 노릇 개념으로 설명한다. "한 사람의 범죄 때문에 사망이 그 한 사람을 통해 왕 노릇 하였습니다"(5:17 상, 14). 이와 마찬가지로, "한 분 예수 그리스도를 통하여 은혜와 의의 선물을 넘치게 받는 자들이 생명 안에서 왕 노릇 할 것입니다"(5:17 하). 죽음의 다스림 개념이 암시하듯, 죽음이라는 운명은 우리가 회피할 수 있는 선택적 상황이 아니다. 그런데 이런 상황을 그리스도께서 역전시키셨다. 죽음의 다스림을 받는 입장에서 이제는 생명 안에서 다스리는 입장으로 바뀌었다. 이처럼 다스림을 받는 상황에서 다스리는 상황으로 바뀌었다는 진술은 그리스도께서 이루신 상황의 변화를 매우 효과적으로 표현한다.

여기서 바울이 말하는 "생명 안에서의 다스림"은 동사의 시제가 말해 주듯 미래적 소망의 대상이다. 18절에 나오는 "생명의 칭의" 및 21절의 "영생"과 같은 이야기다. 물론 많은 학자들은 로마서의 생명 개념을 현재적인 것으로 설명하려는 경향을 보인다. 실제로 현재적 의미의 생명을 말하는 경우도 있다(6:4). 하지만 현재의 문맥에서 바울이 강조하려는 주제는 우리가 어떻게 "우리 주 예수 그리스도를 통하여 구원/영생의 소망을 갖게 되었는가" 하는 것이다(5:2, 9-11, 21). 이러한 문맥에 맞추어 보면 여기서 바울이 말하는 생명은 현재보다는 미래적 차원이 더 두드러진다. 현재의 불법과 미래의 죽음,

그리고 현재의 거룩함과 미래의 영생에 관해 말하는 6장의 논증은 이런 추론을 더욱 그럴듯한 것으로 만든다.

범죄와 의로운 행동, 불순종과 순종

18-19절 역시 동일한 대조를 계속하지만, 다소 관점이 달라진다. 지금까지 바울은 아담의 "범죄"와 그리스도의 "은혜/은사"를 대조했다. 아담의 경우는 범죄라는 그의 행동에 집중한 반면, 그리스도의 경우는 우리가 누리게 된 은혜와 은사에 초점을 맞추었다. 그런데 18-19절에서는 한 걸음 더 들어가 은혜/은사라는 결과가 나오게 된 그리스도의 행동 자체로 우리의 관심을 돌린다. 바울은 은혜/은사의 근거가 된 그리스도의 행동을 "한 의로운 행동"(5:18)이라고 부른다. 이는 한 사람 아담의 "한 범죄"와 대조된다.

> 한 범죄를 통해 많은 사람들이 정죄에 이르는 것처럼,
> 한 의로운 행동을 통해 많은 사람들이 생명의 칭의에 이릅니다.

개역성경에서는 깔끔한 과거 동사를 사용했지만, 사실 원문에는 동사 자체가 없다. 시제를 머금은 동사 자체를 생략함으로써 범죄-정죄, 그리고 의로운 행동-생명의 칭의 사이의 필연적 관계를 부각시키는 방식이다.

이는 또한 그리스도가 보여준 "한 사람의 순종"과 아담이 보여준 "한 사람의 불순종"의 대조로 표현되기도 한다(5:19).

한 사람의 불순종으로 많은 이들이 죄인이 된 것처럼,
한 사람의 순종으로 많은 이들이 의인이 될 것입니다.

기본적으로 18절과 같은 내용이지만, 불순종/죄인 및 순종/의인의 연결이 전달하는 것처럼, 여기서는 아담과 그리스도가 남긴 사망과 영생이라는 궁극적 결과보다는 그 결과를 산출한 두 아담의 행동 자체에(불순종-순종), 그리고 그 행동이 우리에게 미친 직접적 영향에(죄인-의인) 초점이 맞추어진다. 한 사람의 범죄/불순종으로 많은 사람이 죄인이 되고, 이들은 그 죄로 인해 정죄와 죽음에 이른다. 반면 한 사람 그리스도의 의로운 행동/순종으로 인해 많은 이들이 의인이 되어 영생에 이를 것이다.

율법이라는 막간극

지금까지 살펴본 것처럼, 바울은 아담과 그리스도라는 두 대표를 통해 구원 이야기를 들려준다. 그런데 이 두 아담의 이야기 속에 갑자기 율법 이야기가 끼어든다. 우리가 얼핏 읽기에는 문맥과도 어울리지 않는 뜬금없는 이야기 같다. 하지만 바울 당시의 독자들에게는 율법에 대한 언급이 매우 자연스러운, 어쩌면 불가피하기조차 한 움직임이었을 것이다. 당연한 말이지만, 유대인들에게는 율법을 빼놓고 구원을 말할 수 없다. 구원을 경험하는 가장 중요한 수단이 바로 율법이었기 때문이다. 그런데 바울은 율법을 지나친 채, 더 나중에 나타난 그리스도를 구원의 해답으로 제시한다. 하지만 갈라디아서에서 그랬던 것처럼, 구원이 그리스도를 통해 주어진다는 선포는 즉각적으로 율법에 대한 물음을 불러일으킨다. "정말로 그리스도가 구원의 해답이라면, 그렇다면 율법은 도대체 무엇이란 말인가?"(갈 3:19) 어차피 그리스도가 해답이라면, 그 이전에 율법을 주실 필요가 없지 않았을까? 그래서 그리스도 이야기는 율법에 대한 해명을 포함할 수밖에 없었다.

갈라디아서에서 바울은 율법의 역할을 죄와 연결했었다. 율법이 주어진 것은 "범법함 때문"이다(갈 3:19). 이는 범법함을 방지하거나 줄이기 위해서라는 긍정적 의미로 해석될 수도 있고, 범법함을 자극하기 위해서라는 부정적 의미로 해석될 수도 있다. 율법이 "범죄를 증가시키기 위한 것"이라는 로마서의 본 구절을 생각하면 아마도 전자의 의미였을 것이다(5:20). 하지만 어느 쪽으로 연결하든 바울의 의도는 분명하다. 곧 율법의 기능을 죄와 관련된 것으로 제한하는 것이다. 애초부터 율법은 칭의나 구원의 수단으로 주어진 것이 아니다. 이는 철저히 그리스도의 역할이다. 오히려 율법의 역할은 아이들을 속박하는 "가정교사" 혹은 사람들을 죄 아래 가두는 "간수"로 축소된다(갈 3:22-25).

로마서에서 아담을 기점으로 하는 죄 이야기는 바로 율법에 대한 이야기를 끌고 들어온다. 율법이 죄의 존재 자체를 규정하는 것은 아니지만, 율법은 죄를 죄로 간주할 수 있도록 한다(5:13). 이미 존재하는 죄를 죄로 규정하는 것뿐 아니라 범죄를 더 많이 산출하는 기능까지도 발휘한다(5:20). 죄를 죄로 확정하는 기능이든 더 많은 죄를 산출하는 기능이든 율법의 역할은 부정적이다. 아담의 범죄로부터 시작된 죄와 사망의 흐름을 끊어놓기는커녕, 이를 더욱 심각한 것으로 만들기 때문이다(로마서 7장에서 바울은 율법의 이런 역설적 기능에 관해 매우 극적인 설명을 제시한다). 하지만 범죄의 확증과 증가라는 이런 부정적 역할도 그리스도의 사역을 방해하는 것일 수 없다. 바울은 이를 두고 "죄가 많아진 곳에 은혜는 더욱 넘쳐났다"고 표현한다. 아담의 범죄에 비해 그리스도의 은혜가 "더욱더" 강력했던 것처럼(5:15, 17), 죄를 산출하는 율법에 비해 그리스도의 은혜의 역사도 "더욱" 강력하다(5:20).

죄의 다스림에서 은총의 다스림으로

5장의 마지막 절은, 아담과 그리스도의 대조를 통해 바울이 전달하고자 하는 논점을 한마디로 요약한다. 아담은 범죄했고, 이로써 죄와 죽음의 다스림이 시작되었다(5:12, 14). 율법은 죄를 죄 되게 하고 더 많은 죄를 야기함으로 사태를 더욱 악화시켰다(5:13, 20). 아담 이후로부터 그리스도 이전의 상태는 "죄가 죽음을 통해 왕 노릇하는" 상황이었다(5:21 상). 이런 상황에서 그리스도의 은혜가 더욱 넘쳐났고, 그 결과 죄와 죽음이 아니라 그리스도의 "은혜가 의를 통하여 왕 노릇하는" 상황이 조성되었다. 이제 우리의 삶을 다스리는 힘은 죄와 죽음이 아니라 그리스도의 은혜다. 죽음이 죄를 통해 우리를 다스렸던 것처럼(5:17), 이 은혜는 "의를 통하여" 우리의 삶을 다스린다. 그리고 이 의를 통한 은총의 다스림이 우리를 영생에 이르게 한다. 물론 이 은총의 다스림은 마지막 아담이신 "한 사람 예수 그리스도를 통하여" 구현된 것이다. 그러므로 이 은총의 다스림을 통해 주어지는 영생 역시 "우리 주 예수 그리스도를 통하여" 주어진다고 말할 수 있다(5:21). 그런 의미에서 5장 후반부의 논증은 2절에 이미 제시되었던 선언에 대한 상세한 주석에 해당한다.

> 또한 그를 통하여 우리는 믿음으로 서 있는 이 은혜에 들어감을 얻었고, 하나님의 영광에 대한 소망을 자랑하게 되었습니다.

그리스도를 통하여 우리는 은혜라는 새로운 삶의 공간 속으로 들어가게 되었고, 이 은혜의 공간 속에서 혹은 이 은혜의 다스림 속에서 우리는 장래 하나님의 영광에 대한 소망, 곧 영생에 대한 소망을 누린다. 바로 그런 의미에서 복음은 구원을 위한 하나님의 능력이 되는 것이다(1:16).

은혜라는 삶의 공간 혹은 은혜의 다스림

이 장을 마무리하기 전에, 바울이 은혜를 말하는 방식에 대해 잠시 생각해 보도록 하자. 은혜를 말할 때 우리는 대개 주고받음의 언어를 사용한다. 은혜란 하나님께서 "주시고to give" 우리가 "받는to receive" 것이다. 물론 지극히 성경적인 용법이다. 그래서 바울은 "내게 주신 하나님의 은혜"에 관해 말하고, 우리가 "받은 은혜"에 관해 이야기한다. 은혜란 원래 그런 것이다. 하나님께서 요구하시는 것이 아니라 그냥 "주시는" 것이고, 우리는 값을 주고 사는 것이 아니라 그냥 "받는" 것이다.

이처럼 성경은 하나님의 주권과 우리의 피동성을 나타내기 위해 은혜의 주고받음에 대해 말한다. 하지만 이 한 가지 표현에만 집착하면 은혜를 오해할 수 있다. 은혜를 주고받는 하나의 대상처럼 취급할 수 있는 것이다. 하나님은 우리에게 선물을 주시고, 우리는 그 선물을 받는다. 더불어 하나님은 '내게 필요한 것을 주시는 분'이 되고, 나는 '하나님께서 주시는 것을 받는 사람'으로 규정된다. 나는 이 은혜를 받아먹기만 하면 될 뿐, 내게 무엇이 요구되는 것은 아니다. 말하자면 은혜의 하나님은 밤새 몰래 와 선물만 놓고 가는 마음씨 좋은 산타클로스와 같다.

하지만 하나님의 은혜는 산타클로스의 선물이 아니다. 산타는 필요 없고 선물만 있으면 되는 세속적 신화와는 달리, 하나님의 은혜는 보다 역동적인 관계를 전제한다. 그래서 은혜의 깊은 의미는 그저 주고받음의 언어만으로 축소할 수 없다. 다른 표현들을 필요로 한다. 5:1-2이 그중 하나다. 여기서 하나님의 은혜는 우리가 받아 주머니에 넣으면 되는 과자가 아니라 우리가 그리로 "들어가" 그 속에 "서 있는" 하나의 공간으로 형상화된다. 하나님의 원수로 사는 삶이 아니라 "하나님과 더불어 평화를 누리는" 자리, 진노를 향해 달려가는 자리가 아니라 "하나님의 영광을 소망하며 자랑하는" 공간이다.

또한 우리가 들어가 서 있는 은총은 텅 빈 공간이 아니다. 우리가 서 있는 공간은 불가불 우리 삶의 모양새에 영향을 미친다. 그러므로 내가 은혜 속에 서 있다는 것은 이 은혜라는 공기가 내 삶을 지배한다는 것을 의미한다. 곧 바울이 말하는 "은총의 다스림"이다(5:21). 그래서 우리는 은혜 안에 서 있는 동시에 "은혜 아래" 있다(6:14-15). 은혜를 호흡하며 살아가는 삶은, 곧 은혜의 다스림을 받는 삶을 의미한다는 것이다.

은총은 받아 누리는 것이기도 하지만, 우리에게 와서 우리를 다스리는 것이기도 하다. 바울은 이 은총의 공간에서 하나님의 영광에 대한 미래의 소망이 생겨나고(5:2), 이 은총의 다스림 속에서 영생의 희망이 피어난다고 말한다(5:21). 그렇다면 우리의 숙제는 우리를 영생으로 인도하는 이 은총의 다스림을 이해하는 일이다. 우리가 은총 가운데 있다는 말은, 혹은 우리가 은총 아래서 그 은총의 다스림을 받으며 살아간다는 말은 무슨 뜻일까? 은혜 아래 있으니 죄를 지어도 상관없다는 뜻일까?(6:1, 15) 그래서 현재의 칭의와 화목의 은총이 우리를 무조건 미래의 영생으로 인도할 것이라는 말일까? 그게 아니라면, 우리가 율법 아래 있지 않고 은혜 아래 있기 때문에 죄를 지을 수 없다는 말은 도대체 무슨 뜻일까?(6:14-15) 물론 은혜가 "의를 통하여" 우리를 다스린다는 바울의 말은 우리의 물음에 대해 어떤 답이 주어질 것인지 짐작하게 한다. 하지만 우리에게는 보다 선명한 설명이 필요하다. 이어지는 6장의 논증에서 바울이 제시하는 것이 바로 그 설명이다. 은총의 다스림이 우리를 어떻게 영생으로 인도하는지에 대한 상세한 해명인 것이다.

10. 영생을 향한 거룩한 삶의 여정

6:1-23

은혜에 대한 오해

앞서 바울은 두 아담의 대조적 행동과 그 결과에 관해 이야기했었다. 한 사람 아담의 불순종으로 인해 죄와 사망의 통치가 시작되었다. 율법의 개입은, 문제의 해결은 고사하고 오히려 사태를 더 악화시키기만 했다. 율법은 죄를 해결할 수 없었으며, 율법으로 인해 오히려 범법함이 더 많아졌다(5:20). 하지만 그리스도께서 오심으로 이런 상황을 역전시키셨다. 칭의의 한 핵심은, 하나님이 그리스도를 속죄의 수단으로 삼아, "이전에 저질렀던 죄를 눈감아 주는" 것이었다(3:25). "죄가 많아진 곳에 은혜는 더욱 넘쳐났다"(5:20). 그렇다. 어떤 의미에서 은혜의 크기는 은혜가 다루어야 할 죄의 크기에 비례한다. 500 데나리온의 빚을 탕감해 주는 것이 50 데나리온을 탕감하는 것보다 더 큰 은총이라는 데는 토를 달기 어렵다(눅 7:40-50). 우리가 안고 있던 죄책이 큰 것일수록, 그만큼 우리는 더 큰 용서의 은총을 받은 것이다.

그러므로 용서와 은총의 치료약이 잘못 투약될 경우 심각한 부작용을 야기한다. 만일 은총과 죄의 산술적 차이에만 집착한다면, 죄는 은총이 해결해야 할 문제이기를 그치고 오히려 은총을 도드라지게 만드는 역설적 수단이 될 수도 있다. 실제로 많은 사람들이 바울의 은총론을 그렇게 오해했다. 철저한 인과응보의 관점에서 보면, 용서와 칭의의 논리가 그런 괴상한 논리를 조장하는 것으로 비칠 수도 있다. 죄의 방정식에 처벌 대신 용서를 대입한다면, 죄의 수치가 커질수록 은총의 수치 또한 커질 것은 당연한 이치 아닌가? 우리의 죄를 하나님의 의로 바꾸는 것이 은총이라면, 우리가 더 큰 죄인일수록 이를 의롭게 하시는 하나님이 더 정의로우신 분이 될 것이다. 그렇다면 우리의 죄는 하나님을 불쾌하게 하는 "악"이 아니라, 오히려 하나님의 정의를 더 부각시키는 "선"이 되지 않겠는가? 그래서 "선을 이루기 위해 악을 행하자"고, 하나님을 더 정의로우신 분으로 만들기 위해 우리는 그만큼 더 죄인 노릇을 하자고 말할 수 있지 않겠는가?(3:5-8)

하지만 죄는 죽음의 처방일 뿐, 생명의 길은 아니다. 은혜를 키우기 위해 죄를 더 지어야 할지 모르지만, 이런 은총이 영생에 이르는 길이 되기는 어렵다. 각 사람을 그 행위대로 심판하시는 하나님의 원칙은 달라지는 것이 아니기 때문이다(2:6-11; 갈 6:7-8). 그렇다면 죄를 용서하는 은총의 다스림이 우리를 영생으로 인도한다는 것은 무슨 말인가? 이 문제는 3장에서 이미 제기된 것이지만, 답변은 아직 주어지지 않았다. "그런 소리 하는 사람들은 정죄받는 것이 마땅하다"고 내뱉었지만(3:8), 그게 왜 정죄받을 소리가 되는 것일까?

그래서 바울은 다시금 죄와 은총의 문제를 건드린다. "그러면 우리는 무엇이라 말해야 하겠습니까? 은혜를 더하자고 계속해서 죄에 머물러야 하겠습니까?"(6:1). 물론 "그럴 수 없다"(6:2). 하지만 왜일까? 죄의 증가가 곧 은총의 증가라는 논리가 터무니없는 이유가 무엇일까?

세례와 죽음

은혜를 더하게 하자고 죄에 계속 머물 수는 없다. 왜 그런가? 바울은 우리가 "죄에 대해 죽은" 사람들이기 때문이라고 말한다. 죄에 대해 "죽어 버린" 자들이 여전히 그 죄 속에서 "살아간다"는 것은 어불성설이 아닌가?(6:2) 여기서 우리는 죄 용서와 칭의의 한 새로운 차원을 발견한다. 죄의 용서란 단순히 죄에 눈을 감는 것을 넘어, 죄에 대한 죽음을 포함한다. 7장에서 다시 등장하겠지만, 바울에게 있어 죽음이란 가장 극단적인 형태의 관계 단절을 의미한다(갈 2:19; 참조. 6:14). 죽음은 모든 관계를 소멸시킨다. 이처럼 우리가 죄에 대해 죽었다는 것은 우리가 이제 죄와 아무 상관없는 존재가 되었음을 의미한다. 우리는 죽었고, "죄로부터 의롭게 되었다" 혹은 "죄로부터 해방되었다"(6:7).

하지만 죄에 대한 죽음이라는 발상은 어디서 나온 것일까? 그리스도가 대신 죽고, 그래서 우리가 산다는 것이 복음의 논리가 아니던가? 어쩌면 바울의 이런 논리에 그의 첫 독자들 역시 당황했을지 모른다. 하지만 이는 전혀 엉뚱한 논리가 아니다. 신자들이라면 누구나 아는 사실의 당연한 결론이기 때문이다. 바울은 독자들의 생각을 세례라는 익숙한 의식으로 이끌고 간다. "알지 못합니까?"라는 물음은 누구나 다 아는 상식을 되새길 때 등장하는 수사적 움직임이다(고전 3:16; 6:9-10). 그리스도인들은 "그리스도 안으로 세례를 받은" 존재들이다. 그런데 이 그리스도는 단순한 존재가 아니시다. 말하자면 그는 "죽음"이라는 전력前歷을 가진 분이시다. 또한 이 죽음의 전력은 잊어야 할 부끄러운 과거가 아니라, 그분의 존재를 규정하는 본질적 사건, 곧 그리스도라는 정체성의 토대를 형성하는 사건이다. 바울에게 있어 그리스도는 무엇보다 "십자가에 못 박힌 그리스도"다(고전 2:2). 따라서 우리가 그리스도 안으로 세례를 받았다는 것은 그가 경험한, 그리고 이제 그의 존재를 규정하는 "그의 죽음 안으로 세례를 받았다"는 사실을 의미한다(6:3). 우리 역시 죽었다는 말이다. 이 죽음이 그리스도의 죽음을 공유한 결과라는 점에서, 우리의 죽음은 그리스도와 "함께"한 죽음이다(갈 2:20). 이전의 편지에서 바울은 이미 여러 번 그리스도와 함께한 죽음에 관해 말한 바 있다. "내가 그리스도와 함께 십자가에 못 박혔습니다"(갈 2:20). "한 사람이 모든 사람을 위해 죽었기 때문에, 모든 사람이 죽은 것입니다"(고후 5:14).

로마서에서도 바울은 "함께"라는 전략적 표현을 통해 이러한 사실을 거듭 확인한다.

> 우리는 그와 **함께** 매장되었습니다(6:4).

> 우리가 그의 죽음의 모양과 **함께한** 자들이 되었다면……(6:5).

우리가 그리스도와 함께 죽었다면……(6:8).

4절에서 바울은 이 "죽음"을 "매장埋葬"이라는 말로 바꾸어 부른다(참조. 골 2:12). 물론 죽음의 확실성을 강조하기 위한 움직임이다. 그냥 죽은 정도가 아니라 아예 무덤 속에 매장되었다는 것이다. 이처럼 세례란 그리스도의 죽음을 우리의 죽음으로 삼는 것이다.

죄에 대한 죽음

그렇다면 우리가 죽었다는 것은 무슨 뜻인가? 분명 육체적 죽음이 아닌 이 죽음은 지금 우리에게 무슨 의미를 갖는 사건인가? 당연한 이야기이겠지만, 우리가 겪은 죽음은 그리스도의 죽음에 의해 그 의미가 결정될 것이다. 우리의 죽음이란 바로 그리스도의 죽음을 우리 것으로 삼은 것이기 때문이다. 바울은 그리스도의 죽음이 다름 아닌 죄에 대한 죽음이라고 말한다. "그가 죽으신 것은 죄에 대하여 단번에 죽은 것입니다"(6:10). 그의 죽음은 우리가 전에 저질렀던 죄를 해결하기 위한 것이었다(3:25). 하나님이 그 아들을 "죄 있는 육신의 모양으로" 보내신 것은 우리의 죄를 다루기 위한 것이었고, 그의 십자가 죽음은 "육신에 있는 죄를 정죄하신" 사건이었다(8:3). 그리스도의 죽음은 우리가 저지른 죄를 용서하는 것이기도 하고, 죄의 세력 자체를 정죄하는 것이기도 하다. 혹은 죽음이 우리의 몸을 소멸시키듯, 그리스도의 십자가의 죽음은 죄가 활동하는 본거지인 "몸", 곧 "죄의 몸"을 없애 버림으로 죄의 영향력을 소멸시키는 사건이라고 말할 수도 있다(6:6). 어떤 형태로 말하건, 한 가지는 분명하다.

그리스도의 죽음은 죄와의 관계를 소멸시키는 효과를 낸다는 것이다. 그렇다면 이는 그리스도의 죽음을 내 것으로 삼아 발생한 우리의 죽음에 대해서도 마찬가지다. 우리는 그리스도 안으로 세례를 받아 그와 함께 죄에 대해 죽게 되었다. 그리스도처럼 우리 또한 "죄의 몸이 소멸되어, 우리가 더 이상 죄에게 종노릇하지 않는" 상태가 되었다(6:6). 나중에 바울이 율법과 관련하여 말하는 것처럼, 우리들 역시 "그리스도의 몸을 통하여 율법[죄에 사로잡힌 율법]에 대해 죽임을 당하였다"(7:4). 죽은 자가 산 자와 아무런 관계를 맺을 수 없는 것처럼, 이제 죄와 우리 사이에는 그 어떤 관계도 존재하지 않는다. 이것이 사실이라면, 어떻게 우리가 "여전히 죄 안에 머물러 있을" 수 있다는 말인가? 죽어 버린 남편과 혼인관계에 머물 수 없는 것처럼, 죽어 버린 우리가 죄와 동거할 수 없는 일 아닌가?

부활이라는 새로운 현실

죄에 대한 죽음, 곧 죄와의 관계 단절은 은혜의 본질을 설명하는 강력한 논리의 한 측면이다. 하지만 이것이 전부는 아니다. 그리스도를 통해 조성된 은총의 환경 속에는 죽음과 관계 단절이라는 소극적 변화뿐 아니라 부활과 새 생명이라는 적극적 차원 또한 존재한다. 우리가 더 이상 죄에 머무를 수 없는 것은, 우리가 죄와 관계없는 존재들이기도 하지만 우리가 또한 하나님을 향한 새 생명의 삶을 살아야 하기 때문이기도 하다. 이런 논리 역시 그리스도의 삶의 족적을 따른다. 예수는 죽었을 뿐 아니라, 다시 살아나신 분이기도 하기 때문이다. 십자가와 빈 무덤이 나누어질 수 없는 것처럼, 죄에 대한 죽음이라는 현실은 불가불 새로운 삶으로의 부활이라는 단계로 이행한다. 실상 죽음의 어두움이 어떤 긍정적 의미를 갖는 것은 부활이라는 밝음을 전제했을 때뿐이다. 바울의 논리 속에서 죽음이 죄와의 단절이라는 효과를 내는 것도 이 죽음이 부활 생명으로 이어진다는 사실을 전제했기 때문이다. 바울이 그리스도의 죽음에 관해 말하는 것처럼 말이다.

> 죽은 자 가운데서 살아나셨으므로 그리스도는 더 이상 죽지 않습니다. 죽음이 더 이상 그를 지배하지 못하는 것입니다(6:9).

그러므로 죄에 대한 죽음이라는 현실의 뒷면은 실상 새로운 생명 안에서의 살아감을 의미한다. 물론 그리스도께서 부활하신 것처럼 우리가 부활을 경험한 것은 아니다. 그리스도의 부활은 이미 현실이지만, 우리의 부활은 아직 기다림의 대상으로 남아 있다. 그리스도의 부활이 우리의 부활을 확실한 것으로 만들지만, 이 부활이 미래의 일이라는 사실은 달라지지 않는다. 그래서 부활에 관한 한, 바울의 시제는 언제나 미래형이다.

> 우리가 그의 죽음의 모양과 함께한 자들이 되었다면, 그의 부활에 대해서도 그렇게 될 것입니다(6:5).

> 우리가 그리스도와 함께 죽었다면, 또한 그와 함께 살아날 것을 믿습니다(6:8).

예수를 죽은 자 가운데서 살리신 이의 영이 여러분들 안에 거하시면 예수를 죽은 자 가운데서 살리신 이가 여러분 안에 거하시는 그 영을 통해 여러분의 죽을 몸 또한 살리실 것입니다(8:11).

하지만 그리스도의 부활의 의미는 우리의 미래 부활에 대한 보장 이상이다. 우리는 죄에 대해 죽은 후, 무의미한 공허의 세계를 떠돌다가 어느 날 부활의 생명을 소유하는 것이 아니다. 몸의 부활 자체는 미래이지만, 이미 우리의 삶에는 미래의 영생을 가능하게 하는 결정적인 변화가 일어나고 있다. 우리는 여전히 "죽을 몸" 속에 살아가지만(6:12; 8:11), 우리의 삶 속에는 부활로 완결될 새로운 생명의 역사가 시작되었다는 것이다.

우리가 죽음 안으로서의 세례를 통해 그와 함께 매장된 것은 그리스도께서 아버지의 영광을 통해 죽은 자 가운데서 살아나신 것처럼 **이와 같이 우리도 또한**so we too 생명의 새로움으로 살아가도록 하기 위함입니다(6:4).

앞에서 그리스도와 "함께"라는 말로 표현되었던 의미가 이제는 "이와 같이 우리도 또한"이라는 말로 표현된다. 죽음에서 부활에 이르는 그리스도의 여정은 이제 그대로 우리의 것이 된다. 그리스도는 죽었지만, 아버지의 영광으로 다시 살아나셨다. "아버지의 영광으로"라는 것은 '생명 창조의 능력을 가지신 창조주 하나님의 영광을 통해서'라는 뜻이다. 아브라함이 하나님을 죽은 자를 살리시는 분으로 믿음으로 "하나님께 영광을 돌렸다"는 말과 같다(4:20). "이와 같이 우리도 또한"이라는 말은, 그리스도를 죽은 자 가운데서 살린 새 생명의 역사가 우리에게도 적용됨을 의미한다. 우리는 죄에 대해 죽었을 뿐 아니라, 이제 부활 생명의 새로움으로 살아가기도 한다. 나중에 바울은 이런 변화를 성령의 언어로 풀어 나갈 것이다. 그리스도와의 하나됨은 생명의 성령, 곧 예수를 죽은 자 가운데서 살리신 하나님의 영이 죄와 사망의 다스림에서 우리를 해방시킨 사건이고(8:1), 따라서 현재 우리의 삶은 예수를 죽은 자 가운데서 살리신 하나님의 영을 따라 살아가는 삶으로 규정된다(8:8-16). 7장에서는 이를 우리가 성령의 새로움으로 섬기게 되었다고 표현한다(7:6).

믿음 안에서의 삶

하지만 로마서 6장에서의 당면 과제는 은혜 아래서의 삶과 죄의 관계를 분명히 하는 것이다. 바울은 우리의 실존을 규정하는 그리스도의 부활 생명이 "하나님께 대해 살아가는" 삶이라고 말한다(6:10). 그리스도의 죽음이 죄에 대한 죽음이었고, 그래서 우리 역시 죄에 대해 죽었던 것처럼, 그리스도께 부활하여 누리는 살아감은 "하나님께 대한 살아감"이다(6:10). 그렇다면 그리스도와 연합한 우리의 현 존재 또한 분명해진다.

> **이와 같이 여러분들도 또한**so you too 여러분 자신을 그리스도 안에서 죄에 대해서는 죽은 자요 하나님께 대하여는 살아 있는 자들로 간주해야 합니다(6:11).

일찍이 갈라디아서에서 바울은 자신이 그리스도와 함께 십자가에 못 박혔다고 말했다(갈 2:20). 거기서 이 "함께 죽음"은 율법에 대한 죽음으로 이해되고, 그 죽음의 목적은 "하나님을 향해" 혹은 "하나님께 대해 살기 위해서"였다(갈 2:19). 두 서신의 숙제는 다르겠지만, 여기서 바울이 말하는 새로운 실존은 다를 이유가 없다. 그리스도 안으로 세례를 받으면서(갈 3:27) 바울은 율법/죄에 대해 죽은 자요 하나님께 대해 살아가는 자가 되었다. 갈라디아서에서 바울은 이런 실존을 두고 "더 이상 내가 살아가는 삶이 아니라, [나는 죽어 버렸으므로] 내 안에 그리스도께서 사시는" 삶이라고 표현한다(갈 2:20 상). 물론 나는 죽고 그리스도께서 살아가신다는 표현은 일종의 신학적 상징이다. 바울은 엄연히 "육체 가운데" 살고 있기 때문이다. 핵심은 그의 새로운 실존이 "믿음 안에서" 이루어진다는 점이다. 그는 여전히 육체 안에서 살아가지만, 이제 그의 삶은 더 이상 율법 아래서의 삶이 아니다. 그의 삶은 "나를 사랑하사 나를 위해 자기 몸을 버리신 하나님의 아들을 믿는 믿음 안에서" 살아가는 것이다(갈 2:20 하). 그렇다. 이 삶은 "믿음"의 삶이다. 고린도후서에서 말하는 것처럼, "눈에 보이는 것"에 의지하여 살아가는 것이 아니라, 눈에 보이지 않지만 새로운 현실, 그리스도 안에서 우리에게 이루어진 영적 현실을 "믿음"으로 고백하며 사는 것이다(고후 4:18; 5:7, 17).

로마서 6장의 문맥에서 이런 믿음의 차원은 "여기라" 혹은 "간주하라consider"는 표현으로 담아낸다. 우리는 우리 자신을 죄에 대해서는 죽어 버린 자요 오직 하나님을 향해서만 살아가는 자로 "간주해야" 한다(6:11). 물론 이 요구는 "사실은 아니지만 그런 척하라"

는 식의 영적 허구가 아니다. 육신의 눈으로는 볼 수 없지만, 그리스도 안에서 이루어진 새 창조 혹은 거듭남의 사실을 받아들이라는 요청이다(고후 5:17). 이런 믿음의 결단은 실상 하나님이 그리스도를 통해 행하신 일에 보조를 맞추는 것이다. 하나님은 죄인이요 원수인 우리를 사랑하셨고, 그 아들을 믿는 우리의 믿음을 "의로 간주해 주셨다"(4:5). 이 신적 여기심은 우리를 새로운 존재로 만들고, 우리는 믿음으로 이 새로운 상황을 참된 현실로 간주한다. 시간과 함께 썩어지며, 금방 사라질 외적 현실에 집착하는 것이 아니라, 날마다 새로워지면서 결국 영생에까지 이어질 영적 생명을 보듬고 여기에 기대어 살아가는 삶인 것이다(4:16).

두 실존 사이의 결단

믿음의 눈으로 보자면, 죄와 단절되어 하나님과만 관계하는 실존은 엄연한 사실, 곧 직설법indicative의 영역이다. 하지만 이것이 우리가 경험하는 유일한 현실은 아니다. 우리에게는 '보이는 것'으로 규정되는 현실도 상존한다. 죄에 대해 죽었기에 더 이상 죄를 지을 수 없다는 것은 물리적 의미의 불가능성이 아니라 신학적 의미의 불가능성이다. 따라서 물리적으로는 죄의 지배를 허용하는 것이 '가능한' 현실 속에서 이 신적 불가능성은 더 이상 죄의 지배를 허용해서는 안된다는 윤리적 명령법imperative과 결합한다. 물론 믿음 자체가 이 직설법과 명령법 간의 긴장 아래 놓여 있다. 아브라함이 그랬듯이(4장), 두 현실의 충돌 속에서 우리는 믿음을 불가능하게 하는 가시적 현실을 넘어, 우리 자신을 죄에 대해 죽은 자로, 그리고 하나님을 향해 살아 있는 자로 "간주하라"는 도전을 받는다. 말하자면 믿음은 두 현실 사이에서 끊임없이 신적 현실을 선택하는 결단이다. 그리고 이 결단은 우리 삶의 구체적 행보에서 실질적 면모를 드러낸다. 우리 자신을 죄에 대해 죽은 자요 하나님을 향해 살아 있는 자로 간주한다는 것은 매 순간 우리의 영적 정체성에 합당한 삶의 방식을 선택함을 의미한다. 여기서 성경적 의미의 윤리가 나타난다.

> 그러므로 여러분은 죄가 여러분의 죽을 몸을 다스려 여러분이 몸의 욕망에 순종하는 일이 없도록 하십시오. 또한 여러분의 지체를 불의의 무기로 죄에게 내맡기지 말고, 죽은 자 가운데서 살아난 자답게 여러분 자신을 하나님께 바치고, 여러분의 지체를 의의 무기로 하나님께 바치십시오(6:12-13).

다시 한 번, 이러한 명령법의 근거는 하나님께서 이루시고 믿음으로 수납된 영적 직설법이다. "죄가 우리의 주님인 듯 행세할 수는 없다"는 당위는 "우리는 율법 아래 있는 것이 아니라 은혜 아래 있다"는 사실의 지배를 받는 것이다(6:14).

두 주인, 두 운명

이처럼 죄가 우리 삶을 지배해서는 안된다는 당위는 죄에 대한 죽음과 하나님을 향한 삶이라는 사실에 근거한다. 하지만 이 사실 혹은 직설법에는 과거나 현재만 존재하는 것은 아니다. 믿음 자체가 하나님의 약속에 대한 믿음인 것처럼, 우리가 믿고 받아들이는 현실은 미래의 완결을 향해 움직이는 진행중인 드라마다. 그리고 현재 우리가 드러내는 믿음의 결단은 우리가 어떤 미래를 향해 나아가는지를 결정하는 행위다. 적어도 경험적 차원에서는 그렇다. 광야 이스라엘의 행보가 그들의 미래를 결정했던 것처럼, 하나님의 궁극적 섭리 속에서 현재 우리의 행보는 우리가 맞이할 미래를 결정한다. 15-23절의 논의는 바로 이런 문맥에서 죄의 불가능성을 이야기한다.

6장 초두의 물음을 상기시키며, 바울은 이렇게 묻는다. "그러면 어떻게 해야 하겠습니까? 우리가 율법 아래 있지 않고 은혜 아래 있기 때문에 죄를 지어도 좋다는 말입니까?" 물론 그럴 수 없다(6:15). 우리가 죄에 대해 죽은 자들이기 때문이라는 해답은 이미 주어졌지만, 그것이 전부는 아니다. 우리가 죄를 짓지 말아야 할 또 다른 이유가 있다. 자신이 자기 삶의 주인이라고 믿는 이들에게는 이상하겠지만, 이에 대한 바울의 설명은 우선 우리 인간이 본질적인 의미에서 자율적인 존재가 아니라는 인식을 전제한다. 인간은 스스로의 주인이 아니며, 하나님 혹은 죄라는 더 큰 세력에 종속된 존재다. 우리는 하나님을 벗어날 수 있다. 하지만 이는 제약 없는 자유가 아니라 죄라는 주인에게로의 종속이다. 반대로 죄로부터의 자유 또한 내 마음대로의 자유가 아니라 하나님이라는 새로운 주인에게로의 종속이다. 이러한 현실 속에서 우리의 행보는 우리가 맺은 관계를 드러낼 뿐 아니라 새로운 관계를 형성하는 행위이기도 하다. 바울의 말처럼, 우리는 우리 자신을 드려 헌신하는 이의 종이 된다. 하나님이건 죄건, 이는 달라지지 않는다. 그래서 우리는 죄에 우리를 바쳐 죄의 종이 될 수도 있고, 순종하는 삶을 통해 순종의 종이 될 수도 있다

(6:16). 이런 실존적 결단이 중대한 것은 여기에 우리의 궁극적 미래가 달려 있기 때문이다. 우리가 죄의 종이라면 사망이라는 결과에 직면할 것이다. 반대로 우리가 순종의 종이라면 의로움이라는 결과를 얻을 것이다. 물론 이 의로움의 궁극적 결과는 사망의 반대인 영생이다(6:22-23). 원칙적으로 우리 앞에는 두 가지 가능성이 놓여 있다. 죄의 종으로 사망에 이르거나, 혹은 하나님께 순종하는 순종의 종으로 영생에 이른다(6:16, 21-22). 그러므로 오늘 우리의 삶이 바로 영원의 가치를 갖는다는 것이다.

우리가 하나님께 감사를 드리는 이유가 이것이다(6:17). 바울의 편지를 받는 로마의 이방 신자들은 본래 죄의 종으로서 의로움과는 무관한 존재들이었다(6:17, 20). 그들은 자기 지체를 부정과 불법에 바치면서 불법이라는 열매를 맺으며 살았다(6:19). 물론 지금 그들은 그 열매를 부끄러워한다. 이유는 분명하다. 그 최종 결과가 바로 죽음이라는 사실을 깨달았기 때문이다(6:21). 그런데 그렇게 살던 그들이 "죄로부터 해방되어, 의에게 종이 되었다"(6:18). 혹은 "죄로부터 해방되어 하나님께 종이 되었다"(6:22).

의미심장하게도 이 해방의 과정에는 "여러분이 전해 받은[혹은 여러분이 헌신한] 교훈의 본에 마음으로[전심으로] 순종했다"는 사실이 포함되어 있다(6:17). 많은 학자들이 이 구절을 불편해 한다. 죄로부터의 해방에 도덕적 변화가 전제된 것처럼 들리기 때문이다. 그래서 불트만Bultmann 같은 학자는 이 구절이 바울이 아닌 후대의 필사자에 의한 '멍청한 삽입'이라고 주장했다. 하지만 정작 '멍청한' 사람이 누구일까? 바로 앞에서 말했듯, 우리가 누군가에게 우리 자신을 바치고 순종할 때 주종관계가 형성된다(6:16). 죄에게 순종하면 죄의 종이 되고, 하나님께 순종하면 하나님의 종이 된다. 이런 말을 하고 난 마당에, 죄의 종에서 하나님의 종으로 바뀐 것이, 부정과 불법의 삶에서 하나님의 교훈을 마음으로 순종하는 과정을 포함한다고 말한다 해서 무엇이 이상한가? 순종-불순종의 문제가 개입됨 없이 심리적으로 혹은 교리적으로 주종관계가 형성된다고 말했다면 문제는 다를 것이다. 하지만 바울의 입장에서 순종이 없는 주인의 교체, "죄에 머물러 있으면서" 하나님의 종이 되는 묘책은 존재하지 않는다는 것이다. 하나님의 종은, 하나님의 종이라고 생각하는 (혹은 고백하는) 사람이 아니라 실제로 하나님께 순종하는 사람이다.

죽음과 영생의 기로에서

의의 종 혹은 하나님의 종들이 산출하는 열매는 거룩함이다. 그리고 이 거룩함의 마지막 결과는 물론 영생이다(6:22). 23절의 결론은 바울의 이런 관점을 한마디로 요약한다.

> 죄의 필연적 결과는 죽음입니다. 하지만 하나님의 은사는 그리스도 예수 우리 주 안에 있는 영생입니다.

앞에서도 이야기했지만, 이런 변화는 신앙의 눈으로 본 현실이다. 자연법칙과 같은 물리적 필연성과는 다르다. 우리는 여전히 "죽을 몸" 안에서 살아가고, 하나님의 종이면서도 죄의 종 행세를 할 충동과 힘을 가지고 있다. 그렇다. 아직도 우리의 "육신은 연약하다"(6:19). 그래서 하나님이 이루시는 직설법은, 동시에 우리가 이루어야 할 명령법으로 제시된다.

> 이제는 여러분의 지체를 의에게 종으로 드려 거룩함이라는 열매를 맺으십시오(6:19 하).

이 땅을 살아가는 우리에게 이런 긍정적 권고는 "죄의 필연적 결과는 죽음"이라는 부정적 경고를 동반한다. "영으로 몸의 행실을 죽이면 살 것"이라는 약속은 또한 "육신대로 살면 죽을 수밖에 없다"는 경고와 나란히 선다(8:13). 예정론이 강조하는 것처럼, 궁극적으로 우리의 운명을 결정하는 분은 하나님이시다. 하지만 이런 고백은 지금 우리가 최선을 다해 하나님께 순종해야 한다는 가르침과 모순되는 것이 아니다. 성경이 여러 곳에서 현재의 순종을 미래 구원의 필수과정으로 제시하는 이유가 바로 여기에 있다(가령, 갈 6:7-9).

영생을 향한 은총의 다스림

이제 우리가 은혜 아래 있고, 이 은총의 다스림이 우리를 영생으로 인도한다는 말의 의미가 분명해졌다. 은혜는 "의를 통해 우리를 다스리며" 이로써 우리가 "우리 주 예수 그리스도를 통해 영생에 이르게" 한다(6:21). 죄의 용서는 또한 죄에 대한 죽음을 포함하고, 죄와의 단절은 하나님을 향한 삶이라는 새로운 지평을 열어 준다. 이 은총의 공간에서 우리는 의로움 혹은 거룩함을 산출하는 하늘의 공기를 흡입하며, 이러한 생명의 다스림 속에서(5:17) 영생을 향한 여정을 계속한다.

"은총 아래under grace" 있다는 말처럼, 은총의 공간은 그 은총의 다스림에 복종하는 삶의 공간이다. 그 다스림의 모양은 의로움, 곧 하나님께 대한 거룩한 순종이다. 우리를 용서하는 하나님의 은총은 이제 우리가 서로를 용서하도록 우리 삶을 통치한다. 이처럼 은총의 다스림에 복종하는 삶의 마지막에 영생이 기다린다(마 6:14-15; 7:21). 하지만 때로 우리는 이 "좁은 문"이 힘겹다. 그래서 좀더 넓은 문을 택하고 싶다(마 7:13). 하지만 우리를 다스리지 못하는 은총은 은총이 아니다. 은혜의 다스림 없이 영생에 이를 왕도는 없기 때문이다. 그래서 예수님은 우리에게 "좁은 문으로 들어가라"고 명하신다. 제자도가 생략된 "값싼 은총"이 아니라, 의로 우리를 다스리는 힘차고도 "값진 은총"이다. 영생을 향한 순종의 삶이, 인간적 공로가 아니라 하나님의 은사로 표현되는 여기에 복음의 비밀이 있다. 이것을 깨닫는 것이 복음의 비밀을 깨닫는 것이 아닌가!

11. 참을 수 없는 율법의 연약함

7:1-25

그렇다면 율법은 무엇인가

앞에서 살핀 것처럼, 바울은 인류의 역사를 두 아담의 이야기로 요약했다. 죄와 죽음으로 끝나는 첫 아담의 비극적 스토리, 그리고 의와 영생으로 이어지는 또 다른 아담의 이야기가 꼬리를 물며 서로 얽힌다. 간단히 말해, 첫 아담이 망쳐 놓은 것을 마지막 아담이 회복한다. 불순종을 순종으로 바꾸고, 사망을 향한 죽음의 여행을 영생을 향한 생명의 달음질로 바꾼다. 단순한 만큼 선명하기도 하다. 하지만 이런 깔끔함은 우리에게만 그렇다. 지금 바울의 말을 듣는 당시 유대인들로서는 바울의 이런 설명을 납득하기 어렵다. 바울의 두 아담 이야기가 구원 역사의 가장 결정적인 단계를 무시하고 있기 때문이다. 바로 율법 이야기다. 바울이 아담으로부터 이야기를 시작한 것은 자연스럽다. 하지만 거기서 어떻게 그리스도로 비약하는가? 오히려 문제 해결의 단초는 하나님이 "우리 조상 아브라함"을 선택하고, 그를 통하여 한 큰 민족을 이루겠다고 약속하신 일이 아닌가?

그리고 이 약속은 출애굽과 시내 산 언약과 율법 수여라는 역사적 사건을 통해 가장 극적인 성취의 과정을 밟는 것이 아닌가? 이 언약으로 하나님은 이스라엘을 주변 모든 나라들로부터 구별된 자신의 '세굴라', 곧 "특별한 소유"로 선택하셨고, 이 자리에서 하나님은 "이스라엘의 하나님"으로, 그리고 이스라엘은 "하나님의 택한 백성"으로 선포된 것이 아닌가? 바울의 말처럼 정말 그리스도만이 아담의 범죄에 대한 실질적 해답이라면, 이스라엘의 선택과 율법은 도대체 무엇이란 말인가?

물론 바울은 이런 물음들을 무시할 수 없다. 마르시온Marcion처럼 구약의 하나님이 그리스도의 하나님과는 다른 존재라고 주장하지 않는 한 말이다. 아담을 창조한 분이 이스라엘과 언약을 맺으신 바로 그분이고, 이 이스라엘의 하나님이 예수 그리스도를 보내신 하나님이라면, 예수를 통해 이루어지는 구속의 드라마는 어떤 형태로든 아브라함의 선택과 시내 산 언약이라는 '이스라엘'의 이야기를 포함해야 한다. 그래서 바울 역시 이 문제에 골몰한다. 9-11장의 이야기가 바로 그것이다. 여기서 바울은 하나님의 백성이 복음을 배척하고 이방인들이 복음을 환영하는 역설적 현상에서 출발하여, 하나님의 선택과 신실함이라는 어려운 물음과 씨름한다. 하지만 그에 관한 신학적 물음들은 잠시 기다리기로 하자. 그리스도가 해답이라는 바울의 주장을 들으면서 가장 절박하게 다가오는 물음은 현재 이스라엘의 삶을 규정짓고 있는 율법과 관련된다. 만약 그리스도가 해답이라면, 하나님께서 언약으로 주신 "율법은 도대체 무엇이란 말인가 What, then, about the Law?"(갈 3:19)

생명에 이르게 하는 율법

이미 율법에 대한 부정적 진술에 익숙해진 우리에게는 이 물음의 절박함이 잘 와 닿지 않는다. 하지만 우리가 로마서의 일차 독자들이 아님을 기억하도록 하자. 바울의 이런 물음들과 답변들은 율법이 곧 언약이며(출 19:5), 율법 없이 하나님을 섬긴다는 것은 상상할 수 없었던 당대 유대인들을 겨냥한다. 이스라엘 백성에게 있어 율법은 오늘날 그리스도인들의 성경과 같다. 그리스도인들이 성경 없이 하나님을 섬긴다는 것은 불가능하다고 믿는 것처럼, 유대인들은 율법이 가장 완벽한 하나님의 계시요 하나님을 섬기는 유일한 수단이라고 믿었다.

> 복되구나,
> 악한 자들의 꾀를 따르지 않으며,
> 죄인들의 길에 서지 않으며,
> 교만한 자들의 자리에 앉지 않는 사람이여!
> 오히려 여호와의 율법을 즐거워하며,
> 밤낮으로 그 율법을 묵상하는 사람이여!(시 1:1-2)

율법을 따라 사는 사람에게는 "물가에 심기운 나무가 계절을 따라 과실을 맺고 그 잎사귀가 마르지 않는 것처럼" 풍성한 생명이 약속된다(시 1:3). 하지만 율법을 무시하는 악한 자들에게는 "바람에 나는 겨처럼, 하나님의 심판을 견디지 못한다"는 선언이 뒤따른다(시 1:4-5). 혹은 자연세계에 계시된 하나님의 영광을, 율법(토라) 속에 드러난 하나님의 영광과 대비하는 시편 19편을 생각해 보라.

> 여호와의 율법은 완전하여 영혼을 소성케 하고
> 여호와의 증거는 확실하여 우둔한 자로 지혜롭게 하고
> 여호와의 교훈은 올발라서 마음을 기쁘게 하고
> 여호와의 계명은 찬란하여 눈에 빛을 주는구나(7-8절).

시편에서 가장 길고, 또 독특한 기교로 멋을 낸 119편은 이런 율법의 생명력을 끝없이 칭송한다. 한마디로, 율법만이 해답이다. 그런데 바울은 그렇지 않다고 말한다. 진정한 해결책은 율법이 아니라 예수 그리스도다. 그렇다면 율법은 도대체 무엇인가?

율법의 실상

바울의 답변은 신학적 추론보다는 현실에 대한 냉정한 관찰에서 시작한다. 실제 율법을 받아 그 율법 아래 살아가는 이들의 삶을 관찰함으로 그 율법의 기능을 설명하는 것이다. 물론 그 결과는 실망스럽다. 2장에서 적나라하게 비판한 것처럼, 율법은 그 율법을 소유한 자들의 삶을 변화시키지 못했다. 그들은 율법 소유를 자랑했고, 심지어 '율법 없는 이방인들'을 향해 강한 도덕적 우월의식을 느꼈지만, 실제 그들의 삶은 율법 없는 사람들과 다르지 않았다. 물론 율법의 소유 자체, 혹은 할례라는 표식이 구원을 보장한다면 좋았을 것이다. 하지만 그들에게 율법을 주신 하나님은 율법의 소유나 할례라는 "외모"를 보고 판단하는 분이 아니라 "각 사람에게 그 행위대로

보응하시는" 분이다(2:6-11). "하나님의 말씀", 곧 율법을 위임받았다는 특권에도 불구하고(3:2; 9:4), 이 율법은 "유대인이나 헬라인이나 모두 죄 아래 있다"는 난국을 해결하지 못했다. 그런 점에서 이 특권은 누릴 수도 있었지만 결과적으로는 누리지 못한 무의미한 특권으로 끝난다(3:9). 오히려 이들은 율법의 선포에 의해 하나님의 진노에 해당하는 자로 드러난다.

현실적으로 율법의 실질적 기능은 죄의 인식 수준에서 멈춘다. "왜냐하면 율법을 통해서 죄를 깨닫기 때문이다"(3:20). 율법은 죄를 깨닫게 하고, 그 죄에 대해 하나님의 이름으로 심판을 선포하지만(3:19), 그 죄를 해결하지는 못한다. 따라서 율법은 문제의 해결은 고사하고, 오히려 문제를 더욱 가중시킨다. 5장의 표현을 빌자면, "율법이 들어와 범법행위가 더 많아졌다"(5:20). 율법이 죄를 억제하고 해결하기는커녕, 오히려 죄 문제를 더 악화시키는 공범 노릇을 했다는 것이다.

6장에서도 마찬가지다. 아담과 그리스도가 갈라지듯, 인간의 삶은 죄의 지배와 은총의 지배 두 종류로 구분된다. 우리는 본래 죄의 지배 아래서 죽음을 향해 걸어갔지만, "그리스도 예수 우리 주를 통해" 은혜 아래서 영생을 향해 가는 삶으로 옮겨 왔다. 신자들은 죄가 삶을 지배하도록 허용해서는 안된다. 왜냐하면 우리는 더 이상 "죄 아래서" 죄의 지배를 받는 존재가 아니라 "은혜 아래서" 은혜의 지배를 받는 존재이기 때문이다. 그런데 여기서 바울은 살짝 말을 바꾼다. 우리가 "율법 아래" 있지 않기 때문에 죄를 지어서는 안된다는 것이다(6:14-15). 여기서 바울의 의도는 분명하다. "율법 아래" 있는 삶은

"죄 아래" 있는 삶, 곧 죄가 우리를 다스리고 우리가 죄에게 종살이하는 삶과 같다는 것이다. 물론 이런 주장은 "율법이 범법행위를 더 증가시켰을 뿐"이라는 판단과 상통한다(5:20). 분명 바울은 죄와 율법이 결탁하여 우리를 죽음으로 내몰고 있다고 생각한다.

죄와의 결별, 율법과의 결별

율법에 관한 7장의 논증은 지금까지 간헐적으로 드러난 관점을 보다 명시적으로 밝혀 준다. 재미있게도 바울은 사람과 율법의 관계를 결혼관계에 비유한다. 율법도 하나의 법이니까, 이 법의 성격을 설명하기 위해 보다 일반적인 법 적용의 한 사례를 통해 에둘러 말해 보는 것이다. 유비 자체는 간단하다. 결혼한 여인은 법에 의해 남편에게 묶인다(7:2). 물론 이런 묶임은 남편이 살아 있을 동안으로 제한된다. 죽은 사람에게는 법이 무의미하기 때문이다(7:1). 따라서 (다행히?) 남편이 일찍 죽는다면, 아내는 남편에게서 벗어나 자유로운 신분이 되고, 다른 남자와 결혼해도 문제될 것이 없다(7:3).

우리와 율법의 관계도 이와 마찬가지다. 그런데 바울이 제시하는 유비와 적용 사이에는 한 가지 결정적 차이가 있다. 결혼 유비에서는 남편이 죽지만, 현실적으로 남편이 '돈 많고 명 짧은' 사람이기는 어렵다. 오히려 귀신이 잡아갔으면 싶은 남편일수록 건강하고 명이 길다. 그러니 같이 살기 싫다면 방법은 하나뿐이다. 아내 쪽에서 죽어 버리는 것이다. 바로 이것이 바울이 말하는 율법과 우리의 관계다. 율법(남편)이 죽는 것이 아니라 우리(아내)가 죽는다. 이런 차이때문에 바울의 유비가 정확하지 않다고 불평하는 이들도 많지만,

바울의 논점은 죽음의 주체가 아니라 죽음을 통한 '관계 소멸' 자체다. 죽음을 통해 죄와의 관계가 소멸되었다는 6장의 진술을 율법과의 관련 속에서 새롭게 설명하고 있는 것뿐이다.

배우자의 죽음이 결혼의 법을 무효화하는 것처럼, 우리 또한 "율법에 대해" 죽임을 당했다(7:4). "죽었다"는 말 대신 "죽임을 당했다"고 표현한 것은 이 죽음이 "그리스도의 몸을 통한" 것, 곧 그의 죽음에 편승한 것임을 시사한다. 6장에서 말한 것처럼, 우리의 죽음은 그리스도와 함께 십자가에 못 박힘으로, 혹은 그리스도의 죽음 안으로 세례를 받음으로 이루어진다. 죄/율법으로부터의 죽음과 영생을 위한 재혼의 과정 전부가 은총의 계기를 통해 이루어지는 것이다.

율법에 대한 죽음의 목적은 다른 사람에게 가는 것, 곧 다른 남편을 얻는 것이다. 새 남편의 이름은 그리스도다. 하지만 실제 결혼에서처럼, 중요한 것은 이름이 아니라 사람됨이다. 우리가 재혼하는 이는 그저 평범한 남자 중 하나가 아니라, "죽은 자 가운데서 살아나신" 분이다(7:4). 6장과 함께 읽으면, 이 진술의 의도는 분명하다. 곧 "죽은 자 가운데 살아나셨기 때문에 다시는 죽지 않고, 다시는 죽음이 지배할 수 없는" 분이다(7:4; 6:9). 그래서 이 결혼관계는 생명으로 규정된다. 죄와 율법 아래서의 결혼이 '죽지 못해 사는' 삶이었다면, 부활하신 그리스도와의 결혼은 이제야 제짝을 만나 '사는 것처럼 사는' 결혼이다. 6장에서 말한, "생명의 새로움으로 살아가는" 삶이다(6:4).

이러한 삶은 "하나님을 위해 열매를 맺는" 삶이다(7:4). 그래서 예전과는 다르다. 우리가 육체 안에 있을 때에는 '율법을 통해 위력을 발휘하는 죄의 욕구들'이 우리의 지체 속에서 전횡을 일삼고 있었다. 앞에서 말한바 "죄 아래" 살아가는 삶이다. 물론 그 결과는 뻔하다. "죽음을 위해 열매를 맺는" 삶이다(7:5). 이는 6장에서 바울이 이미 설명한 부분이다. 우리가 죄의 종으로 살아갈 때에는 부정과 불법이라는 열매를 맺는 삶을 살았다. 하지만 지금은 그것을 부끄러워한다. 그 결과가 죽음이라는 것을 알기 때문이다(6:21). 그런데 이제는 죄로부터 해방되어 하나님의 종이 되었고, 그 결과 거룩함이라는 열매를 산출하는 삶을 살아가게 되었다. 당연한 말이지만, 이런 삶의 결과는 영생이다(6:22).

7장의 강조점은 "죄로부터의 해방"이 곧 "율법으로부터의 해방"이기도 하다는 것이다.

> 그러나 이제 우리는 얽매였던 것에서 죽음으로 율법에서 벗어났으며, 그 결과 문자/의문의 낡음이 아니라 영의 새로움으로 섬기게 되었습니다(7:6).

그렇다면 우리는 이를 어떻게 설명해야 할까? 어떻게 해서 바울은 율법이 죄의 해결사가 아니라 죄의 공범이라고, 따라서 죄로부터의 해방은 동시에 율법으로부터의 해방이기도 하다고 주장하게 되었을까? 바울의 해답은 죄가 "율법을 통해" 그 욕구를 실현한다는 것이다(7:5). 이어지는 논증은 바로 이 결정적인 물음, 곧 율법이 죄와 결탁하는 양상을 다룬다.

율법이 죄와 공범으로 드러난다면, 무엇이라고 말해야 할까? 율법이 죄라고 말하는 것이 옳은가? 바울은 결코 그럴 수 없다고 말한다. 이 부분에서 바울은, 마치 변호사의 논고 같은 필치로 문제의 책임 소재를 가린다. 바울의 논점은 한마디로 이렇다. 율법이 죄의 공범 역할을 한 것은 사실이지만, 그렇다고 율법 자체에 문제가 있는 것은 아니다. 오히려 문제는 죄다. 죄가 율법을 납치했고, 납치한 율법의 권위를 빌려 우리를 정죄하고 죽였다. 따라서 엄밀히 말하면 율법은 잘못이 없다. 굳이 문제가 있다면 무기력했다는 것이다. 죄의 정복은 고사하고, 오히려 죄에게 납치되어 이용당할 만큼 약하다는 것이다. 물론 결국 이것이 율법의 가장 치명적인 약점으로 드러나기는 하겠지만 말이다(8:3; 갈 4:9).

이러한 연약함을 묘사하기 위해 바울은 일종의 자전적 논증을 시도한다. '나'를 주어로 삼아, 내 삶에서 율법이 어떠했는지를 기술하는 방식으로 말을 풀어 가는 것이다. 물론 이때의 '나'는 한 개인을 넘어 모두를 대표하는 '나'다. 그런데 많은 학자들은 이런 정확한 관찰을 지나쳐서, 여기의 '나'가 실제 바울과는 무관하다고 주장한다. 7장의 고뇌하는 '나'가 "율법의 의로는 흠이 없다"고 자신하는 바울과 같을 수 없다는 것이다. 일견 그럴듯하지만, 이런 식의 편리한 논증은 득보다 실이 많다. 우선 바울 자신에게도 적용되지 않는 '나'의 모습이 다른 유대인들에게 설득력 있기는 어렵다. 또한 "율법의 의로는 흠이 없다"는 빌립보서의 진술은 율법을 통해 죄를 극복하고 의로운 삶을 살았다는 도덕적 자신감이 아니다. 문맥에서 분명히 드러나는 것처럼, 거기서 "흠이 없다"는 것은 바울의 유대인 적대자들이 내세우는 유대적 정체성의 요건들, 곧 "육체 안에 있는" 자랑거리로 치면, 자신 또한 전혀 못지않다는 주장이다(빌 3:4-6). 율법으로는 죄를 깨달을 뿐이며, 율법이 오히려 죄 문제를 더 악화시킨다고 말하는 사람은 다름 아닌 바울이다. 이런 그가 자신은 율법을 잘 지켰다고 생각했을까?

율법이 없을 때에는 죄가 죄로 간주되지 않았다는 말과 유사하게(5:13), 바울은 율법이 아니었다면 죄를 알 수 없었을 것이라고 말한다(7:7). 만약 율법이 "탐내지 말라"고 하지 않았더라면, 탐심이라는 것을 몰랐을 것이다. 물론 계명이 탐심을 만들어 낸 것은 아니다. 하지만 "탐내지 마!"라는 금지계명은 오히려 내 속에서 잠자던 탐심을 흔들어 깨워 사실상 나를 지배하게끔 만든다. "동산 가운데 있는 저 나무 보이지? 저 나무의 과일은 절대 먹으면 안 돼!"라고 하지 않았다면, 어쩌면 아담과 하와는 그 나무를 쳐다볼 생각조차 하지 않았을지 모른다. 어차피 먹을 과일이 넘쳐나는 마당에 굳이 그 나무에 집착할 이유가 없지 않았을까? 이야기를 바꾸어 보자. 엄마가 외출하기 전에 아이에게 주의를 준다. "냉장고 안에 딸기 있지? 나중에 손님 오시니까 그건 절대 손대면 안돼. 알았지?" 물론 그 순간부터 아이의 머릿속은 딸기로 가득 찬다. 엄마의 얼굴도 떠오르지만, 그보다는 딸기 향이 더 진하다. 처음에는 표시 안 나게 "딱 하나만" 할 테고, 그 하나가 "하나만 더"가 되고, 그러다 맛에 빠지면 그릇 전체를 비워 버릴 수도 있다. 하지 말라면 더 하고 싶은 것이, "하지 말라"는 계명이 오히려 "하고 싶다"는 욕구를 부추기는 것이 인간의 심리다. 결과적으로, 탐내지 말라는 계명은 탐내지 않게 하는 방패가 아니라 탐심을 자극하여 그 계명을 어기도록 만든다. 의도적이든 아니든, 이것이 계명의 실제적 결과다. 물론 나는 계명을 어겼다. 그것도 그냥 나쁜 일을 한 정도가 아니라, 먹지 말라는 엄마의 구체적 명령을 어겼다. 따라서 나는 엄마의 "진노"를 피할 수 없다. 이전에 바울은 이를 "성경〔율법〕이 모든 것을 죄 아래 가둔 것"으로 설명했었다(갈 3:22).

로마서에서는 이것이 "죄가 계명을 통해 기회를 잡았다"는 말로 설명된다(7:8). 죄가 계명을 기회로 활용하여 "내 속에 온갖 탐욕을 만들어 놓았다"는 것이다. 율법이 없다면 죄는 아무 위력을 발휘할 수 없다. 그래서 "율법이 없는 한 죄는 죽은 것"이나 마찬가지다. 그런데 계명이 오자 사태가 달라진다. 죄가 율법을 이용하여 탐심을 일으켜 그 율법을 어기게 만든다. 그리고 율법은 이런 나를 하나님의 권위로 단죄한다. "율법과 상관없던 그때는 내가 살아 있었는데, 계명이 등장하면서 죄가 살아나고 나는 죽어 버렸습니다.…… 왜냐하면 죄가 계명을 통해 기회를 잡아 나를 속이고 나를 죽였기 때문입니다"(7:9, 11). 죄는 계명을 이용해 그 계명을 어기도록 만들 뿐 아니라, 하나님의 계명의 권위로 나를 죽인다. 죄가 계명/율법을 자기의 위력으로 삼은 것이다(고전 15:56). 이를 근거로 바울은 일차적 결론을 내린다. 율법이 사태를 그르친 것이 아니라, 죄가 율법을 도용한 것이다. 따라서 율법 자체는 혐의가 없다. "그렇다면 율법은 거룩하고 계명도 거룩하고 의롭고 선한 것입니다"(7:12).

하지만 여전히 물음은 남는다. 율법으로 인해 탐심이 활성화된 것이라면, 그 결과 내가 정죄받는 상황이 된 것이라면, "선한 것이 (결과적으로) 죽음이 되었다"고 말할 수 있지 않는가? 이런 물음에 다시 한 번 바울은 펄쩍 뛴다. 내 속에 죽음을 초래한 주범은 계명/율법이 아니라 죄다. 물론 이 과정은 "선한 것"(계명)을 통해 이루어졌다. 하지만 "선한 것"이라는 표현이 시사하듯, 수단으로 이용된 것과 진짜 범인으로 행동한 것은 다르다. 죽음의 과정이 "계명을 통해" 이루어지기는 하지만, 중요한 것은 이 과정을 통해 '죄가 심히 죄 되는' 것, 곧 죄의 파괴적 본질이 확실하게 드러나는 것이다. 죽음을 야기한 것은 죄이지 계명이 아니다. 죄가 계명을 이용하기는 했지만, 그렇다고 해서 주범과 (연약한) 공범을 혼동할 수는 없다. 누구나 다 아는 것처럼, 율법은 "영적인" 것이 아니던가? 정작 문제는 율법 자체가 아니라 내가 "죄 아래 팔려 육적인" 상태에 있다는 것이다(7:14). 내가 죄의 다스림 아래 있는 상황에서, 계명이 긍정적이기를 바랄 수는 없는 것이다.

죄가 지배하는 내 존재의 비참함

그렇다. 사실 바울은 독자적 개념으로서의 죄나 계명에 관심이 있는 것이 아니다. 그의 관심은 '나'다. 그러므로 바울의 관심사는 죄 혹은 계명 자체가 아니라 나의 삶 속에서 관찰되는 죄와 계명의 실제적 작용이다. 그래서 바울은 '나'의 생김새를 보다 자세히 들여다보기 시작한다. 바울의 첫마디는 "내가 도대체 무얼 하고 있는지 모르겠다"는 것이다. 이런 '나'는 나를 당혹스럽게 한다. 내가 (하기를) 원하는 것은 행하지 않고, 오히려 내가 (하기를) 싫어하는 것을 하고 있기 때문이다(7:15). 그런데 만약 내가 원하지 않는 행동, 곧 계명이 금하기 때문에 피하고 싶은 무언가를 행하고 있다고 해도, '나'는 여전히 율법의 편에 서서 이 율법이 선하다는 사실에 동의한다(7:16). 얼핏 묘한 진술이다. 자신이 계명을 어기면서도 그 계명이 선하다는 것에 동의한다고 말하고 있기 때문이다. 바울의 설명은 이렇다. "그런데 이제 그런 일을 행하는 이는 내가 아니라 내 속에 머물고 있는 죄입니다"(7:17).

이처럼 이해할 수 없는 '내' 삶의 역설을 관찰하는 바울은 그 삶이 자유로운 주체적 삶이 아니라는 사실을 발견한다. 앞에서 말한 것처럼, "나는 죄 아래 팔린" 존재다(7:14). 나는 죄의 노예이며, 죄는 사악한 주인이 되어 내 삶을 지배한다. "나", 곧 "나의 육신" 속에는 죄와 대항하여 이를 물리칠 만한 "선한 것"이 존재하지 않는다. 선을 행하려는 마음은 있지만, 실제로 그 선을 행하지는 못하는 형편이며(7:18), "행하고 싶어 하는 선은 행하지 않고 행하고 싶지 않은 악, 바로 그것을 행하고 있는" 형국이기 때문이다(7:19).

하지만 여기서도 눈에 띄는 것이 있다. 만약 내가 "원하지 않는" 무언가를 행하고 있다면, 그것을 행하는 것은 더 이상 내가 아니라 나로 하여금 그 일을 행하도록 강요하는 주인, 곧 "내 속에 거하는 죄"라고 말해야 한다(7:20). 죄에게 이용당한 율법/계명을 주범으로 모는 것이 잘못된 판단이라면, 죄의 전횡에 휘둘리는 '나'를 사태의 주범으로 모는 것도 정확한 관찰은 아니다. 결국 문제의 핵심은 율법도 아니요 나도 아닌, 바로 내 속에 거하는 죄, 율법을 이용하는 죄인 것이다.

물론 죄를 주범으로 지목하는 바울의 행보는 "그러니까 나는 무죄다" 하는 식의 의도와는 거리가 멀다. 선을 행하고 싶은 것도 '나'이듯, 악을 행하는 것 또한 '나'다. 그래서 바울은 "선을 행하기 원하는 나에게서 한 법을 발견한다." 곧 그런 "나에게 악이 존재한다"는 비극이다(7:21). "내 속 사람에 따르면 나는 하나님의 법과 뜻이 맞는다"(7:22). 이것은 "내가 선을 행하기 원한다"는 말과 같은 뜻이다. 그런데 "내 지체들" 속에 "한 다른 법"이 있는데, 이 법은 "내 마음/정신의 법"과 싸움을 벌여 "나"를 "내 지체들" 속에 있는 "죄의 법" 안으로 사로잡아 간다(7:23). 여기서 말하는 "마음"은 영어로 말하면 heart가 아니라 mind로서, 정신이나 생각 혹은 의도를 가리킨다. 본래 신체 부위를 가리키는 "지체들"은 앞에 사용된 "육신/육체 flesh"와 마찬가지로 죄의 세력에 휘둘리는 실존의 자리를 의미한다. 그러므로여기서 바울이 그려 내는 비극의 실체는 내 지체들 혹은 내 육체 속에서 활동하는 "죄의 법"이 하나님의 뜻을 행하기 원하는 내 "마음/생각의 법"과 싸워 이를 무력화하고, 결국 나를 죄의 법에 굴복하게 만든다는 사실에 있다. 선을 행하고 싶은 마음은 굴뚝같지만, 내 속의 죄로 인해 오히려 악을 행하게 된다는 것이다. 한마디로 "내 육신에 거하는 죄"가 나를 지배하고 있다는 것이다.

7장의 마지막 진술 역시 이런 의미임에 틀림없다. 나는 "마음으로는" 하나님의 법을 섬기지만, "육신으로는" 죄의 법을 섬긴다(7:25 하). 이는 두 종류의 섬김 사이를 오락가락한다는 말이 아니다. 이미 말한 것처럼, 하나님의 법을 섬기려는 "마음의 법"은 죄의 법을 섬기는 "육신" 혹은 이 육신을 휘두르는 "죄의 법"을 이기지 못하며,

투쟁의 결과는 죄의 법의 승리로 끝난다. 결국 비참함의 핵심은 내가 "죽음의 몸" 속에 있다는 것이다. 여기서 "몸"은 "육신"이나 "지체"와 사실상 같은 의미로 사용된다. 내 몸 속에 죄가 지배하며, 이 죄는 나로 하여금 죽음에 합당한 삶을 살도록 함으로써 나를 죽음으로 몰아간다. 그런 의미에서 나의 이 "죄의 몸"은 바로 "죽음의 몸"이다.

> 비참한 존재로구나, 나는. 누가 나를 이 죽음의 몸에서 건져 낼 것인가?(7:24)

물론 해답은 예수 그리스도다. "우리 주 예수 그리스도를 통하여 하나님께 감사드립니다"(7:25 상). 물론 아직 감사의 이유는 제시되지 않는다. 본격적인 답변의 시작이 아니라 비참한 실존을 묘사하는 가운데 불쑥 튀어나온 감탄사인 탓이다. 다만 한 가지 분명해지는 것은, 바울이 기술하는 실존적 비참함이 예수 그리스도라는 해답의 빛 아래서 드러난 것이라는 사실이다. 바리새인 사울이 로마서 7장을 쓸 수는 없었을 것이다. 그렇다고 바울이 그리스도라는 해답에 맞도록 없는 문제를 만들어 낸 것은 아니다. 진정한 해답을 얻고 나서야 문제의 실상을 깨달을 수 있었다는 것이다. 그러므로 7장에서 문제를 묘사하는 방식 자체가 벌써 바울이 제시하려고 하는 해답을 염두에 둔 것이다.

무죄한 율법, 무기력한 율법

율법 자체가 관건이었던 갈라디아서의 위기 상황과는 달리, 로마서에서 율법에 대한 바울의 진술은 훨씬 더 호의적이다. 율법은 거룩하고 영적이다. 사태의 책임도 죄에 있지 율법에 있는 것이 아니다. 어느 학자의 표현처럼, 로마서 7장에서 바울은 율법에 대한 변호에 여념이 없다. 하지만 우리는 바울의 의도를 잘못 해석하지 말아야 한다. 마치 변호사가 피고의 정신질환을 지적하며 그의 무책임을 변증하는 것처럼, 율법의 무죄함에 대한 바울의 변호는 율법의 무기력함에 근거를 두고 있다. 율법 자체의 의지 때문이 아니라 죄의 위력에 하릴없이 휘둘려 그렇게 되었다는 것이다. 따라서 율법이 죽음의 근본 원인이 아닌 것이 분명해지는 만큼, 율법이 죄에 대해 무기력한 존재라는 사실 또한 분명해진다.

그렇다면 무엇인가? 내가 "죄 아래 팔린" 상황, 내가 "죽음의 몸"을 벗어날 수 없는 상황에서, 이 율법의 무죄함이 무슨 의미가 있는가? 누군가 나를 죄로부터 건져 내야 할 상황에서, 율법은 아무 힘이 없는 것으로 드러난다. 나의 비참함 속에서는 '참을 수 없는 율법의 연약함'만이 뼈아프게 울리지 않겠는가? 나는 물에 빠져 허우적이는데, 착하지만 헤엄칠 줄은 몰라서 강가에서 발만 동동 구르는 친구처럼, 율법은 무용한 존재가 아닌가? 혹은 착한 마음에 물속으로 뛰어들어, 오히려 내 목을 끌어안고 더 깊은 물속으로 함께 빠지게 만드는, 그런 안타까움의 주인공이 아닌가?

바울이 예수 그리스도의 복음에 흥분했던 것은 이 복음이 모든 믿는 자를 하나님의 진노로부터 구출해 줄 "하나님의 능력"임을 알았기 때문이다(1:16). 그런 바울이 우리를 죄와 죽음에서 구출하지 못하는 "율법의 무기력함"에 초점을 맞추는 것은 지극히 자연스럽다. 갈라디아서에서 말한 것처럼, 율법이 생명을 주는 "능력"을 가졌더라면, 율법이 문제의 해결책이 되었을 것이다(갈 3:21). 하지만 율법에는 그런 능력이 없었고, 그래서 바울은 이 거룩한 율법을 "약하고 천한 초등학문"의 하나로 간주했다(갈 4:3, 9). 아무리 "거룩하고, 의롭고, 선한" 것이라 해도(7:12), 아무리 신령한 것일지라도(7:14), 율법은 연약함이라는 치명적 한계를 넘지 못한다. 이 연약함이 죄와 그 죄의 본거지인 "육신"으로 인한 것이겠지만(8:3), 그렇다고 해서 이 연약함이 달라지는 것은 아니다. 율법 역시 구원이라는 드라마에서 잠시 그 나름의 조연은 가능하겠지만(갈 3:19-25), 능력을 필요로 하는 구원의 실질적 추진력은 율법이 아닌 다른 무언가로부터 나와야만 한다.

복음에서 바울은 바로 이 구원의 능력을 보았다. 이어지는 8장의 논의에서 바울은 예수 그리스도의 이야기가 어떻게 우리를 구원하는 능력이 되는지를 새롭게 설명한다. 물론 이것은 앞의 5-6장에서 상세하게 설명했던 사실들이다. 8장의 새로운 면모는 예수 그리스도를 통한 이 역전의 드라마를 성령의 언어로 정리한다는 사실이다.

12. 언약을 회복하는 성령의 약속

8:1-4

앞 장에서 우리는 율법의 비극적 연약함에 대해 살펴보았다. 율법이 우리를 의롭게 하지 못하는 것은 율법을 지키는 일 자체가 무슨 해로운 행동이기 때문이 아니다. 위험의 실제적 근원은 율법이 아니라 죄, 곧 우리 육신을 근거지로 활동하는 강력한 죄의 세력이다. 율법이 무대에 등장한 것은 우리가 죄에 휘둘리는 비극적 상황에서였고, 율법의 한계는 죄의 전횡으로부터 우리를 구출해 낼 만한 힘이 없었다는 것이다. 오히려 율법은 강력한 죄의 세력에 사로잡혀 죄의 지배에 봉사하는 도구로 전락했다. 역설적으로 우리의 욕망을 더 자극하고, 그래서 계명을 어기는 이들을 정죄하는 역할만을 해왔던 것이다. 우리의 실존이 죄의 휘둘림 아래 있을 때, 율법은 그 상황에 대한 해결책으로는 아무런 소용이 없었다.

마음의 할례

율법에 대한 바울의 근원적 불만은, 유대인의 위선적 면모를 폭로하는 2장의 비판에서도 잠시 그 면모를 드러낸 바 있다. 바울의 유대인 비판은 근본적으로 세례 요한의 유대인 비판이나 예수의 바리새인 비판과 맥을 같이하고, 이는 순종 없는 종교성에 대한 선지자들의 신랄한 비판으로 거슬러 올라간다(가령, 암 5:21-24; 사 1:11-14). 문제는 간단하다. 유대인들은 선민이라는 자부심으로 "이방 죄인들"(갈 2:15)을 심판했지만, 실제 그들의 삶은 이 "죄인들"과 다를 바가 없다. 하나님의 택한 백성이라는 사실, 그리고 그 택함의 가시적 근거들인 '율법의 소유'와 '할례'에 희망을 걸면서도 정작 언약 백성됨의 본질인 순종은 도외시하고 있었던 것이다. 바울 역시 언약의 유효성을 믿지만, 이 언약은 율법을 소유하고 있다거나 육체에 할례를 받았다는 식의 외면적 표지들로 유지될 수 있는 것이 아니다. 율법의 의미는 순종에 있고, 할례 역시 언약 백성으로서의 구별된 삶을 가시화하는 상징일 뿐이다. 요란한 제의가 삶의 부도덕을 가릴 수 없었던 것처럼, 외적 표지들이 내적 공허함을 보상할 수 있는 것은 아니다. 언제나 필요한 것은 순종이다. 삶으로 드러나는 내면적 정체성이요 실질적 순종을 가능하게 하는 마음의 할례다. 이런 것들이 택한 백성, 곧 구원받을 백성들의 참된 표지인 것이다.

마음의 할례와 성령의 역사

결국 바울이 생각하는 해답은 마음의 할례, 곧 순종이다. 물론 유대인들은 "순종"해야 할 율법을 "소유"하고 있었다. 하지만 율법의 소유가 사태를 변화시키지는 못한다. 율법책을 손에 드는 순간, "우리 아이가 달라졌어요" 하는 소리가 나오는 것이 아니기 때문이다. "돌판에" 혹은 "먹으로" 기록된 율법은 우리의 마음을 건드리지 못하며, 그래서 이는 "의문", 곧 "문자에 불과한 것"으로 남는다. 마음의 할례는 "율법 조문으로 되는 것이 아니다"(2:29). 당연한 말이지만, 마음을 건드리는 할례는 영, 곧 성령의 역사다. 불순종하는 백성들을 순종하는 백성들로 바꾸는 것은 성령의 역사 없이는 불가능하다. 바로 여기에 옛 언약과 새 언약의 차별성이 있다. 한마디로 그것은 성령의 역사다. 바울의 복음이 "새" 언약인 것은 사람을 정죄하고 죽이는 것으로 끝나는 "율법 조문"이 아니라 사람을 살려 내는 "영으로" 이루어지는 언약이기 때문이다(고후 3:6). 모세의 사역이 "율법 조문의 사역"이요 "정죄의 사역"이었다면, 복음을 선포하는 바울의 사역은 "영의 사역"이요 "의로움의 사역"이다(고후 3:7-9). 이것을 율법으로 부를 수 있다면, 이는 "돌판"에 "먹으로" 기록한 율법이 아니라, "마음판"에 "성령으로" 기록한 율법에 해당한다. 말하자면, 우리 밖에서 명령하기는 하지만 우리로 하여금 순종하도록 만들어 주지는 못하는 무기력한 율법이 아니라 우리의 마음을 건드려서 우리로 하여금 하나님의 뜻에 순종하게 만드는 율법인 것이다.

예레미야의 절망

예언자들의 글에 익숙한 사람이라면 쉽게 느끼겠지만, 새 언약의 본질을 성령으로 규정하는 바울의 신념은 성령의 역사를 통해 언약의 회복 혹은 새 언약의 수립을 기대했던 예레미야나 에스겔의 비전에 맥이 닿아 있다. 선지자 예레미야의 출발점은 절망이었다. 이스라엘 백성은 언약 백성으로서의 자부심이 가득했고, 종교적 열심이 있었으며, 하나님의 성전에 들어와 "우리가 구원을 얻었나이다" 하며 견고한 구원의 확신을 노래하기도 했다(렘 7:10). 하지만 하나님은 이들을 자신의 집에 들어온 "도둑들"이라 규정하며, 그들이 하나님의 성전을 "도둑의 소굴"로 만들고 있다고 한탄한다(렘 7:11). 그들은 "우리는 지혜가 있고, 우리에게는 여호와의 율법이 있다"고 뿌듯해 하지만(렘 8:8), 실제 그들의 삶에서는 "여호와의 말씀을 버렸다" (렘 8:9). 선지자는 이런 백성들에게 심판을 선고한다. 언젠가 "날이 이르면" 하나님께서는 "할례자와 할례 받지 못한 자를" 혹은 "〔육체에만 할례를 받은〕 할례자들의 무할례를" 벌하실 것이다(렘 9:25). 하나님은 모든 민족들을 벌하실 것이다. "무릇 모든 민족은 할례를 받지 못하였고, 이스라엘은 마음에 할례를 받지 못하였기 때문이다" (렘 9:26).

그래서 선지자는 외친다. "너희는 여호와를 향하여 할례를 행하라. 〔생식기의 포피 대신〕 너희 마음의 포피를 베어라"(렘 4:4, 14). 문제가 심각한 만큼 가시덤불을 그냥 둔 채 대충 씨를 뿌리는 것으로는 안될 것이다. 묵은 땅 자체를 아예 갈아엎는 근본적인 변화가 필요하다. 그렇지 않으면 이들의 악행으로 인해 하나님의 분노가 불같이 일어나 그들을 사를 것이며, 이 진노의 불은 끌 사람이 없을 것이다(렘 4:3-4). 하지만 이것이 가능할 것인가?

선지자는 어찌해 볼 수 없는 사람들의 악한 마음에 절망하며, 사람이 스스로 이 사태를 해결할 수 있으리라는 기대를 접는다. "만물보다 심히 부패하고 거짓된 것이 사람의 마음이다"(렘 17:9). 그리고 여기에는 자력에 의한 갱생의 가능성이 남아 있지 않다. "구스인이 그의 피부를, 표범이 그의 반점을 변하게 할 수 있느냐 할 수 있을진대 악에 익숙한 너희도 선을 행할 수 있으리라"(렘 13:23, 개역개정). 결국 백성들에게 전할 유일한 메시지는 심판뿐이다. 무엇보다 부패한 인간의 마음을 사람이야 헤아릴 수 없겠지만, "나 여호와는 마음〔심장〕을 살피며, 폐부〔콩팥〕를 시험하고, 각각 그의 행위와 그의 행실대로 보응하시는" 분이기 때문이다(렘 17:10; 비교. 롬 2:6, 16).

예레미야가 노래한 새 언약의 희망

반복되는 절망과 함께 심판의 노래를 부르지만, 동시에 선지자는 이런 상황에서 이스라엘의 회복에 대한 미래 소망의 메시지를 듣는다(렘 31:17). 하나님은 자기 백성 이스라엘과 유다가 포로 된 것을 돌이키고, 그들을 다시 그 조상의 땅으로 돌아오게 하실 것이다(렘 30:3). 죄악이 심각하여 처절한 징계를 받았지만, 하나님은 여전히 그들을 사랑하시고, "그를 위하여 내 창자가 들끓으니 내가 반드시 그를 불쌍히 여기리라"고 선언하신다(렘 31:20, 개역개정). 하나님은 이들의 "상처로부터 새살이 돋아나게" 하시며, 그들을 고치고 그들을 구원하실 것이다(렘 30:11, 15-17). 한마디로 이는 위기에 처한 언약을 새롭게 하리라는 약속이다. "나는 너희들의 하나님이 되리라"(렘 30:22, 개역개정).

하나님은 "새 언약"을 약속하신다. "보라, 날이 이르리니 내가 이스라엘 집과 유다 집에 새 언약을 맺으리라"(렘 31:31, 개역개정; 여기에서 "신약新約"이라는 표현이 나왔다. 고후 3:6). 그런데 이것이 새 언약인 이유는 무엇일까? 바로 이 언약이 한 가지 결정적인 측면에서 옛 언약, 곧 출애굽과 함께 조상들이 하나님과 맺었던 언약과 다르기 때문이다. 하나님은 첫 언약에서 "내가 그들의 남편이었어도, 그들이 내 언약을 깨뜨렸다"고 지적하신다(렘 31:32). 하지만 "그날 이후에" 이스라엘 집과 맺게 될 언약은 다르다. 왜냐하면 돌판에 율법을 새겼던 첫 언약과는 달리, 새 언약에서는 "내가 나의 법을 그들의 속에 두며, 그들의 마음에 기록할" 것이기 때문이다(렘 31:33 상). 하나님의 법이 마음판에 새겨진다는 것은 백성들의 마음 자세가 하나님의 법에 맞는 것이 된다는 것, 곧 백성들이 마음으로부터 하나님의 뜻을 따른다는 것을 의미한다. 바로 앞에서 말한 "마음의 할례"다. 이러한 변화를 통하여 비로소 "나는 그들의 하나님이 되고, 그들은 내 백성이 될 것이다"라는 선언이 성취될 것이다(렘 31:33 하). 이렇게 되면 사람들은 더 이상 이웃과 형제를 향해 "너는 하나님을 알아라" 하고 말하지 않을 것이다. 이미 "작은 자로부터 큰 자까지 다 나를 알기 때문이다"(렘 31:34).

> 내가 여호와인 줄 아는 마음을 그들에게 주어서 그들이 전심으로 내게 돌아오게 하리니 그들은 내 백성이 되겠고 나는 그들의 하나님이 되리라(렘 24:7, 개역개정).

에스겔의 탄식

포로기의 선지자 에스겔 역시 사실상 예레미야와 같은 메시지를 선포한다. 백성들은 하나님의 계명을 지키지 않았다. 에스겔서에서 끊임없이 반복하여 울리는 것처럼, 하나님은 이들을 그 행위대로 심판하셨다(겔 7:1-9, 27; 9:10; 16:43; 18:30; 24:14; 36:19 등). 죽음을 면한 이들은 여러 나라에 흩어지게 되었다. 이방 사람들은 그들을 두고 "여호와의 백성인데도 여호와의 땅에서 떠난 자들이구나" 하며 빈정댔고, 이로 인해 하나님의 거룩한 이름이 더럽혀졌다(겔 36:16-21). 포로 된 백성들은 절망에 빠져 자조한다. "우리의 허물과 죄가 이렇게 우리를 누르고, 이로 인해 우리가 쇠약해져 간다. 그런데 우리가 어떻게 살 수 있겠는가?"(겔 33:10) 하지만 이것이 끝이 아니다. 그들을 행위대로 심판하여 흩으신 하나님은 또한 "악인이 죽는 것을 기뻐하지 아니하고, 악인이 그의 길에서 돌이켜 떠나 사는 것을 기뻐하는" 분이시다(겔 33:11). 하나님의 처벌조차 그들의 회복을 의도한 것이었다(겔 18:30-32). "이스라엘 족속이 다시는 나를 떠나서 길을 잃지도 않고, 다시는 온갖 죄악으로 더러워지지도 않게 하여, 그들은 나의 백성이 되고 나는 그들의 하나님이 되게 하려는" 목적이었던 것이다(겔 14:11). 그래서 하나님은 자신의 거룩한 이름을 지키기 위해 행동하신다. 곧 "너희의 악한 길과 더러운 행위대로 하지 아니하고 내 이름을 위하여" 행하실 것이다(겔 20:44, 개역개정). 자기 이름의 거룩함을 회복하시려는 하나님의 움직임이 곧 백성의 희망이 되는 것이다(겔 36:22-23).

새 마음과 새 영을 주리라

선지자는 흩어진 백성들의 귀환을 선포한다. 하나님께서 흩어진 여러 나라 가운데서 그 백성들을 다시 모아 "고국 땅으로 데리고 가실" 것이다(겔 11:17; 34:11-16; 36:24). 물론 그냥 데리고 가는 것으로는 충분하지 않다. 그들을 흩어지게 했던 근본 원인, 곧 그들의 죄악을 해결하지 않으면 안된다. 그래서 하나님은 "맑은 물을 너희에게 뿌려서 너희로 정결하게 하되, 곧 너희 모든 더러운 것에서와 모든 우상에서 너희를 정결케 할 것이다"(겔 36:25). 물론 이는 간단한 일이 아니다. 여기에는 백성들의 "마음과 영을 새롭게 하는" 근본적인 조치가 필요하다(겔 18:31). 우리가 가진 마음과 영을 재생하는 정도가 아니라, 아예 "새 영을 너희 속에 두고, 새 마음을 너희에게 주는" 새 창조의 역사를 필요로 하는 것이다(겔 11:19; 36:26 상). 선지자는 이러한 변화를 일종의 '심장(마음) 이식수술'로 묘사한다. 마음의 할례와 통하는 것이지만, 요구되는 변화가 얼마나 근본적인지를 생생하게 전달하는 이미지라 할 수 있다.

> 너희 육신에서 돌stone 마음을 제거하고 살flesh 마음을 주겠다(겔 11:19; 36:26).

말하자면, 돌처럼 굳어져 기능하지 못하는 심장을 떼어 내고, 살처럼 부드러운, 그래서 건강하게 기능할 수 있는 심장을 넣어 주겠다는 것이다. 이는 사실상 죽은 생명을 살리겠다는 말과 다르지 않다. 이처럼 근본적인 변화를 거쳐야 백성들은 하나님께 순종할 수 있을 것이다. "그러면 너희가 내 모든 규례를 지키고 실천할 것이다"(겔 36:27). 이렇게 하여 언약이 회복될 것이다. "너희가 내 백성이 되고, 나는 너희 하나님이 되리라"(겔 11:20; 36:28).

마음을 새것으로 바꾸겠다는 것, 곧 우리에게 새 영과 새 마음을 주겠다는 것은 '하나님의 영'을 우리에게 주시겠다는 말과 같다. 곧 하나님의 영을 우리에게 주어 우리로 하여금 하나님의 계명을 지키도록 하겠다는 것이다(겔 36:27). 결국 선지자의 선언은 하나님의 성령의 역사로 죽은 자와 다름없는 백성들을 살려 내고, 그들을 다시 하나님의 백성으로 재창조하겠다는 약속과 다름없다. 본문에 이어지는, 그 유명한 마른 뼈 환상이 전달하는 메시지가 바로 그것이다.

죽은 자를 살리시는 하나님의 성령

주님의 영이 선지자를 마른 뼈들이 가득한 골짜기로 데리고 간다(겔 37:1). 신선한 뼈라도 살 수 없겠지만, 이들은 아예 "아주 마른" 뼈들, 곧 생명의 가능성이 전무한 뼈들이다(겔 37:2). 그런데 하나님이 선지자에게 묻는다. "이 뼈들이 살아날 수 있겠는가?" 선지자의 답변은 모호하다. "주 하나님, 주께서 아십니다"(겔 37:3). 하나님은 선지자에게 예언하라 명하신다. "너희 마른 뼈들아, 내가 너희 속에 생명의 영Spirit of life을 불어넣어, 너희가 다시 살아나게 하겠다"(겔 37:5-6). 이 말씀이 선포되자, 뼈들이 서로 이어지고 힘줄이 뻗치고 살이 오르고 피부가 덮였다. 하지만 아직 그들 속에 생기/영은 없었다(겔 37:7-8). 말하자면, 하나님께서 숨결을 불어넣으시기 전 '토기인형' 시절의 아담과 같다. 이제 선지자는 생기/영을 향하여 예언한다. "생기야, 사방에서부터 불어와서, 이 살해당한 사람들에게 불어서 그들이 살아나게 하여라"(겔 37:9). 그러자 생기, 곧 영이 그들 속으로 들어갔고, 그들은 바로 살아나 제 발로 일어섰다. 엄청나게 큰 군대였다(겔 37:10).

그러고는 환상의 해석이 뒤따른다. 마른 뼈들은 이스라엘, 곧 "우리의 뼈가 말랐고, 우리의 희망도 사라졌으니, 우리는 망했다"고 절망하는 이스라엘이다(겔 37:11). 이들을 향해 하나님은 "내가 너희 무덤을 열고, 무덤 속에서 너희를 이끌어 내겠다"고, 그리하여 이스라엘 땅에 돌아가게 해주시겠다고 선언한다(겔 37:12-13). 언약의 회복은 부활이라는 기적을 필요로 한다. 물론, 그 옛날 첫 생명 창조에서 그랬던 것처럼(창 2:7), 마른 뼈를 군대로 만들고, 무덤을 열어 백성을 이끌어 내는 부활의 역사는 하나님의 영, 곧 성령의 역사 없이는 불가능하다. 결국 하나님의 약속은 "내 영을 너희 속에 두어서 너희가 살 수 있도록 하겠다"는 약속과 같다(겔 37:14). 백성을 귀환시키는 역사(겔 37:21), 곧 "범죄한 모든 곳에서" 그들을 "구해 내고" 그들을 "깨끗이 씻어 주어" 언약을 회복하는 역사는 사람의 힘으로 이룰 수 있는 변화가 아니며, 오로지 "죽은 자를 살리는"(4:17) 창조주 하나님의 능력으로만 가능하다. 사실 마른 뼈 환상 이야기가 말해 주는 바는 단순하다. "내 영을 주리니, 너희가 살아날 것이다"(겔 37:5-6, 9-10, 14). 자기 허물의 무게에 눌려, 백성들은 이렇게 절망했었다. "우리가 어떻게 살 수 있겠는가?"(겔 33:10) 이것이 하나님의 답변이었다. "내 영을 주리니, 너희가 살리라."

바울 복음의 핵심

"생명의 성령"에 관한 바울의 신념은 이러한 선지자적 비전과 약속을 바탕으로 깔고 있다. 언젠가는 하나님이 자신의 영을 주실 것이며, 이 영으로 백성들의 마음에 할례를 행하고 그들을 순종하는 자들로 회복하실 것이다. 바로 성령의 약속이요 이 성령을 통한 언약 회복의 약속이다. 다메섹 도상에서 바울이 깨달은 것은 예수 그리스도께서 이 오랜 약속의 성취라는 사실이었다. 선지자들이 고대했던 하나님의 영은 다름 아닌 그리스도의 영이었다. 하나님의 아들 예수는 백성들의 죄를 사하기 위해 십자가에 죽었다가 하나님의 권능으로 다시 살아나셨으며, 이로써 사람들에게 "생명을 주시는 영life-giving Spirit"이 되셨다(고전 15:45). 그의 죽음으로 우리를 율법에서 속량하신 것 또한 믿는 자들에게 "약속된 성령"을 주기 위함이었다(갈 3:14). 어떤 인간적인 자격이나 조건과 무관하게, 이 예수의 죽음과 부활에 관한 소식을 듣고 믿음으로 사람들은 약속하신 성령을 받을 수 있었다(갈 3:2-5; 4:1-7, 특히 4:6). 바로 이 성령이 모든 것의 시작이었다. 그래서 성령은 바울 복음의 핵심이라 불리기에 전혀 손색이 없다.

로마서에서의 성령

하지만 성령이 바울 복음의 중심에 놓인다는 생각은 로마서의 전반부에 성령 이야기가 별로 등장하지 않는다는 관찰과 상반되는 것처럼 보인다. 실제로 1-7장에 이르는 바울의 논의에는 성령에 대한 언급이 매우 드물다. 2, 5, 7장에 각각 한 번씩 언급되는 것이 전부다. 1, 3-4, 6장에는 아예 나타나지 않는다. 상황이 이렇다면, 이는 성령이 바울의 복음 논의에서 별로 중요하지 않다는 의미가 아닌가? 하지만 이는 성급한 판단이다. 바울의 긴 논의에 성령이 드물게 등장하는 것은 1-7장의 논의가 다 나름의 논증적 필요를 반영하는 것이기 때문이다. 오히려 성령에 관한 이야기를 시작하기 전에도, 여기저기서 성령 이야기를 꺼내지 않을 수 없었다고 보는 편이 사실에 가깝다. 사실 로마서에서 본격적인 성령 논의는 8장에 가야 나타나지만, 간간히 드러나는 성령에 대한 언급은 간단한 만큼 또한 결정적인 진술들에 해당한다. 진노를 피하는 진정한 관건은 율법의 순종을 가능하게 하는 "마음의 할례"다. 그런데 이 마음의 할례는 율법 조문을 통해서가 아니라 성령의 역사로만 가능하다(2:29). 십자가가 모든 것의 관건이겠지만, 우리로 하여금 이 십자가의 사랑을 깨닫게 하는 것은 다름 아닌 성령의 역사다. "우리에게 주신 성령을 통하여 하나님의 사랑이 우리 마음에 부어졌다"(5:5). 예수 그리스도를 통해 우리는 율법의 지배에서 벗어났고, "죽은 자 가운데서 살아나신 분" 곧 예수 그리스도의 지배 아래 들어가게 되었다(7:4). 그래서 우리의 종노릇은 더 이상 낡은 율법 조문을 통해 이루어지는 것이 아니라 "성령의 새로움으로" 이루어진다(7:6). 모두 결국 성령이 해답임을 보여주는 진술들이다. 그런 의미에서, 구원의 도리에 관한 바울의 긴 논의가 성령에 관한 이야기들로 종합되는 것은 너무도 자연스러운 일이다.

죄를 해결하는 생명의 성령

율법의 연약함에 절규하는 것은 율법이 "이 사망의 몸"에서 나를 건져 내지 못하기 때문이다. 그리고 하나님을 향해 감사를 외치는 것은 하나님이 "우리 주 예수 그리스도를 통해" 이 구출을 수행하신 것을 알기 때문이다(7:25). 이것이 로마서 8장의 주제다.

이제 그리스도 예수 안에 있는 이들에게는 아무런 정죄도 없습니다 (8:1).

이 멋진 선언은 공중예배에서 참회의 기도에 이은 사죄의 선언에 자주 활용된다. 물론 우리가 원하는 것은 정죄 없음을 선포하는 1절뿐이다. 하지만 이 한 절만을 떼어 내면 바울의 진의를 놓치는 심각한 문제가 발생한다. 성경을 읽을 때 우리는 소위 '끊어 읽기'의 달인들이다. 접속사를 쉽게 생략해 버리는 한글 번역 또한 우리의 습관을 부채질한다. 그럼에도 불구하고 1-4절의 논의는 근거 혹은 목적의 접속사들로 긴밀히 연결된 하나의 덩어리다. 4절까지 다 읽어야 왜 1절의 선언이 가능한지 파악할 수 있다는 이야기다.

그리스도 안에 있는 자들에게 정죄가 없는 이유는 분명하다. "생명의 성령의 법이 죄와 사망의 법에서 나를 해방하였기 때문입니다" (8:2). 여기서 "법"이라 번역된 단어는 헬라어로는 "율법"과 같은 단어이지만, 7:21-23에서처럼 모세의 율법이 아닌 일반적인 "법", 그러니까 구속력이 있는 원칙이라는 의미로 사용된 것 같다. "생명의 성령"이나 "죄와 사망"이 우리의 자율적 선택의 문제가 아님을 잊지 않는다면, "법"이라는 말을 빼고 이해해도 좋을 것이다. 7장에서 밝혀진 것처럼, 우리가 벗어나야 할 사태의 주범은 우리 육신 속에 거하는 죄의 세력이다. 물론 죄의 마지막은 "죽음"이다(6:19-23). 이렇게 죄는 "죽음을 통하여" 우리를 다스린다(5:21). 재미있게도 고린도전서에서는 주객을 바꾸어, 죽음이 죄라는 독침을 이용해 우리를 쏜다고 표현한다(고전 15:56). 물론 이 둘 사이에 실질적인 차이는 없다. 또한 우리의 몸을 "죄의 몸"이라 부르건(6:6) "죽음의 몸"이라 부르건(7:24), 결과는 매한가지다. 우리가 죄에 휘둘리며 죽음에 이르는 삶을 사는 한, 우리는 죄와 죽음의 법에 사로잡혀 있는 셈이다.

그리스도는 우리를 이런 죄와 죽음의 지배에서 구출한다(7:24-25). 죄에게서 벗어난 것이기도 하고(6:7), 또한 율법으로부터 벗어난 것이기도 하다(7:6). 우리가 누구에게 우리 자신을 바치든, 우리는 우리를 바친 그 대상의 종이 된다(6:16). 따라서 우리가 죄의 종이기를 멈추고 하나님의 종이 되었다는 변화는, 그 속에 우리가 죄에게 우리를 바쳐 순종하기를 멈추고 하나님께 우리를 바쳐 순종하게 되는 변화를 수반한다. 우리는 "너희[우리]에게 전하여 준바 교훈의 본을 마음으로 순종함으로써 죄로부터 해방되고 의에게 종이 되었다"는 것이다(6:17-18). 당연한 말이지만, 성령의 역사 없이는 이런 변화를 기대할 수 없다. 그러므로 우리를 "죄와 사망의 법"에서 구출하는 것이 바로 "생명의 성령의 법"이라는 것이다.

이처럼 하나님이 "우리 주 예수 그리스도를 통하여" 우리를 해방했다는 것은 바로 생명의 성령이 우리를 해방했다는 말과 같다. 사실 바울의 생각 속에서 그리스도와 성령은 서로 분리되지 않는다. 죽었다가 부활하신 그리스도 자신이 바로 "영"(고후 3:17-18), 곧 "생명을 주는 영"이시라면(고전 15:45), 그리스도의 십자가 혹은 성육신이 성령 주심을 목적으로 한 것이라는 진술 역시 마찬가지다(갈 3:14; 4:6). 그래서 성령은 "하나님의 영"인 만큼 또한 "그리스도의 영" 혹은 "그 아들의 영"이라고 불린다(8:9; 갈 4:6).

율법의 연약함과 하나님의 해결 방법

바울이 7장에서 역설한 것처럼, 죄와 죽음으로부터의 건져 냄은 율법이 "육신으로 말미암아 연약하여 할 수 없는 그것"에 해당한다(8:3, 개역개정). 율법은 우리의 마음에 할례를 행할 수 없다(2:29). 율법은 우리 육신을 본거지로 활동하는 죄의 세력을 이기지 못한다(7장). 그런 점에서 율법은 "연약하다." 물론 이 연약함은 율법 자체가 문제가 아니라 죄에 휘둘리는 우리 육신에 대한 혹은 "육신을 통한" 연약함이다. 그렇다면 하나님은 이 치명적인 "죄의 육신"을 어떻게 해결하신 것일까?

바울이 끊임없이 강조하는 것처럼, 하나님의 구출작전은 철두철미 "우리 주 예수 그리스도를 통해서" 이루어진다(5:1, 2, 11; 5:21; 6:23; 7:25). 하나님께서 자기 아들을 죄 있는 육신의 모양으로 보내셨다. 예수는 죄는 없었지만, 생생한 육신을 가진 분으로 오셨고, 하나님은 이 예수의 몸 혹은 육신을 내어주어 우리 죄를 위한 속죄제물이 되게 하셨다(3:25; 4:25). 재미있게도 바울은 예수의 죽음을 '육신을 본거지로 활동하는 죄를 정죄하신' 사건으로 해석한다. 말하자면, 죄의 본거지인 육신을 파괴함으로 죄를 무력화했다는 것이다. 율법은 연약하여 죄를 해결하지 못했으며, 오히려 율법의 권위로 우리를 정죄했다(3:19; 7:11, 13). 그런데 하나님은 그 아들 예수의 육신의 죽음을 통하여 오히려 육신 속의 죄를 정죄하셨다. 믿는 자들은 믿음으로 이 죽음을 자기 죽음으로 삼는다. 우리는 "그리스도의 몸을 통하여" 율법에 대해 죽임을 당했다(7:4). 이처럼 우리가 그리스도와 함께 십자가에 못 박히게 된 것은 "죄의 몸이 멸하여 우리가 다시는 죄의 노예가 되지 않도록" 하려는 것이었다(6:6). 예수 안에 있는 자들에게 아무런 정죄도 없는 것은 하나님께서 예수를 통해 정죄의 원인인 죄 자체를 정죄하셨기 때문이다.

하지만 이것이 설명의 전부가 아니다. 죄를 정죄했다는 것은 우리가 정죄 선언에서 벗어났다는 말과 더불어 죄의 지배로부터 벗어났다는 것을 의미한다. 6장에서 바울은 이 점에 대해 상세하게 설명한 바 있다. 그러므로 그리스도는 죄와 죽음의 다스림을 종식시키고, 은혜가 의를 통해 우리를 다스리게 함으로 영생을 향한 길을 열어 주신 분이다(5:21). 그리스도와 믿음으로 연합함으로 우리는 "죽은 자들 가운데서 살아나신 분"에게 속하게 되었고(7:4), 그분 안에서 "생명의 새로움으로 살아가게" 되었다(6:4). 다시 말해, 죄와 율법 아래서의 종살이에서 벗어나 "영의 새로움으로in the newness of the Spirit 섬기는" 삶을 살게 된 것이다(7:6). 8:4이 말하는 바가 바로 이것이다.

순종을 이끌어 내는 성령의 역사

논리상 4절은 1-3절에 묘사된 하나님의 행동의 목적을 진술한다. 생명의 성령이 죄와 사망에서 우리를 해방하신 것은, 또 하나님이 예수의 죽음을 통해 죄를 정죄하고 해치우신 것은 한 가지 분명한 목적을 바라본다. 바로 '우리 안에 율법의 의로운 요구(디카이오마)가 이루어지는 것' 이다. 이는 예수께서 우리를 대신하여 우리의 의가 되셨다는 말과는 달리, 우리의 삶 속에서 율법의 정당한 요구가 이루어지는 것, 곧 우리가 율법의 요구에 순종하는 것을 의미한다. 선지자의 표현대로 하자면, "또 내 영을 너희 속에 주어 너희로 내 율례(디카이오마)를 따라 행하고 내 규례를 지키며 그것들을 행하도록 하겠다"는 말씀이다(겔 36:27, 칠십인역). 성령을 주어 죽은 자를 살리겠다는 약속이 "율례", 곧 '율법의 선한 요구'를 지키도록 만드는 조치였던 것처럼, 생명의 성령으로 우리를 죄와 죽음에서 건지시는 하나님의 역사 역시 우리의 삶 속에서 '율법의 선한 요구'가 이루어지도록 하려는 하나님의 조치였던 것이다.

당연한 말이 되겠지만, 이처럼 율법의 요구가 이루어지는 삶을 사는 우리는 '육신을 따라서가 아니라 성령을 따라서 행하는' 사람들이다. 다음 장에서 상술하겠지만, 육신을 따라서 행한다는 것은 육신을 다스리는 죄의 욕심을 따라 살아가는 것을 의미한다. 또한 성령을 따라서 행한다는 것은 성령께서 우리를 죄와 죽음에서 건져 내신 그 뜻을 따라, 그리고 성령께서 우리에게 제공하시는 새 생명의 능력을 따라 살아간다는 것을 의미한다. 인간적인 힘, 인간적인 가치, 인간적인 기준을 포기하고, 하나님이 주시는 초월적인 은총의 힘으로 살아간다는 것이다. 이처럼 성령은 우리 마음에 할례를 행하시고(2:29), 우리는 성령의 인도를 따라 율법의 의로운 요구를 성취한다. 이것이 바울이 목격한 언약의 성취였다. 하나님이 그 아들 예수 그리스도를 통해, 그리고 "그 아들의 영" 혹은 "예수를 죽은 자 가운데서 살리신 이의 영"을 통해 우리를 새롭게 하심으로 이루신 그 오랜 약속의 성취였던 것이다.

이 책에서 나는 여러 번 복음은 '하향 평준화'가 아니라고 말했다. 약속의 성취는 기존의 요구를 철회함으로 이루어지는 것이 아니라, 인간적 불가능성을 하나님의 초월적 가능성으로 바꿈으로 이루어지는 것이다. "안 해도 좋다"는 선언으로가 아니라 "내 영을 주리니, 너희가 살리라"는 창조주의 열심을 통해 이루어진다는 것이다. 아브라함의 믿음이 잘 말해 주는 것처럼(4장), 복음을 통해 우리가 직면하는 도전은 바로 이것이다. 우리는 하나님이 우리 죽은 몸을 살리시며, 우리를 새로운 존재로 만드실 수 있음을 믿는가? "우리가 어떻게 살 수 있겠는가?" 하는 인간적 절망에 머물 것인가, "내 영을 주리니, 너희가 살리라" 하는 신적 약속에 희망을 걸 것인가? 다음 장에서 우리는 성령의 역사에 대해 보다 상세한 이야기를 듣게 될 것이다.

13. 육신을 따르는 삶과 성령을 따르는 삶

8:5-17

앞 장의 주제는 성령이었다. 우리는 구약 선지자들의 절망과 희망을 더듬으면서, 성령을 주신다는 하나님의 약속이 어떻게 인간적 절망을 초월적 소망으로 바꾸어 놓는지 살펴보았다. 악한 백성들과의 영적 투쟁 속에서 그들은 "안돼!" 하고 주저앉았지만, 동시에 그들은 하나님이 성령으로 역사하실 미래를 고대하며 "하나님이 해주실 거야!" 하는 소망을 불태웠다. 바울은 예수 그리스도의 복음 속에서 이 오랜 약속의 성취를 확인했다. 바울의 신념은, 대속의 논리만 집착하며 절망을 정당화하는 패배주의적 논리가 아니라, 예수 그리스도의 죽음과 부활이라는 역동적 생명 작용을 통해 새로운 삶이 주어졌다는 깨달음이었다. 바울이 구원에 관한 긴 논증을 성령에 대한 이야기로 마무리하는 이유가 바로 거기에 있다.

순종, 새 언약의 차별성

히브리서의 지적처럼, 옛 언약에 문제가 없었다면 새 언약이 필요 없었을 것이다(히 8:7). 물론 예레미야의 지적처럼, 옛 언약의 문제는 분명하다. 백성들의 불순종이다(히 8:8-12; 렘 31:31-34). 그래서 미래의 새 언약은 바로 이 불순종을 해결하기 위해 우리 밖의 돌판이 아니라 우리 속의 마음판에 하나님의 법을 새길 것이다(히 8:10; 렘 31:33; 고후 3:3). 히브리서는 바로 이 순종에서 옛 언약과 새 언약의 차별성을 보았다. 첫 언약의 제사도 범죄한 이의 육체를 정결하게 할 수 있다. 하지만 이는 끊임없는 반복이 불가피한 일시적 조치다. 정작 문제는 짐승을 드리는 첫 언약의 제사가 사람의 '양심'을 깨끗하게 하지 못한다는 사실이다. 예수께서 흠 없는 자신의 몸을 제물로 드린 새 언약의 제사는 바로 이 점에서 첫 언약의 제사를 넘어선다. 바로 우리 양심을 깨끗하게 하여 우리로 하여금 살아 계신 하나님을 섬길 수 있도록 만든다는 것이다.

> 염소나 황소의 피와 암송아지의 재를 더러워진 사람들에게 뿌려도, 그 육체가 깨끗하여져서, 그들이 거룩하게 되거든, 하물며 영원한 성령을 힘입어 자기 몸을 흠 없는 제물로 삼아 하나님께 바치신 그리스도의 피야말로, 더욱더 우리들의 **양심**을 깨끗하게 해서, 우리로 하여금 **죽은 행실에서 떠나서 살아 계신 하나님을 섬기게** 하지 않겠습니까? 그러므로 그리스도는 새 언약의 중재자이십니다(히 9:13-15).

바울의 이야기도 다르지 않다. 만약 첫 언약의 율법이 "생명을 주는 능력"을 소유했더라면 의가 율법을 통해 주어졌을 것이다(갈 3:21).

하지만 "연약한" 율법에는 그럴 능력이 없었다(8:3). 그래서 복음은, 율법이 할 수 없었던 일을 하나님이 어떻게 하셨는지(8:3), "우리 주 예수 그리스도로 말미암아" 이 순종의 언약을 어떻게 맺으시는지에 관한 이야기다. 순종이 필요 없는 하향 평준화가 아니라, 순종을 가능하게 하는 생명과 부활의 이야기다. 그래서 바울은 "마음의 할례"를 이야기하고, 이를 가능하게 하는 성령의 역사를 이야기한다(2:29). 물론 성령의 역사는 인간의 산물이 아니다. 그래서 바울은 예수 그리스도의 죽음과 부활을 이야기하고, 그분을 향한 믿음을 선포한다(갈 3:2-5). 순종을 대치하는 믿음이 아니라, 순종/행위를 가능하게 하는 믿음에 관해 말했던 것이다(1:5; 갈 5:6; 살전 1:3). 한마디로 새 언약의 차별성은 순종에 있다. 하나님의 영으로 죽은 사람이 살아나듯, 불순종을 순종으로 바꾸는 "생명의 성령"이 새 언약의 핵심이다. 바울이 자신의 사도적 섬김을 성령의 섬김으로 규정하는 이유가 바로 여기 있다(고후 3:6; 빌 3:3; 롬 15:18). 생명의 성령을 통해 우리를 죄의 지배에서 건져 내고, 성령을 따라가는 우리의 삶 속에 율법의 요구가 이루어지도록 하는 것, 바로 여기에 복음의 "자랑스러움"이 있는 것이다(8:4; 1:16).

성령과 육신의 대립

이렇게 바울은 율법 요구의 성취에 관해 말한다. 물론 이는 그리스도에 의한 대속적 성취가 아니라, '육신을 따르지 않고 하나님의 영을 따르는 우리들 안에서' 구체화되는 성취다. 그러니까 우리 자신이 율법의 요구를 성취한다는 말이다. 물론 우리 삶의 과정은 성령만 이야기하면 끝날 정도로 단순하지 않다. 그래서 바울의 이야기는 우리 삶을 규정하는 근본적 갈등, 곧 성령과 육신의 대립이라는 익숙한 이야기로 옮아간다.

신자들은 "육신이 아니라 그[하나님의] 영을 따라 살아가는" 자들이다(8:4). 여기서 성령과 육신은 모두 우리 삶의 태도와 관련된 이야기들이다. 성령과 육신 자체의 개념을 따지기보다는 성령을 따라 살아가는 삶의 모양, 혹은 육신을 따라 살아가는 삶의 모양을 묻는 것이 더 중요하다. 그렇지만 이 점에 대해서도 설명이 길지 않다. 바울의 어조로 판단하건대, 로마의 독자들은 성령 혹은 육신을 좇는 삶이 무엇인지 잘 알았음에 틀림없다. 말하자면 신자들의 상식에 속한 사항이라는 것이다. 그렇다면, 우리라고 이를 어렵게 정의할 필요가 없다. 4절과 7절에서 볼 수 있듯이, 성령을 따르는 삶은 하나님의 법에 맞게 사는 것을 의미하고, 육신을 따르는 삶은 하나님의 법을 무시하고 내 욕심에 따라 사는 것을 의미한다.

성령과 육신의 선명한 이분법은 육신을 따를 가능성을 전제한다. 예수께서 말씀하신 것처럼, 우리의 삶은 언제나 좁은 문과 넓은 문을 사이에 둔 선택의 연속이다. 물론 우리의 선택은 중요하다. 바로 이 선택에 우리의 영원이 달려 있기 때문이다. 사람들이 즐겨 찾는 넓은 문은 멸망을 향해 열린 문이다. 반면, 영생을 향해 열린 문은 사람들이 잘 찾지 않는 좁은 문이다(마 7:13-14). 우리는 종종 우리의 운명이 확정된 것처럼 말하지만, 엄밀한 의미에서 이는 사실이 아니다. 물론 우리는 미래를 확신한다. 하지만 이 확신은 우리를 향한 하나님의 신실함에 근거한 것이지(8:31-39), 우리의 미래가 무조건

보장되어 있다는 식의 결정론적 오만 때문이 아니다. 바울의 성령론 역시 열린 미래를 전제한다. 멸망/죽음 혹은 영생이라는 두 미래를 향한 두 가지 상이한 길, 곧 성령의 삶과 육신의 삶 사이의 선택에 관해 말하고 있는 것이다.

바울은 율법 요구의 성취에 관해 말한다. 당연히 이는 우리가 "성령을 따라 살아간다"는 전제하에서다. 육신을 따라 산다면, 율법 요구의 성취를 기대할 수 없다. "왜냐하면"(개역성경이나 새번역 등은 이 접속사를 생략하고 있다) "육신을 따르는 자들은 육신의 일을 생각하고, 영을 따르는 자들은 영의 일을 생각하기" 때문이다(8:5). 여기서 육신 혹은 영을 "따른다"고 번역된 말은 "따라 살아간다"고 번역한 4절과는 다소 다르다. 4절의 표현이 구체적 삶의 행보를 가리키는 것이라면("행한다"), 5절은 보다 근본적인 존재 방식 자체를 가리킨다. 우리가 "육신 안에 있다" 혹은 "영 안에 있다"는 말과 같다(8:8-9). 우리의 존재 자체가 육신에 의해 규정된다면, 우리는 당연히 "육신의 일들"을 생각할 것이다. 반면 성령이 우리의 존재를 규정한다면, 우리는 "영의 일들"을 생각할 것이다. 여기서 "생각"은 행동과 분리된 추상적 사고가 아니라, 행동의 방향을 결정하는 생각을 가리킨다. 그런 의미에서 이는 보다 역동적인 "의도" 혹은 그 실현을 도모하는 "궁리"의 의미에 가깝다. 그런 의미에서 "생각한다"는 것은 곧 무언가를 "추구한다"는 것과 다르지 않다(골 3:1-2). 이런 삶 이후에는 "죽음" 혹은 "생명과 평안"이라는 필연적인 결과가 수반된다(8:6). 육신의 생각 자체가 죽음 혹은 생명과 평안이라는 말이 아니라, 육신의 생각과 성령의 생각이 그런 결과를 초래할 것이라는 뜻이다(8:13; 6:21-23; 참조. 갈 6:7-9). 예수님은 이를 멸망과 영생이라고 표현했다(마 7:13-14; 25:46).

육신의 불가능성을 극복하는 성령의 능력

육신의 생각, 곧 육신의 생각에 이끌리는 삶이 죽음에 이르는 "넓은 길"인 것은, 그것이 하나님과 원수관계에 있는 삶이기 때문이다. 하나님의 진노를 촉발하는 삶의 방식이다(1:18; 2:8-9; 6장). 이를 달리 말하면, "하나님의 법에 굴복하지 않는다"는 말이 된다(8:7). 물론 "하지 않는다"는 것이 문제의 전부라면 해결이 쉬웠을 것이다. 하지만 사태는 이보다 더 심각하다. 육신적 삶이 하나님의 법에 굴복하지 않는 것은 "할 수 없기" 때문이다(8:7). 이런 논리를 고려하여, 6-7절을 풀어 써 보면 이런 식이 될 것이다.

> 육신의 생각은 죽음이며, 영의 생각은 생명과 평안입니다. 왜냐하면 육신의 생각은 하나님과 원수가 되기 때문입니다. 이처럼 육신의 생각이 하나님과 원수가 되는 것은 육신의 생각이 하나님의 뜻에 굴복하지 않기 때문입니다. 그리고 육신의 생각이 하나님의 뜻에 굴복하지 않는 것은 하려고 해도 할 수 없기 때문입니다.

"할 수 없다"는 마지막 표현에서 드러나듯, 현재의 도덕적 상황은 단순한 취사선택을 넘어, 가능성과 불가능성의 문제로 파악된다. 한마디로 육신에 속한 존재의 비극성은 그가 "하나님을 기쁘시게 **할 수 없다**"는 사실에 있다(8:8). 바울은 7장에서 육신에 속한 존재의 도덕적 불가능성을 처절하게 묘사한 바 있다. 인간 존재를 "종노릇"으로 묘사하는 데서 분명히 드러나는 것처럼(6장), 사태의 핵심은 "몰라서"보다는 "할 수 없어서" 쪽에 가깝다. 죄의 전횡 아래서, 우리의 문제는 선을 모르는 것이 아니라 알면서도 행할 수 없다는 무력함이다.

하지만 그리스도인의 삶은 다르다. 바울은 육신에 속한 삶의 절망에 관해 말하지만, 이는 우리가 그런 삶을 살고 있기 때문이 아니라, 현재 삶의 본질을 더욱 선명히 하기 위한 어두운 배경이 필요해서다. 우리의 현재에 대한 바울의 선언은 간단명료하다.

> 그러나 여러분은 육신 안에 있지 않고, 영 안에 있습니다(8:9).

이러한 선포는 6장에서 선언했던 바를 떠올리게 한다.

> 이와 같이 여러분도 죄에 대해서는 죽은 사람이요, 그리스도 예수 안에서 하나님께 대해서는 살아 있는 사람이라는 것을 알아야 합니다(6:11).

죄에 대한 죽음은 죄와의 결별, 곧 죄의 지배가 끝났음을 의미한다. 죽음으로 인해 죄의 전횡에서 벗어났다. 이제 우리의 삶은 하나님과의 관계 속에서 이해된다. 죄가 아니라 하나님에 의해 좌우되는 삶이 "그리스도 예수 안에서" 주어졌다. 8장은 이를 성령과 육신의 이분법으로 새롭게 진술하고 있는 것이다.

물론 새로운 삶의 선포는 현실과 무관한 추상적 외침이 아니라,

그대로 우리의 현실에 얽힌 이야기다. 죄와의 관계가 소멸되고, 하나님과의 관계가 확립되었다면, 필연적으로 이는 우리 삶의 방식 자체가 달라졌음을 의미한다. 6장의 방식으로 말하면, 죄로부터 해방되어 의의 종이 되는 신분의 변화는 "전해 받은 교훈의 본을 마음으로부터 순종하는" 실천적 변화를 동반한다(6:17). "죄의 종이 아니라 의의 종"이라는 고백은 하나님의 은총에 근거한 초월적 선포이지만, 이 선포가 삶으로 구체화될 때, 필연적으로 이는 죄 섬김에서 하나님 섬김으로, 부정과 불법에서 거룩함으로의 변화를 동반한다는 것이다. 바울의 어조와 정확히 일치하는 것은 아니지만, 칼뱅식으로 말하자면, 칭의라는 법정적 선포는 반드시 성화라는 도덕적 변화를 수반한다. 성화가 없는 칭의란 존재하지 않는 허구다. 당시의 신학적 사정으로 인해, 칼뱅은 믿음과 행위, 칭의와 성화를 엄밀히 구분하지만, 현실적으로 이 둘이 분리될 수 없다는 사실에도 큰 방점을 찍는다.

성령과 부활

6장에서 묘사한 이러한 도덕적 변화가 8장에서는 성령의 언어로 새롭게 표현된다. "하나님의 영이 여러분 안에 거하신다면 여러분은 육신 안에 있지 않고 영 안에 있습니다"(8:9). 곧 우리의 존재는 육신이 아니라 영에 의해 규정된다(8:5). 하나님과 적대적인 삶을 꿈꾸지 않고, 오히려 하나님의 법에 굴복하며 살아간다(8:7). 그래서 우리는 육신을 따라 살아가지 않고, 하나님의 영을 따라 살아가며, 이런 삶을 통해 "율법의 요구를 성취한다"(8:4). 그렇다. "만일 하나님의 영이 우리 안에 거하신다면" 이런 삶이 가능하다는 것이다. 하나님의 영, 곧 생명의 성령이 죄와 사망의 삶에서 우리를 해방하셨기 때문이다(8:2).

그러나 누구든 그리스도의 영이 없다면, 그 사람은 그리스도에게 속한 사람이 아니다(8:9 하). "하나님의 영"이 "그리스도의 영"으로 바뀌었고, "육신·영 안에 있다"는 말이 "그리스도에게 속한 사람이 아니다"라는 말로 바뀌었지만, 의미는 동일하다. 하나님의 영은 익숙한 성경적 숙어이지만, 그리스도의 영이라는 말은 새로운 교회의 고안물이다. 하나님이 약속하신 성령의 역사가 그리스도를 통해 구현되었다는 신념의 표현이다. 그래서 언약을 회복하는 새 생명의 영은 "그[하나님의] 아들의 영"으로 불린다. 심지어는 부활하신 그리스도 자신이 영(고후 3:17), 곧 "생명을 주시는 영"으로 묘사되기도 한다(고전 15:45). 그리스도께 속한 사람, 바로 이들이 육신 아닌 성령 안에서 살아가는 사람들이다.

이처럼 우리 속에 그리스도의 영을 가졌다는 것은 실질적으로 그리스도께서 우리 속에 거하신다는 말과 같다. 그래서 다음 구절에서는 아예 그리스도로 말을 바꾼다.

> 만일 그리스도께서 여러분 안에 계시면, 몸은 죄 때문에 죽은 것이지만, 영은 의 때문에 생명을 얻습니다(8:10).

이는 우리가 육신 안에 있지 않고 영 안에 있다는 9절을 달리 표현한 것이다. 대단히 축약된 표현이라서 해석이 쉽지 않지만, 다행히 뒤

따르는 구절이 그 의미를 선명하게 풀이해 준다.

> 예수를 죽은 자들 가운데서 살리신 분의 영이 여러분 안에 있으면, 그리스도를 죽은 사람들 가운데서 살리신 분께서, 여러분 안에 있는 자기의 영으로 여러분의 죽을 몸도 살리실 것입니다(8:11).

의미심장하게도 여기서 성령은 "예수를 죽은 자들 가운데서 살리신 분"이라 불린다. 성령은 하나님의 영이다. 그런데 이 하나님은 "죽은 자를 살리시며 없는 것을 있는 것처럼 부르시는" 분이다(4:17). 물론 창조주 하나님의 살리는 능력이 가장 극적으로 나타난 사건은 그리스도의 부활이다. 그래서 바울에게 있어 하나님은 무엇보다도 "예수를 죽은 자들 가운데서 살리신 분"으로 고백된다(갈 1:1). 신자들이란 곧 "예수 우리 주를 죽은 자 가운데서 살리신" 분을 믿는 자들인 것이다(롬 4:24, 개역개정).

예수는 "죽은 자 가운데서 살아나신 분"이시다(7:4). 우리가 예수와 하나된다는 것은, 그의 죽음을 우리 것으로 하는 것이기도 하지만, 또한 그의 부활을 우리 것으로 하는 것이기도 하다. 물론 그는 이미 부활의 첫 열매가 되었지만, 아직 우리 순서는 오지 않았다(고전 15:20-28). 그래서 부활하신 그리스도와 하나된 우리는 언제나 우리 역시 그와 함께 부활할 것이라는 소망을 품고 살아간다.

> 우리가 그리스도와 함께 죽었으면, 그와 함께 우리도 또한 살아날 것임을 믿습니다(6:5, 8).

> 주 예수를 다시 살리신 분이 예수와 함께 우리도 다시 살리셔서 여러분과 함께 그 앞에 서게 하실 것을 알고 있습니다(고후 4:14).

사실 이것이 고린도전서 15장 전체의 주제다. 교회의 공통된 고백처럼, 예수께서 부활하신 것이 사실이라면, 우리의 부활 역시 확실하다는 것이다(살전 4:13-18). 물론 로마서 8장에서 분명히 밝히는 것처럼, 성경이 말하는 부활은 우리의 "죽을 몸을 살리시는" 것, 곧 몸의 부활로 설명한다(8:11, 23; 고전 15:35-58). 물론 현재의 몸은 "죄의 몸"으로(6:6), 죽음을 피할 수 없는 "죽음의 몸"이요(7:24) 썩을 수밖에 없는 몸이다. 하지만 우리의 육체가 죽는다고 해서 그 이후의 삶이 소위 영적이기만 한 것은 아니다. 우리의 몸은 부활할 것이기 때문이다. 그리고 그 몸은 "영적인 몸", 곧 부패하지 않을 영원한 영광을 지닌 몸이 될 것이다(고전 15:42, 44, 52-54). 우리는 부활한 몸으로 하나님 나라에 들어갈 것이며, 또 부활한 몸으로 영생의 복을 누릴 것이다. 이것이 바로 구원의 소망이다.

성령과 새로운 삶

"예수를 죽은 자들 가운데서 살리신 분의 영"이라는 표현은 성령이 부활과 관련됨을 말해 준다. 그래서 성령은 "생명의 성령"이다(8:2). 하나님의 영으로 아담이 생명(soul)을 얻게 되었고(고전 15:45; 창 2:7), 죽은 아브라함의 몸과 사라의 태가 성령으로 살아나 이삭이 태어났다(갈 4:29). 또한 앞 장에서 살펴본 것처럼, 에스겔은 마른 뼈 환상을 통해 죽은 자들이 하나님의 성령으로 살아나 언약이 회복될 미래를 꿈꾸었다. 바울에게도 부활은 하나의 약속이요 간절한 소망이었다(행 24:15; 26:7-18). 그리고 그는 부활하신 예수를 만났다. 십자가에 달려 저주의 죽임을 당했지만, 하나님이 다시 살려 내신 나사렛 예수를 만났던 것이다(행 9장; 고전 9:1; 15:8). 물론 예수의 부활 역시 성령의 역사였다. 예수는 "성결의 영으로 죽은 자들 가운데서 부활하여 능력으로 하나님의 아들로 인정되신" 분이다(1:4).

바울에게 있어 성령의 역사는 현재형이다. 몸의 부활은 미래이지만, 어떤 면에서 부활의 생명은 믿는 자들에게 벌써 작용하고 있다. 바울이 여러 번 이야기하는 것처럼 말이다.

> 우리는 세례를 통하여 그의 죽으심과 연합함으로 그와 함께 매장되었습니다. 그것은, 그리스도께서 아버지의 영광으로 말미암아 죽은 사람들 가운데서 살아나신 것과 같이, 우리 또한 생명의 새로움을 통해 살아가도록 하기 위함입니다(6:4).

사실 우리가 고대하는 미래 몸의 부활은 현재 우리의 삶 속에 성령께서 역사하신다는 사실의 자연스러운 열매다. 하나님이 부활의 영으로 우리 죽을 몸을 살리실 것이라는 소망은 동일한 부활의 영이 "너희 안에 거하시면"이라는 현재적 조건의 미래적 귀결인 것이다(8:11). 그렇다면 결국 중요한 것은 우리 삶에 성령이 역사하는 일, 곧 우리가 "성령을 따라 살아가는" 것이다. 뒤집어 말하면, 오늘의 삶이 성령의 인도 속에 있지 않다면, 여기서 미래 부활을 소망할 근거는 없다. 하나님의 법칙은 콩 심으면 콩 나고 팥 심으면 팥 나는 농

사처럼 필연적이다. 성령에다 삶의 씨를 뿌리는 사람만이 영생을 수확할 것이며, 육신에다 삶의 씨를 뿌리는 사람은 썩어짐을 수확할 수밖에 없는 것이다(갈 6:7-9).

우리는 우리 마음대로 살 수 있는 존재가 아니다. 바울은 우리가 "빚진 자"라고 말한다(8:12). 우리가 가진 새 생명은 우리 노력의 결과가 아니라 초월적 은총의 산물이다. 이 은총에는 하나님의 아들의 희생이라는 엄청난 대가가 소요되었다. 말하자면 우리는 "값을 주고 사신 바 된" 존재들, 그래서 마음대로 살아갈 수 없는 하나님의 노예들이다(고전 6:20). 우리는 우리 마음대로 죽거나 살거나 할 권리가 없다. 그리스도께서 우리를 위해 죽었다가 다시 살아나셨고, 이로써 그분은 죽은 자와 산 자의 주님이 되셨기 때문이다(14:8-9).우리를 죄와 사망에서 건지신 것은 육신이 아니라 생명의 성령이다(8:2). 그렇다면 육신의 욕망을 버리고, 성령을 따라 사는 것이 당연하다. 갈라디아서의 표현처럼, "우리가 성령으로 생명을 얻은 것이라면, 성령으로 살아가는 것이 마땅합니다"(갈 5:25). 우리는 육신에게 빚진 자들이 아니며, 따라서 육신을 따라 살아가서는 안된다.

물론 우리가 육신을 피하고 성령을 따라야 하는 것은 현재의 신분 때문만은 아니다. 여기에는 또 하나의 실질적인 이유가 있는데, 그것은 우리가 "육신대로 살면 죽을 것"이라는 엄연한 사실 때문이다(8:13, 6). 현재의 선택이 영원을 좌우한다는 사실은 로마서에서도 지속적으로 강조되는 사항 중 하나다(1:18; 2:6-11; 6:19-23). 우리는 성령에 빚진 자들이므로 성령을 따라 살아야 하지만, 만일 우리가 육신을 따라 산다면 죽음이라는 종말론적 결과를 피할 수 없다.

우리는 죄에 대해 죽고 하나님을 향해 살아가는 존재로서 더 이상 죄를 지어서는 안되지만, 만일 우리가 죄의 종처럼 살아간다면 그 필연적인 결과는 최종적인 죽음이다(6:16, 21, 23). 반면 우리가 "영으로써 몸의 행실을 죽이면 살 것이다"(8:13). 여기서 "몸의 행실"은 육신을 따르는 삶과 같다. 죄의 종으로 살면서 부정과 불법이라는 결과를 내는 삶을 산다는 것이다(6:19). 그러므로 성령으로 몸의 행실을 죽인다는 것은, 우리 속에 내주하시는 성령의 인도를 따라 육신적 욕망을 제어하고 '하나님의 법에 굴복하며' 사는 것을 의미한다. 바로 이러한 역동적 삶을 살아가는 자를 두고 "하나님의 영으로 인도함을 받는 자들", 곧 "하나님의 아들"이라 부른다(8:14).

자녀들의 외침, "아바 아버지!"

신자들은 하나님의 자녀들이다. 바울에게 있어 이 신분은 무엇보다도 성령을 받았다는 사실과 관련이 깊다. 우리가 받은 영은, 우리를 두렵게 하는 종살이의 영이 아니라 우리를 하나님의 자녀로 입양되게 하는 "입양의 영"이다(8:15, 개역성경에는 "양자의 영"이라고 번역되었다). 이 성령은 물론 "그리스도의 영", 곧 "그[하나님의] 아들의 영"이다(갈 4:6). 따라서 성령을 받은 우리는 그리스도와 더불어 하나님의 자녀가 되고, 하나님을 향하여 "아바 아버지"라 부르짖는다(8:15). 재미있게도 갈라디아서에서는 우리가 아니라 성령이 "아바 아버지"라 부르짖는다. 물론 로마서에서도 동일한 생각이 나타난다. 성령이 아바 아버지를 부르짖는다는 것은, 곧 "성령이 친히 우리 영과 더불어 우리가 하나님의 자녀인 것을 증언하신다"는 것을 의미할 것이기 때문이다(8:16).

여기서 "아바 아버지"는 차분한 속삭임이 아닌 고뇌에 찬 부르짖음이다. 하나님을 아버지로 부르는 일, 우리가 하나님의 자녀임을 고백하는 일은 잔잔한 마음으로 되새길 수 있는 생각이 아니라, 고통 중에 부르짖어야 할 진리에 속한다. 왜 그럴까? 바울이 갈라디아서와 로마서에서 두 번 소개하고 있는 "아바 아버지"는 겟세마네 동산에서 기도하실 때 예수님께서 외치셨던 부르짖음을 그대로 인용한 것이다(막 14:36). 물론 예수님은 그냥 아람어로 "아바"라고만 외치셨을 것이다. 그런데 마가나 바울이 그냥 "아버지"라고 하지 않고, 아람어 "아바"를 그대로 둔 채 번역어 "아버지"를 덧붙인 것은 아마도 이것이 예수님의 외침임을 중요하게 생각했기 때문이었을 것이다. 그러므로 예수께서 "아바"를 외치신 순간은, 잔잔한 기쁨이나 차분한 명상의 문맥에서가 아니라 자신의 뜻과 하나님의 뜻, 곧 성령의 길과 육신의 길이 서로 갈등하고 투쟁하는 실존적 고뇌의 상황에서다. 여기서 "아바 아버지여" 하는 아들의 외침은 "이 잔을 내게서 옮겨 주십시오" 하는 인간적 욕구를 "나의 원대로 하지 마시옵고 아버지의 원대로 하옵소서"로 바꾸는 결정적 계기로 작용한다(막 14:36). 아버지를 부를 때 우리는 그 아버지의 아들이라는 정체성을 생각하고, 하나님의 아들 된 우리의 정체성은 우리가 어느 길을 선택해야 할 것인지를 말해 준다.

그러기에 하나님의 자녀됨은 수동적으로 소유할 수 있는 정태적 신분이 아니라 아들다운 삶을 통해 유지되어야 하는 역동적 관계다. 아직 최종적인 완결을 남겨 두고 있는 상태라는 것이다. 그래서 바울의 표현은 둘 사이를 오간다. 우리는 이미 하나님의 자녀이기도 하면서, 또 자녀로 입양될 것을 기다리고 있기도 하다(8:16, 23). 그래서 성령과 우리의 관계는 역동적이다. 우리 안에 성령이 내주하고, 우리는 성령을 소유한다(8:9). 구체적으로 이 소유는 우리가 살아가면서 "성령의 인도를 받는다"는 것을 의미하며(8:14), 육신과의 투쟁 속에서 성령의 인도는 우리가 "영으로 몸의 행실을 죽인다"는 것을 의미한다(8:13). 이런 영적·도덕적 투쟁의 문맥에서 우리와 성령은 한목소리로 "아바 아버지"를 부르짖는다.

아들이 상속자다

그런데 하나님의 아들이라는 타이틀은 구체적으로 무슨 뜻일까? 성경이 우리를 하나님의 아들이라고 부를 때 전달하고자 한 의미가 무엇일까? 하나님의 자녀라는 말 자체가 소중한 것 아니냐고 반문할 수도 있겠지만, 사실 바울이 하나님의 아들/자녀라는 개념을 사용할 때는 그 나름으로 강조하고 싶은 중요한 진리가 있다. 바로 "아들이니까 상속자"라는 사실이다. 그래서 바울은 우리의 신분을 "종이 아니라 아들"이라고 애써 구분한다. 종은 시간이 흘러도 종이다. 반면 상속자인 아들은 때가 되면 주인이 되고, 아버지의 유산을 상속한다. 우리가 하나님의 아들이라는 사실이 신나는 이유가 바로 여기에 있다. "아들이면 상속자, 곧 하나님의 상속자다"(8:17). 잠시 후에 설명되는 것처럼, 하나님의 상속자란 하나님의 영광을 상속할 자들이라는 의미다(8:18). 물론 원조 아들/상속자는 그리스도다. 그런데 우리가 그를 통해 입양되어 아들/상속자가 되었다. 그래서 우리는 이제 그리스도와 더불어 아들/상속자의 지위를 누린다. 곧 우리는 "그리스도와 공동 상속자들이다"(8:17, 개역개정에는 "그리스도와 함께한 상속자"라고 번역되었다).

이 점은 갈라디아서에서도 매우 강조된다. 그리스도는 원조 "아브라함의 씨"(개역성경에는 "아브라함의 후손"이라고 번역되었다)다. 우리는 세례를 통해 그리스도와 연합함으로 우리 역시 "아브라함의 씨"가 된다. "아브라함의 씨"가 좋은 이유는 "아브라함과 그 씨에게" 주어진 약속을 상속할 것이기 때문이다(갈 3:16, 29). 하나님의 아들 개념도 마찬가지다. 하나님은 자신의 아들을 보내 주셔서 우리를 율법으로부터 속량하고 하나님의 자녀로 삼아 주셨다(갈 4:5). 그리고 우리에게 그 아들의 영을 보내 주셔서 아바 아버지라 부르짖게 하셨다(갈 4:6). 바울의 결론은 선명하다. "그러므로 이제부터 당신은 종이 아니요 아들이며, 아들이면 하나님으로 말미암아 유업을 받을 자입니다"(갈 4:7). 사라와 하갈의 알레고리는 이 점을 더욱 부각시킨다(갈 4:21-31). 아브라함에게는 두 아들이 있었다. 한 아들은 육신을 따라 여종에게서 태어났고, 한 아들은 약속/성령으로 자유한 여인에게서 태어났다. 그리고 이 차이가 그들의 운명을 결정짓는다. "여종의 자녀가 자유 있는 여자의 아들과 더불어 유산을 나누어 가질 수 없다"(갈 4:30). 아들과 종의 차별성은 아들에게 미래가 있다는 사실이다. 물론 우리가 상속할 미래는 영생, 하나님 나라, 하나님의 영광 등의 다양한 표현으로 불린다. 한마디로 구원이다(5:9-10).

여기서도 바울은 이 상속자됨이 역동적 삶으로 표현되는 것임을 재확인한다. "우리가 상속자"라는 선언에는 "우리가 그와 함께 영광을 받기 위하여 고난도 함께 받는다면" 이라는 분명한 조건이 붙는다(개역성경은 풀어서 번역했지만, 원래는 조건문이다). 앞에서 성령의 인도를 받고, 성령으로 몸의 행실을 죽이는 것으로 묘사된 삶이 여기서는 보다 구체적으로 "고난" 으로 명시된다. 우리가 그리스도와 함께 고난을 받는다면, 우리는 그리스도와 함께한 공동 상속자다. 이를 뒤집어, 우리가 그와 더불어 고난받기를 거절한다면, 우리는 스스로 상속자로서의 미래를 포기하는 셈이 된다. 육신을 따라 살면서 영생을 기대할 수는 없기 때문이다. 그래서 바울은 5장에서 이미 고난에서 영광에 이르는 여정을 선명하게 요약한 바 있다. 환난은 믿음에 대한 도전이며, 따라서 소망을 막는 장애물일 수도 있지만, 우리는 "환난 중에서도 〔하나님의 영광에 대한 소망으로〕 기뻐합니다. 왜냐하면 환난은 인내를 낳고, 인내는 연단된 성품을 낳고, 연단된 성품은 소망을 낳기 때문입니다" (5:3-4).

앞으로 이어지는 이야기는 고난의 현실 속에서 유지되는 미래의 소망에 관한 것이다. 하지만 우리는 이쯤에서 다시 숨을 골라야 할 것 같다. 미래의 소망과 관련된 주제는 소위 '구원의 확신' 이라는 주제와 맞물려 보다 신중한 묵상이 필요한 대목이기 때문이다. 다음 장에서 그 부분을 생각해 보기로 하자.

14. 소망의 근거, 하나님의 사랑

8:18-39

미래를 열어 주는 복음

지금까지 여러 번 강조한 것처럼, 성경의 구원 이야기는 '미래의 열림'에 관한 이야기다. 우리가 달라졌다는 것은 이 현실이 구원의 낙원으로 변했다는 것이 아니라, 이 어두운 절망 속에 미래를 향한 출구가 만들어졌다는 이야기다. 물론 시작은 중요하다. 시작이 없다면 그 다음도 없을 테니까. 하지만 시작은 시작일 뿐 마지막은 아니다. 이런 사실을 인식하는 것이 믿음의 후퇴로 여겨진다면, 그런 사람들은 신약성경을 다시 읽어 보면서 소망과 기다림의 언어가 왜 그렇게 많은지를 숙고해 보는 것이 좋을 것이다.

생각의 흐름을 위해, 앞 장의 내용을 돌이켜 보자. 성령이 없는 사람은 그리스도인이 아니라면(8:9), 그리스도인의 정체성을 결정하는 가장 중요한 요소는 성령이다. 성령은 하나님의 영이다(8:9, 14). 물론 이는 구약과 유대적 전통에서 자란 사람들에게는 익숙한 표현이다. 그런데 바울은 한 걸음 더 나아가 이 영을 또한 "그리스도의 영"

이라 부른다(8:9). 그리스도는 하나님의 아들이시므로, 이 성령은 "그 아들의 영"이라고도 불린다. 하나님께서 우리에게 아들이신 그리스도의 영, 곧 "그 아들의 영"을 보내셨다는 것은 우리도 그리스도처럼 하나님의 아들로 입양되었다는 신분의 변화를 포착한다. "여러분들이 자녀이기 때문에 하나님께서 그 아들의 영을 여러분의 마음 안에 보내셨습니다"(갈 4:6). 그런 의미에서 성령은 자녀 아닌 자들을 하나님의 자녀로 만드는 "입양의 영the Spirit of adoption"이다(개역성경은 "양자의 영"으로 옮겼지만 "양자됨의 영" 혹은 "입양의 영"이 좀 더 정확한 번역이다). 그래서 성령을 받은 우리는 성령과 더불어, 그리스도의 외침을 본받아 "아바 아버지!"라 부르짖는다(8:15).

또한 자녀됨은 상속자 신분으로 규정된다. 하나님의 자녀가 되었다는 말은 그리스도와 더불어 하나님의 영광을 상속할 "상속자"가 되었다는 말이다(8:17; 갈 3:29; 4:7; 엡 3:6). 여기에 자녀됨의 실질적 유익이 있다. 우리에게 미래가 약속되었다는 것이다. 자유로운 자녀의 신분이 종의 신분과 대조되는 이유가 여기에 있다. 자유로운 자녀들은 미래를 상속할 자들이지만, 종들에게는 상속의 소망이 존재하지 않는다(8:15; 갈 4:7, 30). 바로 이것이 '기쁜 소식'의 핵심이다. "세상에서 소망이 없던"(엡 2:12) 자들에게 미래를 상속할 새로운 희망이 생겼다(엡 3:6). 예수 그리스도의 십자가와 부활의 복음 속에 우리를 의롭게 하시는 하나님의 의가 나타났고(3:21-4:25), 이로써 우리는 하나님의 영광을 기쁨으로 소망하는 은혜의 자리에 들어오게 되었다(5:1-2). 이를 위해 하나님은 자녀들에게 성령을 주셨으며, 자녀들은 성령의 인도를 따라 하나님의 뜻, 곧 "율법의 규정"

을 그 삶 속에 구현함으로 영생을 향한 여정을 이어간다(8:1-4, 13; 갈 5:16-25; 6:7-9).

영적 투쟁 속의 소망

이처럼 절망에서 소망으로 옮겨가는 이야기는 정태적 정황에서 기술되는 추상적 교리가 아니라, 우리 삶 자체를 물고 들어가는 역동적 변화의 이야기다. 성령이 우리 속에 거한다는 말은 우리 삶이 성령의 인도를 받는다는 말이 되고(8:9, 11, 14), 이는 다시 우리가 "성령에 의해 죄의 몸이 욕망하는 삶의 방식을 죽인다"는 말로 풀이된다(8:13). 우리는 아직 육신 속에 있어도, "육신에 빚을 진 것처럼 육신의 욕망을 따라" 멸망을 향한 삶을 살 수는 없다(8:12). 오히려 우리의 삶은 끊임없이 성령의 인도하심을 따르는 결단, 곧 성령의 가르침과 도움을 받아, 죄의 욕망을 따르는 "몸의 행실을 죽이는" 결단으로 나타난다(8:13).

"죽인다"는 표현의 과격함이 시사하듯, 현재의 삶에서 성령의 인도를 따르면서 미래의 약속을 소유한 하나님의 자녀로서의 정체성을 지키는 일은, 우리에 대한 지배를 재탈환하여 우리를 죄의 노예로 되돌리려고 하는 육체의 욕망과의 치열한 전투의 양상을 띤다. 바울은 자신의 사도적 섬김을 포함하여 모든 그리스도인의 삶을 묘사하기 위해 자주 전투 혹은 격렬한 운동 경기의 그림 언어를 활용한다. 물론 이는 공연한 수사적 과장이 아니다. 어느 광고의 매력적인 속임수처럼, 우리의 삶은 그저 '생각대로 하면 되는' 편안한 상황이 아니라, '깨어 있어야' 하고 '허리띠를 졸라 매야' 하는 영적·도덕적 전시상황戰時狀況이다.

그리스도인의 고난

이러한 영적·도덕적 투쟁의 문맥에서 독특한 기독교적 고난의 개념이 등장한다. 물론 고통은 인간의 삶을 설명하는 가장 근원적 속성의 하나로, 결코 기독교의 전유물이 아니다. 인간적으로 말하면, 모든 종교적 추구와 철학적 탐구가 고통에 대한 대응방식이라고 할 수 있다. 하지만 신약성경이 말하는 고난이란 우리 삶에서 자연발생적으로 생겨나는 "수동적" 의미의 고난이 아니라, 기독교적 삶의 자태를 드러내고 유지하려는 데서 야기되는 "적극적" 의미의 고난을 가리킨다. 악의 전횡이 보편적인 상황에서 성령의 인도에 순종하려는 노력의 결과로 생겨나는 괴로움, 바로 이것이 성경적 의미의 고난이다.

이 땅에서 제자들의 삶은 기댈 곳이 없어 불의한 세상에게 농락당하는 "억울한" 과부와 같다(참조. 눅 18:1-8). 예수를 따르는 제자들은 앞서가신 예수께서 그랬듯이, 세상이 제공하는 권력과 그 무기를 거부한 채 신앙의 이름으로 자발적 과부의 삶을 살아간다. 물론 이 삶은, 사탄과 예수가 충돌하듯, 세상이 반기는 삶의 자세가 아니다. 그래서 제자들은 이 세상에 동화되라는 압력에 시달리며, 그것을 거부하는 이들은 여러 모양으로 핍박이라는 대가를 지불한다. 그래서 미래를 소망하는 제자들의 삶은 "의를 위하여 핍박을 받는" 삶으로 요약된다(마 5:10-12).

의를 위한 고난, 이 세상에서 그리스도로 인해 당하게 되는 핍박, 바로 이것이 우리가 미래의 소망을 말하는 본래적 문맥이다. 우리가 그리스도와 함께한 공동 상속자라는 선언을 제한하는, "우리가 그리스도와 함께 영광을 얻기 위하여, 그와 함께 고난을 받는다면"이라는 조건문은 바로 이러한 상황을 가리킨다(8:17). 고난은 힘겹다. 주먹이 날아오면 몸을 움츠리듯, 고난에 대한 우리의 본능적 반응은 피하는 것이다. 물론 불필요한 고난을 자초하거나 피할 수 있는 고난을 당하는 것은 어리석다. 하지만 고난의 회피가 우리 정체성의 타협을 요구한다면, 우리가 짠맛을 잃으면서까지 핍박을 피하려고 든다면, 우리를 기다리는 것은 심판의 말씀뿐이다(마 5:13). 세상의 구미를 맞추고 핍박을 피하기 위해 그리스도인으로서의 정체성을 포기한다면, 거기서 미래를 읽어 낼 길은 없다.

그래서 참된 해법은 고난 피하기가 아니라 고난 견디기다. 불가피한 고난을 인내하는 것, 그리고 도중에 낙망하지 않는 것, 이것이 미래를 향한 우리 순례의 문법이다. "우리가 선을 행하는 일에 있어서 낙심해서는 안됩니다. 우리가 지쳐 떨어지지 않는다면, 금방 때가 이를 것이며, 그때 우리는 〔영생을〕 수확하게 될 것입니다"(갈 6:9). 고난을 당하되 인내하는 것, 하나님께 우리 "억울함"을 호소하면서 결코 낙심하지 않는 것, 이것이 바로 주님께서 제자들에게 요구하신 믿음의 자태인 것이다(눅 18:1, 8).

소망의 빛 아래서 고난 바라보기

그리스도인들이 현재의 고난을 감내하며 오히려 이를 기뻐하는 것은 바로 이 고난에서 미래가 열린다는 것을 알기 때문이다. 예수는 핍박을 당하는 제자들에게 "기뻐하고 즐거워하라"고 말했다. "왜냐하면 하늘에서 너희들의 상이 크기 때문이다"(마 5:12). 동일한 진리를 바울은 이렇게 표현한다. "환난은 인내를 낳고, 인내는 연단된 성품을 낳고, 연단된 성품은 소망을 낳기 때문입니다"(5:3-4). 이러한 종말론적 문법 속에서 현재의 환난은 미래 영광의 첫 단추요 촉매제로 기능한다. 그래서 우리는 환난중에도 기뻐한다. 환난으로 인해 더 가까워지는 미래의 영광을 바라보며 기뻐하는 것이다(5:2-3).

우리의 소망이 시시한 것이라면, 그것으로 고난의 무게를 감당하기는 어려울 것이다. 우리가 현재의 고난을 너끈히 견디는 것은 우리가 소망하는 미래가 워낙 대단한 것임을 알기 때문이다. 바울은 이 점을 강조한다.

> 현재의 고난은 앞으로 우리에게 나타날 영광과는 전혀 비교가 되지 않습니다(8:18).

우리가 누리게 될 미래의 영광은 그 길이와 무게에 있어 현재의 고난과는 비교되지 않는다. 바울은 고린도후서에서 동일한 생각을 피력한 적이 있다.

> 우리가 겪는 일시적이고 가벼운 환난이 도저히 비교할 수 없을 정도로 영원하고 무거운 영광을 우리에게 이루어 줍니다(고후 4:17).

형식적 표현 속에서는 현재와 미래는 환난과 영광의 대조법 속에서 자리하지만, 환난의 "일시적 가벼움"과 영광의 "영원한 무거움"을 비교할 수는 없다. 우선 현재와 미래 혹은 고난과 영광은 대립이 아니라 인과관계로 엮여 있다. 현재의 고난은 미래의 영광을 "이룬다produce, work out"(5:4; 고후 4:17). 또한 이 둘 사이에는 "비교할 수 없을 정도로" 큰 차이가 존재한다(고후 4:17, 새번역). 현재의 고난은 일시적이지만, 미래의 영광은 영원하다. 미래의 영광의 무게에 비하면, 현재의 고난은 가볍기 짝이 없다. 장사로 치면, 현재의 잠깐을 투자하여 영원을 얻는 것이고, 몇 그램 안 되는 고난을 지불하고 엄청난 무게의 영광을 얻는 것이다. 이 얼마나 남는 장사인가! 그래서 바울은 이렇게 기도한다.

> 하나님께서 여러분의 마음의 눈을 밝히셔서 그가 어떤 소망으로 우리를 불러 주셨는지, 성도 안에서 얼마나 풍성한 영광을 상속하도록 하신 것인지 알게 하시기를 바랍니다(엡 1:18).

이 소망은 현재의 고난을 견디게 한다. 설사 현재의 고난이 미래를 향한 장애물이라고 해도 견딜 것이다. 그런데 고난은 소망의 장애물이 아니라 소망을 이루는 촉매다. 그래서 우리는 더 기꺼이 현재의 고난을 인내하는 것이다.

창조세계의 소망과 우리의 소망

재미있게도 소망의 빛으로 현재의 고난을 바라보는 바울의 사고는 인간세계라는 좁은 울타리를 넘어 하나님께서 지으신 창조세계 전체로 확대된다. 많은 학자들, 특별히 최근 생태학적 이슈들에 민감한 이들은 우리의 미래적 소망이 창조세계와의 유대관계 속에서 이해되어야 할 것임을 강조한다. 환경을 파괴해서라도 우리만 잘 살자는 식의 자기함몰적 욕망을 넘어, 우리가 속한 창조세계 전체의 회복이라는 관점에서 우리의 미래를 생각하자는 것이다. 당연한 이야기다. 특히 환경 파괴의 여파가 심각해지는 시점에 더없이 중요한 깨달음이 아닐 수 없다. 하지만 우리는 바울의 관심사와 우리의 관심사를 혼동해서는 안된다. 바울의 말은 창조세계 전체의 회복이라는 우주적 드라마 속에 인류의 소망이 달려 있다는 것이 아니라, 오히려 창조세계의 회복이 인류 구원의 완성에 달려 있다는 것이다. "창조물들은 하나님의 자녀들이 나타나기를 간절히 기다리고 있습니다"(8:19). 물론 창조세계의 이러한 기다림은 "하나님의 자녀들의 나타남"이 창조세계 자체의 운명과 결부되어 있기 때문이다.

우리처럼 창조세계는 지금 신음하고 있다(8:22). 이러한 "신음"은 창조세계가 지금 "썩어짐"이라는 조건하에 종노릇하고 있다는 현실에서 연유한다(8:21). "썩어짐"은 생명의 반대 개념의 하나로, 창조세계가 "생육하고 번성하라"는 창조주의 의지와는 달리(창 1:28), 창조의 본래 목적을 달성하지 못한 채 "헛됨" 혹은 "허무함 futility"에 굴복했음을 의미한다(8:20). 그런데 이런 "허무"의 상황은 창조세계에 의해 야기된 것이 아니라, "굴복하게 하신 분", 곧 창조주 하나님의 조치다(8:20). 바울은 여기서 아담의 범죄로 야기된 창조세계의 저주를 생각하고 있다. 아담의 범죄 후, 삶의 터전인 땅 역시 아담으로 인해("너 때문에") 저주를 받았다(창 3:17). 이제 사람은 죽는 날까지 수고를 해야만 땅에서 나는 것을 먹을 수 있을 것이다

(창 3:17). 땅은 가시와 엉겅퀴를 낼 것이며, 사람은 죽어 그 원재료인 흙으로 돌아갈 것이다(창 3:18-19). 이처럼 창세기에서 땅의 허무함은 인간의 범죄에 대한 처벌의 일부다. 바울이 인간 구속의 드라마 속에서 창조세계의 허무함을 논하는 것 역시 동일한 이유에서였을 것이다.

하지만 창조세계 역시 소망이 있다(8:20). 그리고 창조세계가 사람 사는 세상인 한, 그 소망은 사람들의 소망과 나누어지지 않는다. 비록 지금 "헛됨"의 원리 아래서 "썩어짐"에 종노릇하고 있지만, 창조세계는 "하나님의 자녀들의 나타남"을 간절히 기다린다(8:19). 바로 그때 허무한 썩어짐의 종살이에서 "해방되어" 하나님의 자녀들이 누릴 "영광스런 자유를 얻을 것"이기 때문이다(8:21). 이 소망으로 인해, 현재 창조세계의 "신음"은 허망함으로 끝나는 전도서적 절망을 넘어(전 1:2), 새로운 세계를 꿈꾸며 견디는 희망의 신음, 곧 새로운 생명의 탄생을 바라보며 외치는 "해산의 고통"으로 화한다(8:22). 여기서 창조세계의 운명과 우리의 운명이 겹친다. 우리는 창조세계와 우리가 "함께" 신음하며 "함께" 해산의 고통을 겪는다는 사실을 알고 있다(8:22). 소망을 품은 창조적 고통인 것이다.

"아직"을 인식하는 믿음

여기서 창조세계의 기다림을 말하는 바울의 어조에 주목하자. 창조세계가 기다리는 것은 "하나님의 자녀들의 나타남"이다(8:19, 21). 나타남을 기다린다는 것은 아직 나타나지 않았음을 뜻한다. 하지만 "입양의 영"을 소유한 그리스도인들은 이미 "아바 아버지"를 부르짖는 하나님의 자녀가 아닌가? 어떤 면에서 이 질문에 대한 답변은 확실한 "그렇다!"이다(갈 3:26; 4:6-7; 롬 8:14-16). 우리는 이미 하나님의 자녀가 되었다. 그런데 이것이 전부가 아니다. 우리가 "이미" 하나님의 자녀가 되었다는 선언은 우리가 "아직" 하나님의 자녀로 입양되지 않았다는 사실과 역설적으로 겹친다. 성령과 더불어 "아바 아버지"를 외치지만, 우리의 생명은 아직 감추어져 있고(골 3:3), 그래서 입양의 날을 간절히 기다린다. 여기서 우리가 기다리는 입양은 "몸의 속량", 곧 우리가 썩을 몸을 벗고 썩지 않을 부활의 몸을 입는 것이다(8:23; 참조. 고후 5:1-5). 엄밀한 의미에서 몸의 부활은 우리가 하나님 나라에 들어가기 위한 선결조건이다. 우리가 기다리는 하나님 나라는, 지금의 썩을 몸으로는 상속할 수 없기 때문이다(고전 15:50). 그래서 우리는 최종적 의미의 입양, 곧 우리 몸이 썩지 않을 영적 몸으로 살아날 것을 고대한다(고후 5:1-5; 빌 3:10-11).

바울은 이 소망이 아직 나타나지 않았다는 사실, 따라서 간절한 기다림의 대상이라는 사실에 방점을 찍는다. 우리가 구원을 무엇이라 정의하건, 그리스도의 재림과 몸의 부활은 엄연한 미래다. 그리고 우리의 현재는 시종일관 "고난"이라는 말로 규정된다(8:17-18; 고후 4:17). 그래서 바울의 말은 비틀린다. 우리는 구원받았지만, 역설적으로 이 구원은 "소망을 통한" 혹은 "소망을 위한" 구원으로 이해된다(8:24). 소망이 이루어졌다는 의미에서 구원을 받은 것이 아니라, 구원을 받은 결과, 절망에 눌린 우리에게 비로소 소망이 생겼다는 것이다(5:1-2, 9-10, 19-21).

쉽게 '오버'하는 우리들의 피상성 때문에, 바울은 이 뻔한 사실에 길게 토를 단다. 우리는 소망을 가졌지만, 이 소망은 지금 보이는 것, 곧 우리가 이미 소유하고 있는 어떤 것에 대한 소망이 아니다. 하나마나 한 소리지만, 이미 나타나 우리 눈에 보이는 것들은 더 이상 기다림의 대상이 아니다. 우리가 가진 소망은 아직 나타나지 않은 것, 그래서 아직 우리가 볼 수 없는 무언가를 향한 소망이다(8:24). 그래서 우리는 "참고 기다린다"(8:25). 빌립보의 그리스도인들에게 보낸 편지에서 바울은 "나는 이것을 이미 얻은 것도 아니며, 이미 목표점에 도달한 것도 아닙니다"라고 천명한다(빌 3:12). 또한 "나는 아직 그것을 붙들었다고 생각하지 않습니다"라고 말하기도 한다(3:13). "구원받았다"고 자신 있게 말하는 것이 믿음으로 통하는 시대에, 자신 있게 "아직"을 말하는 바울의 어조는 놀랍기조차 하다.

물론 바울도 자신감에 넘친다. 하지만 그 자신감의 한 차원은 "육신에 있는" 동안에는 "주님과 떨어져 있다"는 사실을 "아는" 것이었다(고후 5:6). 그의 현재 삶은 "믿음"에 근거한 것이지, "보이는 것"에 근거한 것이 아니다(고후 5:7). 그렇다면 참된 믿음은, 지나친 자신감으로 "이미"를 외치는 성급한 열정과는 구별된다. 고린도의 성도들이 한때 이런 자신감에 넘친 적이 있지만, 바울은 그들의 성급함을 신랄한 어조로 비꼬았었다(고전 4:8). 바울이 보기에 오늘을 살아가는 지혜는 우리가 "아직"의 시기에 있음을 차분하게 직시하면서 "주님과 함께 있을" 미래를 소망하는 것이다(고후 5:8). 그리고 이 소망을 가진 자로서 우리는 "몸 안에 머물러 있든지, 몸을 떠나서 있든지, 주님을 기쁘게 해드리는 사람이 되기를" 힘쓴다(고후 5:9). 지금 "몸으로" 살아가는 현재의 삶에 따라 하나님의 보응을 받을 줄 알기 때문이다(고후 5:10).

성령의 인도

바울은 우리의 소망이 확실하다고 말한다. 하지만 우리는 어떻게 그것을 자신할 수 있을까? 아직 보이지 않는 것을 바라보며 걷는 상황에, 그리고 그 길 자체가 고난으로 규정되는 험한 길인 마당에, 우리는 과연 우리의 미래를 자신할 수 있을까? 8장의 나머지 부분은 모두 이런 물음에 대한 답변으로 읽을 수 있다. 소망의 확실함을 드러내기 위한 바울의 다면적인 논증들인 셈이다.

우선 바울은 현재 고난이 홀로 전전긍긍하는 안타까운 고군분투가 아님을 분명히 한다. 그리스도인들은 "성령의 인도를 받는다"(8:14). 적극적으로 성령을 따르는 것이기도 하지만(8:4; 갈 5:16, 25), 또한 성령에 의해 수동적으로 이끌리는 것이기도 하다. 만일 소망을 품은 "참고 기다림"이 우리의 힘과 지혜로만 가능한 것이라면 굳이 누군가의 도움이 필요 없을 것이다. 하지만 우리의 길은 도저히 안될 것 같은 사람이 결국 결승점에 도달하기도 하지만, 가장 깊은 신앙을 가졌다고 여겨지던 사람이 중도에 넘어지기도 하는 길이다. 우리 자신만으로는 다 설명할 수 없는, 초월적 은총의 개입 없이는 해명할 수 없는 그런 길이다. 그러므로 이 은총의 여정 위에서 우리는 언제나 "연약한" 존재들이다(8:26). 스스로 모든 것을 헤쳐 나갈 수 있는 존재가 아니라는 것이다. 세 살 어린아이의 행태를 믿음이라 착각할 필요는 없겠지만, 그렇다고 우리가 '하나님 없이 하나님 앞에' 설 수 있을 만큼 성숙한 존재들은 아니다. 현재의 고난에서 미래의 영광으로 가는 여정에는 시종일관 하나님의 초월적 도움, 곧 "은총의 다스림"이 필요하다.

이 은총의 도움 혹은 다스림은 성령의 형태로 우리에게 다가온다. 성령은 우리의 연약함을 도우신다(8:26). 이 연약함은 영적 무력함의 수준을 넘어 무지의 수준에까지 이른다. 많은 경우 우리는 무엇을 기도해야 할지조차 모른다. 하지만 그럴 때라도 우리는 절망 대신 하나님을 신뢰하는 법을 배운다. 우리의 기도가 막히는 순간에도 성령께서 우리를 위해 기도하시는 것을 알기 때문이다. 하나님은 사람의 겉이 아니라 마음을 살피시는 분이다. 고린도전서에서 길게 설명한 것처럼(고전 2:6-16), 하나님은 성령의 생각을 잘 알고 계시기에, 하나님과 성령 사이에는 내밀한 소통이 가능하다(8:27). 대개 막연하고 자주 빗나가는 우리의 생각이나 기도와는 달리, 성령의 기도는 "하나님의 뜻을 따라" 드려지는 기도요, 그래서 더없이 효과적이다. 우리는 이것을 신뢰하면서 막연함과 혼란의 때를 견딘다.

성령은 성도들을 위해 "말할 수 없는 탄식"으로 기도하신다. 물론 탄식은 모든 창조세계와 더불어 우리 자신이 뱉어 내는 삶의 언어다(8:22-23). 말하자면 성령은 우리와 "한목소리로" 우리를 위해 하나님께 기도를 드린다. 어쩌면 이 "말할 수 없는 탄식"의 기도는 지적 이해의 수준을 넘어 우리의 영이 직접 하나님께 기도하는 상황, 곧 방언기도를 가리키는 것일 수도 있다. 물론 확실하게 말하기는 어렵다. 이것이 방언인지 아닌지를 따지는 것보다 더 중요한 것은, 우리가 더 이상 갈피를 잡을 수 없는 상황에서도 우리의 삶이 초월적 은혜의 날개 아래 있음을 잊지 않는 일이다. 내가 드리는 기도가 전부라고 생각하는 것은, 그리고 내 기도가 막힐 때 좌절하는 것은 믿음 없이, 보이는 세계에만 골몰하는 어리석은 오만이다. 절망이 죄라는 판단은 얼마나 정확한 것인가!

하나님의 주권적 계획

이처럼 소망의 확실성을 일깨우는 또 다른 방식의 하나는 우리의 구원이 우리 자신이 아닌 하나님의 주권 속에 있음을 기억하는 것이다. 우리는 하나님을 사랑한다. 이를 좀 더 깊이 생각해 보면, 우리가 바로 "하나님의 뜻을 따라" 곧 하나님의 주권적인 의지를 따라 부르심을 입은 것이라는 사실에 가 닿는다(8:28). 이처럼 바울의 글에서는 자주 능동적 표현과 수동적 표현이 겹친다. "우리가 하나님을 알게 되었다"고 말하지만, 한 계단 더 내려가면 "하나님께서 우리를 알아 주셨다"는 사실이 먼저다(갈 4:9). 물론 "두렵고 떨림으로 구원을 일구어 가야" 하는 것은 우리다(빌 2:12). 그런데 우리 속에서 일하시면서 우리로 그 구원을 이루게 하시는 분은 바로 하나님이시다(빌 2:13). 우리의 탄식이 성령께서 우리를 위해 드리는 탄식의 기도와 겹친다는 말과 다르지 않다.

하나님이 우리를 불러 주시고 성령은 우리를 위해 기도한다. 이처럼 우리의 구원이 하나님의 손에 달린 것이라면, 우리가 미래를 두고 불안해 할 이유는 없다. 우리가 가는 길에는 우리가 알지 못하는 것, 알아도 손을 쓸 수 없는 것들이 있다. 하지만 그럴 때라도 우리는 하나님의 주권적 의지 아래 있는 우리에게 "모든 것이 서로 힘을 합하여 좋은 결과를 산출할" 것임을 분명히 "안다"(8:28). 이 사실을 선명히 하기 위해 바울은 구원의 시작과 끝을 모두 하나님의 절대적인 주권의 울타리 안으로 가져온다. 하나님은 우리를 미리 아셨고豫知, 우리를 구원하시기로 미리 정하셨으며豫定, 정하신 우리를 예수 그리스도의 복음으로 부르시고召命, 부르신 우리를 의롭게 하시고稱義, 의로워진 우리를 영화롭게 하셨다榮化(8:28-29).

이 구절에는 복잡한 신학적 개념들이 대거 등장한다. 하지만 이를 조직신학적으로 분석하는 것이 우리의 관심사는 아니다. 여기서 바울이 예지에서 영화까지 구원의 과정을 열거한 것은 우리 구원이 시종일관, 철두철미 하나님의 주도하에 있음을 강조하기 위함이다. 그래서 바울은 모든 것을 과거시제로 말한다. 우리의 구원이 완성되어서가 아니다. 바울 자신이 거듭 밝힌 것처럼, 영광에 대한 소망은 아직 미래에 속한다(5:2; 8:17-18; 고후 4:17). 그렇다면 바울의 이 과거형 역시, 때로 선지자들이 과거형으로 미래의 일을 예고하듯, 이 모든 일을 이루시는 하나님의 신실하심을 포착하기 위한 움직임이었을 것이다. 일이 끝날 것이 확실해지는 순간 우리 입에서 "끝났다"는 소리가 나오는 것처럼, 하나님이 계획하신 순간 그것은 바로 이루어진 것과 다름없는 것이 아닌가!(사 55:10-11)

다시 한 번 우리는 하나님의 구원이 속이 꽉 찬 것임을 기억할 필요가 있다. 하나님은 우리를 '그까짓 것 대충' 불러들이시는 분이 아니시다. 잔치를 즐기려면 그에 합당한 예복을 갖추어야 하는 것처럼(마 22:11-14), 우리를 구원하는 하나님의 예정 혹은 계획 속에는 우리에게 예복을 입히는 과정, 곧 우리를 구원에 "합당한" 자로 변화시키는 힘겨운 작업이 포함된다(엡 4:4; 살전 2:12; 살후 1:5, 11). 표현을 바꾸어 말하면, 바로 우리가 하나님의 아들, 곧 그리스도의 형상을 본받는 과정이다(빌 2:5-11). 이런 과정을 거쳐 우리는 그리스도의 무수한 동생들이 되고, 그는 우리 동생들의 형님과 오빠가 되며, 하나님은 그 큰 가족의 아버지가 되실 것이다(8:29). 그러므로 우리가 하나님의 양자와 양녀들로 입양되는 구원의 드라마는 우리가 본래 아들이신 그리스도를 닮을 것을 요구한다. 하나님께서 예정하신 것이 바로 이것이다. 에베소서에서 다시금 밝히는 것처럼, 하나님의 선택과 예정은 무엇보다도 우리가 하나님 앞에서 거룩하고 흠이 없게 되는 것, 곧 하나님의 자녀가 되기에 합당한 모습을 갖추는 것이다(엡 1:3-4). 이것을 빼고 예정을 논하는 것은 치명적인 교리적 혼란으로 우리를 인도할 수 있다. 하나님을 향한 우리의 믿음은 어쨌든 모든 일이 잘될 것이라는 식의 막연한 희망이 아니라, 하나님께서 우리를 주물러 그리스도의 형상을 닮은 자녀들로 만들어 가실 것에 대한 분명한 확신이다. 8장 전반부에서 자세히 설명한 것처럼, 우리의 삶에서 성령의 인도하심이 절대적인 이유가 바로 여기에 있다

사랑 안에서의 신뢰

구원의 시작과 나중은 모두 하나님의 손에 의해 이루어진다(8:28-29). 바로 여기에 확신의 근거가 있다. 제대로 기도할 줄도 모르는 나의 지혜나, 쉽게 하나님의 뜻을 무시하는 나의 열정이 희망이라면 그 희망은 절망과 그리 멀지 않다. 하지만 우리의 삶에는 초월의 손길이 스며들어 있다. 우리 안에는 성령이 내주하며, 이 성령은 우리 걸음을 인도한다. 31절은 바울의 논점을 한마디로 요약한다. "만일 하

나님이 우리 편이시라면, 누가 우리를 대적할 수 있겠는가?" 바울은 우리 편이신 하나님을 다시금 생각한다. 5장에서 이미 강조한 것처럼, 하나님은 우리 모두를 위해 자기 아들을 아끼지 않으셨던 분이다. 이처럼 죄인/원수를 위해 아들을 내어주신 마당에, 그 무엇인들 내어주시지 않겠는가? "그 아들과 함께 모든 것을 우리에게 주시지 않겠는가?"(8:32; 5:6-10) 또한 이제는 우리를 고발할 수 있는 존재가 없다. 하나님이 우리를 의롭다 하셨기 때문이다(8:33). 생명의 성령으로 죄에서 해방된 우리, 이제 육신이 아니라 성령을 따라 살아가는 우리, 그리하여 율법의 의로운 요구를 지키게 된 우리를 고발할 수는 없는 것이다(8:1-4). 또 아무도 우리를 정죄할 수 없다. 그리스도는 우리의 죄를 대속하기 위해 십자가에 돌아가셨고, 또 다시 살아 우리를 "살려 주는 영"이 되셨다(고전 15:45). 그는 이제 우리의 "주님"이 되어, 하나님의 권위로 우리를 다스리시며(빌 2:9-11), 또한 지금도 우리를 위하여 간구하신다(8:34). 성령뿐 아니라 그리스도께서도 우리를 위하여 기도하고 계신다!

이 모든 것을 이끄는 힘은 사랑이다. "하나님이 세상을 이처럼 사랑하사 독생자를 주셨으니" 하는 말처럼(요 3:16), 구원의 시작과 끝을 관통하는 힘은 삼위일체로 역사하는 하나님의 사랑이다. 결국 궁극적으로 우리가 신뢰하는 바는 바로 이 사랑이다. "소망이 우리를 부끄럽게 하지 않는 것은 우리에게 주신 성령으로 말미암아 하나님의 사랑이 우리 마음에 부어졌기 때문입니다"(5:5). 논증의 말미에서 바울은 이 결정적 진술을 재음미한다. "누가 우리를 그리스도의 사랑에서 끊을 수 있겠습니까?"(8:35). 현재의 시간이 고난이 아니어서가 아니며, 배교의 가능성이 없어서도 아니다. 실제 바울의 삶은 고난과 시련의 연속이었다. 그의 삶에서 "환난이나 괴로움이나 박해나 기근이나 헐벗음이나 위험이나 칼"은 단순한 수사를 넘은 일상의 현실이었다. 성경의 말씀을 인용하여 그는 자신의 삶이 "주를 섬기기 위해 죽음에 넘겨지는 삶, 매일 도살할 양처럼 취급받는 삶"이라고 말한다(8:36; 시 44:22). 그러나 우리는 이런 시련 앞에서 "정복자보다 더 강한 자처럼 more than conquerors" 너끈히 이겨 낸다. 우리를 사랑하시는 하나님의 사랑 때문이다(8:37). 이 사랑이 우리 확신의 근거다. 그러므로 우리가 가진 확신이란 구원에 관한 추상적이고 교리적 확신을 넘어, 우리를 구원하기로 작정하신 하나님의 사랑에 대한 인격적 신뢰다. 십자가에서 이 사랑을 발견하는 순간, 우리는 우리의 미래가 분명해졌음을 깨닫는다(5:5-10). 그리고 이 사랑의 확신 속에서 우리는 우리 현재의 고난을 넉넉히 이겨 낸다.

그리스도를 통해 우리에게 주신 하나님의 사랑에 관해 말하는 38-39절은 그리스도인의 확신에 관한 가장 감동적인 구절 중 하나다. 달리 토를 달기 어려운, 긴 논증의 결말로 전혀 손색이 없는 멋진 고백이다. 이 사랑의 고백 속에서 우리는 우리의 미래를 확신하며, 그 확신 속에서 새로운 걸음을 내딛는다.

> 나는 확신합니다. 죽음이나 생명이나 천사들이나 권력자들이나, 현재 일이나 장래 일이나, 능력이나 높음이나 깊음이나 다른 어떤 피조물이라도 우리를 우리 주 예수 그리스도 안에 있는 사랑에서 끊을 수 없을 것입니다.

15. 하나님의 선택은 유효한가

9:1-33

복음이 야기하는 분쟁과 문제

복잡하게 꼬인 실타래는 푸는 일은 복잡하다. 예수의 오심은 구원을 위해서지만, 꼬일 대로 꼬인 세상을 구원하는 일은 때로 해결보다는 문제에 가까운 양상을 띠기도 한다. 가짜 해답에 탐닉하는 세상을 문제시하지 않으면, 제대로 된 해답을 제시할 수 없을 것이기 때문이다. 예수님은 자신의 메시아적 사역을 두고 "내가 불을 땅에 던지러 왔다"고 말씀하셨다(눅 12:49). 그의 탄생을 두고 "땅에서는 기뻐하심을 입은 사람들 중에 평화"라는 천상의 노래가 울려 퍼졌지만(눅 2:14), 정작 그 자신은 이 세상에 "평화"를 주러 온 것이 아니라 "분쟁을 불러일으키러" 왔다고 선언했다(눅 12:51-53). 이후 기독교 공동체의 역사는 예수의 이 말씀이 빈말이 아님을 잘 보여준다. 십자가 복음은 분명 구원을 위한 해답이었지만, 그러기에 이 복음은 또한 구원과 어긋나는 우리의 삶, 구원과 무관한 가치들을 구원의 흔적으로 포장하려는 우리의 위선과 탐욕에 대한 끈질긴 문제

제기이기도 했다. 십자군의 슬픈 역사처럼 복음 자체를 오해한 오발탄이 아니더라도, 십자가는 이미 그 자체만으로도 하나의 큰 걸림돌로 작용한다. 초대교회의 문맥에서 유대인-이방인 문제는 이러한 복음의 급진성을 드러내는 가장 현실적인 사안의 하나로 작용했다.

로마서에서 바울은 1-8장에 걸쳐 자신의 복음을 개략적으로 설명했다. 자주 강조한 것처럼, 바울은 이 구원의 은총이 "모든" 인간적 조건을 초월하는 것이며, 따라서 이 초월적 은혜 앞에서는 그 어떠한 인간적 차별성도 개입될 수 없다는 사실을 분명히 했다. 바울 당시의 상황에서 이 복음의 보편성은, 우선 복음이 하나님의 선민으로 여겨져 왔던 할례자들뿐 아니라 무할례자들, 곧 이방인들에게도 공히 열려진 것이라는 주장으로 나타난다. "모든" 믿는 자들을 구원하는 복음의 은총은 "첫째는 유대인에게요, 또한 헬라인에게도" 해당된다. 물론 이 초월적 공평함은 하나님의 심판과 구속에 모두 해당되는 것이었다.

하지만 상황은 그리 만만치 않다. 가령, 우리나라 사람들에게는 흑백 간의 갈등이 분명한 원칙을 밀고 나감으로 해결할 수 있는 문제로 보일지 모른다. 남의 나라 이야기인 탓이다. 그렇지만 정작 미국의 구체적 역사 속에서 흑백의 문제는 원칙만 내세운다고 평정될 그런 종류의 문제가 아니었다. 당시의 신앙고백서를 보면 알 수 있는 것처럼, 미국의 많은 선량한 신자들은 하나님께서 백인과 흑인 사이에 본질적인 차별을 두셨다고 믿었다. 그들에게 있어 흑인과 백인의 평등론은 근본적인 신학적 패러다임 전환paradigm shift 없이는 용납

될 수 없는 비성경적 급진주의로 비칠 수밖에 없었다. 물론 오늘날의 우리는 그 당시 보수 기독교인들의 성경 해석 자체가 잘못된 것이라고 말할 것이다.

유대인의 입장도 이와 유사하다. 하나님의 "선택"이라는 영광은 "버림받은" 주변의 무수한 민족들과의 대조 속에서 더욱 빛을 발하는 특권이었다. "나는 너희 하나님이 되고, 너희는 내 백성이 되리라"는 약속의 무게가 느껴지는 것은 하나님 없이 멸망을 향해 가는 다른 모든 민족들의 운명을 생각할 때였다. 물론 이런 태도가 그저 이기적 차별의식의 산물만은 아니다. 이스라엘에게 하나님의 선택은, 하나님의 계시에 기초한 가장 핵심적 신조의 하나였다. 하나님이 아브라함을 택하여 언약을 맺었고, 언약의 징표로 할례를 명령했으며, 그 언약은 시내 산에서의 언약 체결과 율법 수여로 이어졌다. 하나님이 이스라엘을 이방과 "구별"하셨고, 하나님이 그 구분의 표지를 명령하셨으며, 하나님이 이방과는 다른 삶을 살도록 요구하셨다. 포로기 이후 에스라 시대의 이야기에서 확인할 수 있는 것처럼, 유대인과 이방인의 구분은 이스라엘의 하나님 섬김을 지탱하는 가장 중요한 신학적 기둥의 하나로 작용하고 있었다.

이러한 정황 속에서, 기독교 복음의 등장은 오늘날의 우리가 실감하기 어려운 신학적 물음을 불러일으켰다. 전통적 유대 신앙의 입장에서 기독교 복음의 존재는 하나님의 선택과 유대인-이방인의 관계에 대한 근본적 도전이었다. 나사렛 예수를 통한 구원의 문호 개방은 '이스라엘 선택'이라는 신앙의 핵심을 뒤집는 이야기가 아닌가? 정말 하나님이 유대인과 이방인을 동등하게 여기시고, 율법과

할례를 구원의 과정에서 제거하신 것이라면, 이는 구약과 신약 사이에 '회장님의 방침'이 바뀌었다는 이야기가 아닌가? 그렇다면 이는 이스라엘을 선택하고 그들에게 영원한 언약을 주셨던 하나님의 신실하심이 무의미해지는 것이 아닌가?

마찬가지로 기독교 신앙의 울타리 속에서도 같은 물음이 불가피해진다. 현실인즉, 하나님의 선민으로서 하나님의 구속 역사의 담지자였던 이스라엘은 이 복음을 집단적으로 거부하고 오히려 선민의 울타리 밖에 있던 이방인들이 대거 복음을 받아들이고 있었다. 이방인의 사도였지만 그 자신은 유대인이었던 바울로서는 이런 역설적 뒤집힘은 설명하기 어려운 신학적 수수께끼였다. 이스라엘이 구원 역사의 뿌리라면, 이 구원을 대망해 온 하나님의 언약 백성들이 누구보다 먼저 메시아의 복음을 받아들였어야 하는 것이 아닌가? 이스라엘을 선민으로 삼으시고 이스라엘에게 구원과 회복의 약속을 주셨던 하나님의 그 약속은 도대체 어떻게 된 것인가? 9:5의 강한 부정에서 암시되는 물음처럼, **"과연 하나님의 말씀은 무의미하게 된 것인가?" "이스라엘을 버리신 하나님은 과연 언약에 신실한 분이신가?"**

바울에게 있어 복음 선포란 "십자가에 달린 그리스도"를 외치는 것이지만, 이는 십자가라는 단어 자체의 동어반복을 의미하는 것이 아니다. 종종 그런 편리한 외침만으로 임무가 완수되는 것처럼 착각하는 이들도 있지만, 제대로 된 복음 선포는 구체적 삶의 정황에서 십자가가 드러내는 의미와 효과를 해명하는 작업을 포함한다. 갈라디아나 고린도에 보낸 바울의 편지들은 모두 십자가의 복음이 성도들의 일상적 삶의 정황에 스며들면서 어떤 모양을 띠는지를 따지고 묻는 복음의 구체화 작업들이다. 로마서 9-11장의 복잡한 논증은 복음의 실천적 의미에 관한 이런 물음을 보다 신학적 형태로 제기하는 것이라 할 수 있다.

성전과 율법을 문제 삼았던 스데반의 처참한 죽음에서 보듯이 (행 7장), 그리고 바리새인 사울의 격렬하고 폭력적인 행보에서 드러나듯이(행 8:1-3; 9:1-2; 갈 1:13), 하나님의 선택 및 유대인-이방인의 정체성과 관련한 물음들은 차분한 논리로 풀어갈 수 있는 문제는 아니다. 마치 한일관계 속의 독도 문제처럼 민감한 사안일 수밖에 없었다. 그런 갈등의 한가운데로 걸어 들어갔던 사울, 곧 바울은 더욱 그러했을 것이다. 한때 극렬한 유대인 우월주의자였다가 가장 열렬한 이방인 옹호자로 전향한 사람으로서 바울이 겪었을 심적 갈등은 헤아리기 쉽지 않다. 그래서 로마서 9-11장의 논증 또한 정서적으로, 논리적으로 결코 가볍지 않다. 이 책에서 우리가 바울의 논증을 철저히 분석하고 해명하려고 시도하는 것은 무리다. 학자들을 괴롭히는 온갖 복잡한 물음들은 많은 부분 덮어 두면서, 바울이 제시하는 해답들의 큰 모습을 조금씩 더듬어 보도록 하자.

애국자 바울

박쥐는 누구에게도 환영받지 못한다. 박쥐는 억울하겠지만, 다른 이들은 "그럴 만한 이유가 있다"고 생각한다. 미국에서 사는 한국계 미국인들의 삶이 그러하다. 일견 그들의 삶은 영락없는 미국인의 것이다. 하지만 '하얀' 미국인들은 이들에게 전폭적 신뢰를 보내지 않는다. 이들의 '피'는 한국의 것이고, 이 피는 결국 그 값을 할 것이라는 생각 때문이다. 많은 경우 이들의 의구심은 역시나 하는 현실로 드러난다. 어쩌면 바울의 입장도 그랬을지 모른다. '이방인의 사도'로 평생을 헌신하며 살았지만, 그에게는 유대인의 '피'가 있었다. 그리고 바울에게서도 이 피는 그 나름으로 제값을 했던 것으로 보인다.

보수 유대인과 대항하며 이방인의 위상을 옹호하는 것이 바울의 전형적 초상이다. 하지만 이방인을 위한 사도라고 자신이 이방인이 되는 것은 아니다. 바울은 유대인이었고, 당연히 자기 민족 이스라엘을 사랑했다. 이방인의 사도라는 직분을 받았고, 그 역할에 충실하기 위해 동족 유대인과 대결하는 일을 피하지 않았지만, 동족 이스라엘을 향한 그의 사랑은 취사선택의 문제는 아니었다. 그래서 그의 심경도 복잡하다.

이방인을 위한 변론의 문맥을 떠나, 구원의 드라마 속에서 이스라엘과 하나님의 선택에 관해 묵상하는 바울은 유대인으로서의 복잡한 심경을 보다 절실하게 드러내 보인다. 유대인을 저주하는 발언까지 서슴지 않았던 이로서는(참조. 살전 2:15-16) 뜻밖일 수도 있을 것이다. 그래서 바울은 거듭 그것이 자신의 진심임을 역설한다. "내가 그리스도 안에서 진실을 말하는 것이며, 결코 거짓말하는 것이 아닙니다. 내 양심이 성령 안에서 나와 더불어 증언합니다"(9:1-2, 개역개정은 이 두 문장을 멀리 떨어뜨려 놓았지만, 원문에는 이 두 문장이 한 절을 이루고 있다). 그리스도와 성령까지 언급하며 자신의 진실을 호소하는 것에서 바울의 절박감이 여실히 드러난다.

안타깝게도 바울의 진심의 내용은 아픔이다. 지금 바울에게는 "큰 근심"과 "그치지 않는 고통"이 있다(9:2). 동족을 향한 사랑이 아픔과 고통으로 드러난다는 것은 지금 사태가 매우 심각하게 꼬여 있음을 뜻한다. 여기서 명시되지는 않지만, 그 고통의 진원지는 이스라엘이 메시아 예수를 거부한다는 사실이다. 그래서 바울의 이 아픔은 이스라엘이 그리스도를 받아들이기를 바라는 강렬한 열망과 뒤섞인다. 이 열망을 토로하는 바울은 잠시 이방인의 사도이기를 멈추고, 범죄한 이스라엘을 위해 목숨을 걸고 호소하는 그 옛날 모세의 모습을 취한다(출 32:32). 바울에게 이스라엘은 자신의 "형제", 곧 "육체적으로 나의 동족"이다. 이들을 향한 바울의 사랑은 이방인을 위해 목숨을 내줄 수 있었던 사랑과 다를 바 없다. 만약 이스라엘이 구원을 얻을 수만 있다면(10:1), "나 자신이 그리스도로부터 끊어지는 저주를 받게 되더라도" 기꺼이 그것을 택할 것이다(9:3).

바울의 이런 심정에는 동족애 이상의 무엇이 있다. 그들은 "이스라엘"이다. 이 한 마디 이름 속에 얼마나 많은 이야기들이, 얼마나 깊은 울림이 숨어 있는가! 어쩌면 일부 '개념 없는' 이방 성도들을 곁눈질하면서, 바울은 이 무거운 울림의 몇 단면을 드러내 보인다. 출애굽, 그리고 시내 산 언약 체결에서 집약적으로 드러나는 것처럼, 그들에게는 "양자됨과 영광과 언약들과 율법을 세우신 것과 예배와 약속들"이 있다(9:4, 개역개정). 물론 아브라함과 이삭과 야곱과 같은 "조상들", 곧 출애굽 훨씬 이전, 그러니까 본격적인 선택과 구원 이야기의 첫 단추에 해당하는 이들도 이스라엘의 것이다. 그뿐인가? "육신으로 하면" 그리스도 또한 "그들", 곧 유대인들에게서 나신 것이 아닌가!(9:5; 1:3)

하지만 이런 특별함을 강조할수록 당혹감만 깊어진다. 육신적으로 그리스도를 배출한 이스라엘이 이 메시아를 받아들이지 않고 있기 때문이다. 어차피 메시아를 믿지 않게 된 것이라면, 그렇게 특별했던 과거가 무슨 의미가 있는가? 오히려 이스라엘의 불신이라는 이 엄연한 현실은 그 자랑스러운 과거가 무의미한 것이었음을 말해 주는 것 아닌가? 더 나아가 오늘의 현실은 이스라엘을 특별한 존재로 선택하신 하나님의 말씀이 폐기되었다는 것을 의미하는 것이 아닌가? 왕년의 영광을 되씹는 일이란, 오늘의 보잘것없음을 감추기 위한 수사가 아닌가?

누가 아브라함의 후손인가

바울은 그러한 결론을 단호하게 부정한다. 현재 이스라엘은 메시아 예수를 거부하고 있지만, 그렇다고 해서 하나님의 이스라엘 선택과 그 특권들이 폐기된 것은 아니다. 말하자면, '회장님의 방침'은 결코 바뀌지 않았다(9:4-5). 이스라엘에게 주신 약속과 특권들은 여전히 유효하다. 하나님의 은사와 부르심에는 후회하심이 없다(11:29). 하지만 주변을 둘러보면 질문이 생긴다. 그렇다면 그 유효하다던 부르심은 도대체 어떻게 된 것인가? 바울은 하나님의 말씀/약속이 여전히 유효하다고 말하지만, 약속을 받은 아브라함의 후손 중 다수가 그 말씀을 거부하는 상황에서 그 약속이 여전히 유효하려면 약속의 대상인 "아브라함의 후손"이 새롭게 정의될 수밖에 없다. 예수의 복음은 하나님의 약속을 지금까지와는 다른 방식으로 바라보게 만드는 것이다.

우선, 약속의 수혜자인 "이스라엘", 곧 "아브라함의 씨/후손"은

"육신의 자녀"가 아닌 "약속의 자녀"라는 개념으로 새롭게 정의된다(9:6-9). 편의상 '새롭게'라고 말했지만, 엄밀히 말하면 애초부터 하나님이 염두에 두신 이스라엘이라고 말하는 것이 옳다. 그래서 바울은 아브라함에게서부터 시작하는 것이다. 하나님의 주권을 강조하는 로마서의 문맥에서 "약속의 자녀라야 한다"는 말의 일차적 의미는 칼자루를 쥔 하나님이 인정한 아들이라야 진짜 아브라함의 후손이라는 것이다. 쌍둥이 에서와 야곱의 이야기 역시 이스라엘의 본질적 정체성은 육신적 혈통을 넘어 하나님의 주권적인 선택과 약속에 근거한다는 사실을 보여준다. 하나님이 "야곱은 사랑하고 에서는 미워하셨다"는 것, 곧 야곱은 이스라엘이 되고 에서는 이방에 속하고 말았다는 점은 아브라함의 후손이면서 또 이삭의 혈통을 잇는 것으로도 충분치 않다는 것을 말한다. 민족적 혈통을 넘어서는 하나님의 주권적 부르심이 이스라엘 정체성의 핵심이라는 것이다(9:10-13).

하지만 하나님의 "약속"에 대한 바울의 집착 배후에는 보다 깊은 사연이 놓여 있다. 여기서 바울은 이전 갈라디아서에서 제시했고 로마서 4장에서 재확인한 아브라함 해석을 전제하고 있다. 갈라디아서에서 바울은 아브라함의 두 아들들 중 "육신을 따라 태어난 아들"인 이스마엘과 "약속/성령을 따라 태어난 아들"인 이삭을 대조하면서, 이삭만이 "아브라함의 씨", 곧 진정한 "상속자"(갈 3:29)라고 말했었다(갈 4:21-31). 하나님의 초월적 간섭 없이 그저 인간적 방식으로 태어난 아들과, 약속과 성령이라는 창조적 간섭creating intervention을 통해 태어난 아들 사이의 대조다. 로마서 4장에서도 이삭은 아브라함과 사라의 "죽은" 몸을 살려 냄으로써 태어난 아들이었고, 아브라함은 하나님이 그 약속을 지킬 능력을 가진 창조주이심을 믿음으로 의롭다 하심을 받았다. 이처럼 바울의 아브라함 해석은 육신적 정체성으로는 해명할 수 없는, 생명을 창조하는 하나님의 초월적 간섭이라는 개념을 바탕에 깔고 있다.

하나님의 절대 주권

약속의 자녀, 주권적 선택을 입은 자녀가 진정한 "씨"가 된다는 진술은 결국 하나님의 부르심과 선택은 철저히 하나님의 주권에 속한 문제일 뿐, 그 어떤 인간적인 요건("육신")으로도 설명할 수 없다는 말이 된다. 하나님의 야곱 선택은 야곱이 태어나기도 전, 곧 "무슨 선이나 악을 행하지 않았을 때" 이루어졌다(9:11). 하나님의 선택은 인간의 행위에 근거한 것이 아니며, 그 유일한 근거는 하나님의 주권적 의지뿐이다(9:11). 아무런 이유 없이 하나님은 쌍둥이를 임신한 리브가에게 형이 동생을 섬길 것이라고(9:12; 창25:23), "내가 야곱은 사랑하고 에서는 미워하였다"고 말씀하셨다(9:13, 개역개정).

하지만 주권을 달리 말하면 자의恣意가 된다. 에서와 야곱을 각각 편애했던 이삭과 리브가의 태도가 문제라면, 이유 없이 야곱을 편애하고 에서를 미워한 하나님의 방침 역시 불의한 처사가 아닌가? 여기서 바울은 답변 대신 말을 자른다. 인간적 차원에서는 호소력을 가질 이러한 불평이 하나님과의 관계에는 적용될 수 없다(9:14). 절대 주권자로서 하나님의 긍휼은 그분이 원하는 자에게로 향한다(9:15, 출 33:19). 하나님의 부르심은 "원하는 자로 말미암은 것도, 달리는 자로 말미암은 것도 아니며, 오직 긍휼히 여기시는 하나님으로 말미암은 것"일 뿐이다(9:16). 부르심의 "주권"을 강조하기 위해, 바울은 하나님이 역설적인 의미에서 바로를 "선택"하여 그를 강퍅케 하시고 이로써 자신의 능력과 이름을 만천하에 드러낼 수도 있었다는 사실을 상기시킨다(9:17-18). 물론 이는 합리적 설득이 아니다. 하나님의 주권과 거기에 머리를 조아려야 할 인간의 위치를 기억하라는 주문이다.

하지만 여전히 물음은 남는다. 이처럼 모든 것이 하나님의 결정이라면, 인간에게 허물을 묻기는 어렵다. 하나님이 바로에게 악한 마음을 주고서 그 악한 마음 때문에 바로를 처벌하신다면, 이것을 의롭다고 할 수는 없지 않은가? 어차피 피조물이 창조주 하나님의 뜻을 거역하거나 대적할 수 없다면(9:19), 인간에게 진노를 내리시는 하나님을 어떻게 설명할 것인가? 여기서도 바울은 말을 막는다. 인간이 하나님의 선택에 대해 불평한다면 이는 주권자와 피조물의 관계, 토기장이와 흙덩이의 관계를 망각한 소치다. 토기장이가 흙으로 무엇을 만들건, 그것은 토기장이의 권한에 속하는 일이며, 흙덩이는 이에 대해 토를 달 위치에 있지 않다(9:20-21). 우리는 "불공평하다!"고 외치지만, 오히려 바울은 사태를 그렇게 파악하는 우리 자신이 궤도를 벗어났다고 말한다.

혈통을 넘어가는 선택

바울은 흙과 토기장이의 비유를 한 걸음 더 밀고 나간다. 하나님이 진노를 보이고 그분의 능력을 드러내려고 예정하신 "진노의 그릇"이 있다. 그런데 하나님이 "오래 참으심으로" 이 그릇을 참아 주셨다. 그렇다고 누가 무슨 말을 할 수 있는가?(9:22) 또 하나님이 영광을 드러내려고 예비하신 "긍휼/자비의 그릇"이 있고, 하나님은 이들에게 영광의 풍성함을 알려 주려고 하셨다. 여기에 누가 토를 달 수 있다는 말인가?(9:24) 물론 바울이 1-2장에서 설명한 것처럼, 이는 더 이상 유대인과 이방인의 구분이 적용될 수 있는 사안은 아니다. 혹자는 "진노의 그릇"이 이방인이라고 믿고 싶겠지만, 바울은 이미 위선적이고 완고한 유대인을 향한 하나님의 오래 참으심에 관해 말한 적이 있다(2:1-5). 전통적 관념 속에서 "자비의 그릇"은 당연히 이스라엘이겠지만, 바울은 이 역시 모두에게로 확대하여 적용한다. 이 그릇은 "우리"를 말하는데, 여기서 우리는 "유대인 중에서뿐 아니라 이방인 중에서도 부르신 자"를 가리킨다(9:24, 개역개정). 이방인들이 대거 복음을 수용하는 것은 바로 이런 주권적 참으심과 부르심의 결과다.

이런 '새로운' 해석은 사실 새로운 것이 아니다. 이스라엘 개념의 재해석이 사실은 본래적 의미의 이스라엘로 돌아가는 것이었던 것처럼, "그릇"에 관한 바울의 새로운 해석은 성경적 가르침의 재확인에 지나지 않는다. 이를 분명히 하기 위해 바울은 호세아에 기록된 하나님의 약속을 상기시킨다. "내가 내 백성 아닌 자를 내 백성이라, 사랑하지 아니한 자를 사랑한 자로 부르리라"(9:25; 호 2:23). "'너희는 내 백성이 아니라' 한 그곳에서 그들이 살아 계신 하나님의 아들이라 일컬음을 받으리라"(9:26; 호 1:10).

얼핏 바울의 성경 인용은 다소 의외다. 호세아의 문맥에서 "내 백성 아닌 자[로암미]"는 문자적 의미의 이방인들이 아니라 하나님을 버리고 바알을 숭배하던 북왕국 이스라엘을 가리킨다. 그러므로 인용된 구절은 이방인과는 무관한, 징계받은 이스라엘의 회복에 관한 말씀이다. 그런데 바울은 이스라엘을 위한 약속을 이방을 위한 약속으로 바꾸어 읽는다. 왜 그랬을까? 아마도 바울은 여기서 버림받은 자의 회복이라는 원리를 읽었을 것이다. 우상숭배로 "로암미"가 되어 버린 이스라엘이 다시 하나님의 아들로 회복될 수 있다면, 이는 문자적인 "로암미"에게도 적용될 수 있을 것이다. (후에 바울은 동일한 논리를 역으로 이스라엘의 회복에 적용한다. 본래 돌올리브나무였던 이방인이 참올리브나무에 접붙임을 받을 수 있었다면, 잠시 잘려 나간 본래 가지는 얼마나 더 쉽게 다시 접붙임을 받을 수 있겠는가!) 그러므로 이방인의 열렬한 복음 수용은 예기치 않은 돌발적 상황이 아니라 백성 아닌 자를 백성으로 부르고 아들로 삼겠다는 오랜 약속의 성취였던 것이다.

복음을 거부하는 이스라엘

하지만 이방인의 복음 환영 이면에는 이스라엘의 복음 거부라는 쓰라린 현실이 존재한다. 물론 이에 대해서도 바울의 입장은 선명하다. 이방인의 복음 수용이 약속의 변질이 아닌 성취였다면, 유대인들의 복음 거부 역시 약속의 폐기가 아니라 성취의 결과였다는 것이다. 오래전 이사야가 이스라엘에 관하여 예언한 바가 바로 그것이기 때문이다. "이스라엘 자손의 수가 비록 바다의 모래 같을지라도 남은 자만 구원을 얻을 것이다"(9:27; 사10:22). 앞에서 아브라함의 후손이 약속의 자녀와 육신의 자녀로 갈라졌던 것처럼, 여기서도 이스라엘은 "남은 자"와 그렇지 못한 자로 갈라지고, 구원의 약속은 "남은 자"에게로 국한된다. 물론 하나님은 약속하신 말씀을 성취하실 것이다. 하지만 이 약속은 "남은 자"로 축소된 이스라엘, 곧 육신의 차원을 넘어 약속의 자녀인 이스라엘에게만 유효할 것이다(9:28).

바울은 현재 이스라엘의 참담한 상황을 밝혀 주는 말씀을 또 하나 인용한다. "만일 만군의 주께서 우리에게 씨를 남겨 주지 아니하셨더라면 우리가 소돔과 같이 되고 고모라와 같았을 것이다"(9:29; 사 1:9). 이는 예언보다는 현 상황의 해명을 위한 인용에 가깝다. 소돔과 고모라는 하나님의 종말론적 심판을 나타내는 모형이다. 아마 하나님이 남겨 두신 "남은 자"가 아니었다면, 현재 이스라엘의 운명 역시 소돔과 고모라 같았을 것이다. 물론 실제 소돔과 고모라와는 달리 이스라엘에는 "남은 자"가 있고, 따라서 이스라엘의 운명은 소돔과 고모라 정도는 아니다. 하지만 소돔과 고모라와의 비교 자체가 벌써 어두운 그림자를 드리운다. 바울 자신을 비롯한 유대 그리스도인들, 곧 일부 "남은 자"를 제외하면 이스라엘은 여전히 하나님의 복음을 거부하고 있다.

나중에 나올 이야기지만, 이스라엘의 남은 자들은 하나님이 이스라엘을 버리시지 않았다는 사실을 증명하는 강력한 증거가 된다(11:1-10). 엘리야의 때에 바알에게 굴복하지 않은 사람 7천 명을 남기신 것처럼, "지금도 은혜로 택하심을 따라 남은 자가 있다"(11:5). 물론 이스라엘 내의 남은 자들은, 이방인들의 선택이 그러했던 것처럼, 혈통이나 다른 조건과는 상관없이, 곧 "행위"가 아니라 "은혜"로 택함 받은 자들이다(11:6). 이스라엘은 구하던 그것을 얻지 못했고, 오직 택하심을 입은 자가 얻었으며, (불행히도) 그 나머지는 완악해지고 말았다(11:7). "저희가 다 복음을 순종한 것이 아니었다"(10:16). 하지만 순종한 남은 자들도 엄연히 존재한다. 따라서 하나님의 "이스라엘 버림"을 말하는 것은 사태를 한참 잘못 짚은 것이다.

왜 이스라엘은 실패했는가

이제 바울은 이방인의 복음 수용과 이스라엘의 복음 거부라는 역설적 현상을 칭의론과 연결하여 설명한다. "의를 추구하지 않았던 이방인들이 의를 얻었다. 곧 믿음에서 난 의로움이다"(9:30). 이 진술은 이해하기 어렵지 않다. 보다 난해한 것은 이스라엘의 실패에 관한 역설적 진술이다. "의의 법을 추구했던 이스라엘은 율법에 이르지 못했다"(9:31). 바로 뒤에서 바울은 이를 "믿음에 근거를 두지 않고 행위에 근거를 두었기 때문"이라고 풀이한다(9:32). 일견 의의 법을 추구했다는 말이나 행위에 의지했다는 말은 모두 이스라엘이 율법을 열심히 준수함으로 의로워지려 했다는 인상을 풍긴다. "자기 의를 세우려고 애썼다"는 말 역시 같은 관점에서 이해될 수 있다(10:3). 소위 행위구원론에 입각한 태도가 되는 셈이다.

그런데 문제는 이런 이스라엘의 모습은 바울이 앞서 2장에서 신랄하게 비판했던 이스라엘/유대인의 모습과 너무 다르다는 사실이다. 2장에서 바울은 유대인들이 할례나 율법 소유 같은 외적 표지들에 의존한 채 율법 지키는 일은 팽개친다고 비판했었다. 동일한 칭의론 문맥에서 전혀 다른 두 종류의 유대인들을 각각 비판하는 것이 아니라면, 이 둘은 동일한 그림이어야 한다. 이스라엘의 율법 추구는 율법 순종을 의미하지 않는다. 만약 그랬다면 "의의 법에 도달하지 못했다"는 표현은 설명할 도리가 없어진다. 오히려 "율법을 추구했지만 도달하지 못했다"는 역설적 표현은 2장에서와 마찬가지로 율법을 소유하고 자랑하면서도 그 율법을 실천하지는 못했던 이율배반적 태도를 가리키는 것이 분명하다. 자기 방식대로 율법적 의를 추구했지만, 이는 하나님이 원하셨던 율법 순종보다는 율법 남용에 가까운 모양새였다는 것이다.

따라서 "행위에 의지했다"는 말 역시 도덕적 의미의 "행위"가 아니라, 2장에서 유대인들이 자랑했던 "율법의 행위", 곧 할례나 율법 소유와 같은 외면적 표지들에만 의존했다는 의미로 보는 것이 자연스럽다. 경건치 못한 자를 의롭게 하는 것이 칭의라면, 여기서 도덕적 행위를 말할 수는 없다. 행위 없는 "죄인"이 "행위"로 의로워질 수 있느냐는 식의 어불성설이 되기 때문이다. 따라서 칭의의 수단으로서의 "행위"는 도덕적 의미의 행위와는 구분되는 개념임이 분명하다. 하나님의 의가 아니라 "자기 의"를 세우려 했다는 것도 마찬가지다. 빌립보서 3장에서 드러나는 것처럼, 외적인 정체성을 확보하는 것이 의의 길인 것처럼 착각했다는 것이다(빌 3:4-6). 율법을 소유한 아브라함의 후손으로서, 무지한 자들의 선생이요 방향 모르는 이방인의 인도자라고 스스로 우쭐해 했지만("자기 의"), 그들의 삶에는 생명을 창조하는 "하나님의 의"의 흔적은 찾을 수 없었다. 그러므로 바울은 율법을 행하는 혹은 행하려는 모습을 비판하는 것이 아니라 (그것은 오히려 하나님이 간절히 바라시는 모습이 아닌가!), "아브라함의 후손"이라는 혈통적·제의적 정체성에 집착하면서 정작 율법 실천에는 무관심한 위선을 폭로하고 있는 것이다. 우리가 이전에 살폈던 것처럼, 이것이 구약 선지자들의 일관된 비판이었고, 회개에 합당한 열매를 요구했던 세례 요한의 비판이었으며, 대접의 속을 깨끗이 하라던 예수님의 비판이었다. 바울만이 반대의 논증을 펼치고 있는 것이 아니다.

복음의 걸림돌

외면적 정체성과 기득권에 집착하는 이들에게 그리스도는 "걸림돌과 거치는 바위"로 다가온다(9:33). 이스라엘 중 남은 자들처럼 그분을 믿는 이들은 부끄러움을 당하지 않을 것이다. 갈라디아서에서처럼 "우리는 본래 유대인으로서 이방 죄인이 아니지만, 사람이 의롭게 되는 것이 율법의 행위를 통해서가 아니라 예수 그리스도를 믿어서 되는 것임을 알기 때문에 유대인인 우리 또한 예수를 믿었다"고 말하는 경우다(갈 2:15-16). 하지만 십자가에 달린 예수를 메시아/그리스도로 인정하지 못하고 그를 거부하는 이스라엘에게, 그는 그들을 넘어뜨림으로 그들이 추구하는 의로움의 공허함을 폭로하는 계기로 작용한다. 지금은 바로 이스라엘이 이 십자가의 걸림돌에 걸려 넘어진 상황인 것이다.

하지만 하나님의 신실함에 대한 바울의 논증은 "아브라함의 후손"을 재해석하고, 이스라엘을 "남은 자"로 축소시키는 선에서 끝나지 않는다. 보다 근본적인 의미에서 이스라엘을 향한 하나님의 약속은 여전히 유효하다. 그래서 바울은 현재 이스라엘의 실패가 드라마의 끝이 아니라고 믿는다. 오히려 현재 이스라엘의 실패는 이방인을 초대하기 위한 역설적 조치의 색채가 짙으며, 드라마의 마지막은 보다 온전한 의미의 해피엔딩이 될 것이다. 그러므로 유대인의 회개가 절실한 만큼, 이방인의 겸허함 또한 필요하다. 그래서 복음과 이스라엘에 관한 이야기는 계속된다. 다음 장에서 우리는 바울이 이 주제를 어떻게 진전시키면서 드라마의 마지막으로 이끌어 가는지 살펴보게 될 것이다.

16. 구원의 믿음, 그리고 이스라엘의 불신앙

10:1-21

방향을 잘못 잡은 열심

빗나간 사랑만큼 고통스러운 것도 없다. 자식을 향한 지극한 사랑이 방향을 잘못 잡을 때 그것이 자식에게 얼마나 큰 고통이 되곤 하는가! 그런 점에서는 종교적 열정 또한 마찬가지다. 무엇보다 고귀한 것이 신앙적 열정이겠지만, 그 열정이 본연의 방향을 잃고 나 자신의 열정으로 화할 때, 얼마나 무서운 결과들이 생겨나곤 하는가? 최근 한국 개신교에 대한 원망의 목소리가 전례 없이 높다. 물론 복음 자체가 사람들의 입맛에 맞지 않는다는 이유도 크겠지만, 또 한편으로는 본래의 방향을 상실한 아전인수적 열정이 신앙이라는 고상한 이름을 달고 표출되어 온 사실도 한몫했을 것이다. 여기서 문제는 열정의 부족이 아니라 방향의 부재다. 뜨거운 사랑과 열정은 있는데, 이 열정을 인도할 길잡이가 없는 것이다. 지식이 결여된 사랑 혹은 열정의 아픔이다. 바울은 이스라엘의 문제가 바로 이것이라고 여겼다.

재미있게도 로마서 10장의 시작 부분은 9장의 시작 부분과 유사하다. 우선 바울의 논의는 동료 유대인들을 향한 아픈 사랑을 토로하면서 시작된다. "형제 여러분, 내가 마음에 간절히 원하고 하나님께 기도하는 것은 이스라엘이 구원을 받는 것입니다"(10:1; 비교. 9:1-3). 9장에서는 뒤이어 유대인이 가진 구원사적 특권과 현재의 불신앙이 극명하게 대조되었다(9:4-5). 마찬가지로 10장에서는 하나님을 향한 유대인들의 열심과 이 열심에서 드러나는 그들의 무지가 선명하게 대조된다. 현재 이스라엘의 상태는 하나님이 주신 특권을 오해한 결과이기도 하고(9장), 또한 하나님을 향한 열정이 방향을 잘못 잡은 것이기도 하다(10장).

현재 이스라엘의 문제를 어디서 찾든, 이는 하나님을 향한 열심의 부재는 아니다. 그들에게는 분명 하나님을 향한 "열심"이 있었다(10:2). "내가 증언하노니……"라는 문구는 바울이 이 대목에 방점을 찍고 있음을 의미한다. 이방 신자들이 복음 밖에 있는 유대인들을 두고 뭐라 말하건, 그들이 하나님을 몰랐다거나 그분을 향한 열심이 부족하다고 비난할 수는 없다(10:19). 사실 바울의 삶이 이를 잘 말해 주지 않는가? "전에 유대교에 있을 때" 바울은 예수를 메시아로 따르는 "교회"를 없애 버리겠다는 생각으로 유대 그리스도인들에 격렬하게 박해했었다(갈 1:13; 행 26:9-12). 예전의 바울은 하나님을 향한 열심이 없었던 사람이 아니라 오히려 그 반대였다. "내가 내 동족 중 많은 동년배들보다 유대교를 지나치게 믿어 내 조상의 전통에 대하여 더 큰 열심이 있었습니다"(갈 1:14). 빌립보서에도 같은 이야기가 나온다. 바울은 하나님의 백성으로서 자신의 정체성을 자랑스러워했다. "나는 팔일 만에 할례를 받고, 이스라엘 족속이요,

베냐민 지파요, 히브리인 중의 히브리인이요, 율법으로는 바리새인"이었다(빌 3:5). 그의 행동 또한 그 정체성에 걸맞은 것이었다. "열심으로는 교회를 박해하고, 율법의 의로는 흠이 없는 사람"이었다(빌 3:6). 바울의 경우에서 보듯, 아마도 당시 유대인들에게는 이런 식의 "열심"이 매우 중요한 의미로 다가왔을 것이다. 특별히 정치적·문화적으로 오랜 외세의 압박에 시달리며, 율법에 대한 헌신으로 대표되는 하나님 신앙이 위협을 당하는 상황에서는 율법적 신앙을 수호하려는 이런 열심이 더욱 소중했을 것이다.

하지만 유대인들의 열심에는 지식이 결여되어 있었다(10:2). 마가복음의 말씀처럼, 그들은 하나님을 보기는 했지만 깨닫지는 못했고, 듣기는 했지만 이해하지는 못했다(막 4:12). 바울은 이스라엘의 무지를 이렇게 설명한다. "그들은 하나님의 의를 알지 못한 채, 자기들의 의를 세우려고 노력한 나머지 하나님의 의에 복종하지 않았습니다"(10:3). 그들의 문제는 하나님의 의를 알지 못했다는 것이다. 그들은 그것이 하나님을 향한 열심이라고, 그것이 "하나님의 의"에 도달하는 길이라고 착각했지만, 실상 그것은 "자기들의 의"를 세우려는 노력 그 이상도 그 이하도 아니었다. 결과적으로 그들은 하나님의 의에 복종하지 않게 된 것이다.

유대인들이 하나님의 의를 몰랐다는 것은 하나님의 의에 이르는 참된 길을 몰랐다는 뜻이다. 9장에서 이미 밝힌 것처럼, 하나님의 의가 율법 아닌 믿음, 혹은 행위 아닌 믿음에서 나는 것임을 알지 못했다(9:30-32). 물론 이 믿음이란 예수를 믿는 믿음을 의미한다. 그러므로 그들은 예수를 알지 못했다는 말이다. 뒤집어 말하면, 사람이 하나님의 의를 아는 것은 예수 그리스도를 통해서다. 바울 자신의 고백처럼, 그 역시 그러한 무지에 사로잡혀 있을 때 "하나님께서 그 아들을 내 속에 나타내시기를 기뻐하셨고"(갈 1:16), 이것이 그에게는 새로운 앎의 시작이었다. 한때 그는 그리스도를 그저 하나님의 저주로 마땅히 죽어야만 했던 존재라고 생각했었다. 하지만 다메섹 이후 그는 예수의 죽음이 자신을 위한 죽음임을 깨달았고(고후 5:14-15), 이전 자신의 생각이 "육신의 잣대로" 했던 생각임을 알게 되었다(고후 5:16). 이처럼 사람이 "그리스도 안에" 있게 될 때, 이전의 관점을 버리고 새로운 관점으로 무장한 "새로운 창조/피조물"이 된다(고후 5:17). 하나님이 이런 변화를 이루어 주신다는 것이다(고후 5:18). 율법적 열성에 기초한 이러한 추구를 종식시킨다는 점에서, 그리스도는 "율법의 끝"이 되신다. 그럼으로써 모든 믿는 자들에게 의가 되어 주신다는 것이다(10:4).

율법에 근거한 자기 의란 무엇인가

이스라엘의 무지는 그들이 "하나님의 의"를 몰랐다는 데 있다. 그들이 열성적으로 추구했던 것은 실상 "자기 의"였다. 이것이 무슨 뜻일까? 9장에서 바울은 이스라엘이 "의의 율법을 추구했지만 율법에 이르지 못했다"고 말했다(9:31). 우리는 거기서 "율법을 열심히 지킴으로 의에 이르려 했지만, 이를 완전히 지키지 못해 의를 획득하지 못했다"는 통상적 해석과는 다소 다른 해석을 제안했었다. 오히려 2장에서 그려진 유대인 비판을 염두에 두면서, 그들이 소유한 율법을 내세우며 자랑했지만 실제로 율법을 지키지는 않았다는 사실을 지적하는 것으로 본 것이다. 또한 "믿음이 아니라 행위"(9:32)라는 이항대립도 같은 견지에서 해명했다. (행위 없는) 믿음과 (결코 완벽할 수 없는) 행위의 대립이라기보다는 참된 변화를 가능하게 하는 믿음(6, 8장)과 그런 생명력을 결여한 무력한 율법 조항들(7장)에 집착하는 태도 사이의 대조라는 것이다.

그렇다면 "자기 의"를 추구했다는 10장의 진술도 동일한 상황을 포착할 것이다. 곧 이스라엘이 율법을 지켜 행위에 근거한 의를 쌓으려 했다는 말이라기보다는, 할례나 율법 소유와 같은 언약적 특권들에 집중하면서 정작 율법을 실천하는 삶에는 관심이 없음을 비판하는 말일 것이다. 그들이 "하나님의 의"에 복종하지 않았다는 말이나 그들이 의의 율법을 추구했지만 그 율법에 도달하지 못했다는 말은, 율법에 열심을 내면서도 오히려 율법 순종에는 이르지 못한 역설적 상황에 대한 설명이라는 것이다.

물론 할례나 안식일 준수처럼 당시 유대인들이 열심을 보이던 행위들 역시 엄연한 율법의 일부였다. 따라서 적어도 이들 요소들에 대해서는 유대인들이 율법을 준수한 것이라고 말할 수 있다. 하지만 바울은 그런 생각에 동의하지 않는 것으로 보인다. 그는 할례나 날짜 준수와 같은 열성과 제대로 된 의미의 율법 준수를 분명히 구분하기 때문이다(갈 5:6; 6:13, 15; 고전 7:19). 물론 이는 예수의 경우도 마찬가지다. 예전에 살핀 적이 있는 것처럼, 바리새인들의 과시적 영성을 두고서 예수는 그들이 눈에 보이는 조항들에는 열심을 내지만 "율법의 더 소중한 계명들인 정의와 자비와 신뢰는 저버렸다"고 비판한다(마 23:23). 한마디로 "말만 하고 행하지는 않는"

위선적 영성이었다(마 23:3). 모양을 내는 데는 열성이었지만, "마음"이 동원되어야 실천할 수 있는 계명들은 철저히 무관심했다는 것이다. 이런 외적 조항들에 대한 열성을 본다면 일종의 율법주의라고 할 만하지만, 예수와 바울은 모두 이를 두고 율법을 지키지 않는 태도라고 비판했다.

율법의 목표이신 그리스도

어쨌든 율법을 추구했던 이스라엘의 시도는 실패했다. 율법을 들고 그들이 보여준 것이라곤 자신의 의를 세우려는 열성뿐이었다. 자기 의가 무서운 것은 그 자체에 믿음의 부정이라는 교리적 독이 있어서가 아니라, 그에 대한 집착으로 인해 정작 하나님의 의를 바라보지 못하기 때문이다. 자기 의에 집착한 나머지, 하나님의 의에 복종하지 않는 결과를 가져온다는 것이다. 7장에서 길게 설명한 것처럼, 율법은 우리를 순종으로 이끌지는 못한다. 죄를 이길 능력이 율법에는 없기 때문이다. 그런 상황에서 우리는 종종 율법의 외면적 조항들로 모양을 내어 순종의 흉내를 내고 싶어 한다. 하지만 우리가 이런 식의 엉터리 의에 집착하는 한, 하나님으로부터 오는 참된 의를 발견할 기회는 오지 않는다. 그래서 그리스도는 이런 허망한 시도를 종식시키고 우리를 참된 의로 인도하기 위해 율법의 끝이 되셨다(10:4).

하지만 그리스도가 율법의 "끝마침"이라는 말은 무슨 뜻일까? 이 구절은 가히 바울 율법관의 요약이라고 할 만하다. 그만큼 논란이 많다. 바울이 사용한 헬라어 "텔로스"는 성취, 목적, 끝 등의 다양한 의미로 사용된다. 그런 점에서 목적과 끝이라는 두 가지 의미를 가진 영어 end와 유사하다. 당연한 일이겠지만, 루터교 전통에서는 율법의 '끝'으로, 그리고 칼뱅주의 전통에서는 율법의 '완성' 내지는 '목적'으로 풀이하는 경향이 있다. 칼뱅주의 물을 먹고 자란 나 역시 후자의 해석에 끌린다. 복음 자체를 율법(성경)과 연결하여 설명하는 바울의 태도나, 복음이 율법을 폐하는 것이 아니라 세우는 것이라는 진술을 고려한다면(1:2; 3:31; 7:12, 14; 8:4; 13:8-10), 그리스도를 율법의 '마지막'으로 보기는 어렵기 때문이다. 그리스도가 율법에서 약속된 분이요(1:2) 또 율법을 굳게 세우는 분이라면(3:31; 참조. 마 5:17), 그리고 그를 통해 성령을 따르는 우리에게 "율법의 요구들"이 성취되는 것이라면(8:4), 그리스도는 율법의 '끝'보다는 '목표'요 그 율법의 진정한 의미라고 말하는 것이 더 낫지 않을까? 율법의 참 의미를 실현하고, 그 속에 담긴 본래의 목적을 구현하는 그리스도는 따라서 "모든 믿는 자들에게 의를 이루신다"(10:4; 1:16-17). 그리고 바울은 이 "믿음에서 나는 의"(10:6-13)를 "율법에서 나는 의"(10:5)와 대조한다.

율법의 의와 믿음의 의

여기서 바울은 당시 널리 활용되던 성경 해석 방법의 한 사례를 보여준다. 우선 레위기의 한 구절이 언급된 후(10:5; 레 18:5), 신명기에 있는 세 구절이 차례로 소개된다(10:6-8). 그리고 각 구절에는 "이는……"이라고 하면서 그 의미를 해명하는 설명이 더해진다(새번역은 이 설명 부분을 괄호로 묶어 표시했다). 그런데 막상 바울이 이 방법을 적용하는 방식은 설명하기 어려운 물음을 불러일으킨다. "믿음의

의"를 설명하는 것으로 인용된 신명기의 구절들이 본래는 율법의 계명들을 두고 선포된 말씀이기 때문이다. 이에 대한 주석가들의 의견도 분분하지만, 여기서 그런 설명들을 소개하기는 어렵다. 다만, 율법에 관한 말씀을 복음에 관한 말씀으로 해석하는 바울의 움직임 이면에는 궁극적으로 율법과 복음이 대조되는 것이 아니라 연결되는 것이라는 신념이 작용했을 것으로 추측할 수 있다. 율법의 주요 인물인 아브라함을 들어 이신칭의를 설명하는 것처럼(갈 3장; 롬 4장), 복음은 애초부터 성경이 약속해 온 하나님의 구원 방식이었으며, 그리스도는 전혀 새로운 약속을 들고 나타나신 것이 아니다. 오히려 그는 율법의 그늘에 잠시 잊혀진 이 고래의 약속을 다시금 재확인하신 분이다(갈 3:21-22; 고후 1:20). 복음이 율법을 세운다는 말이 여기에도 적용된다면, 모세 시대에 주어진 말씀의 참 의미가 실현되는 것이 바로 복음을 통해서라는 의도를 읽을 수 있을 것이다.

전통적으로 주석가들은 이 부분에서 바울이 "율법에서 나는 의"와 "믿음에서 나는 의"를 강하게 대조하는 것으로 해석했다. 곧 (실현가능성이 없는) 행위구원론적 원칙(10:5)과 하나님께서 제공하는 믿음의 의(10:6-13)를 대조함으로 이스라엘의 율법주의적 태도를 비판하고 있다는 것이다. 물론 그럴 가능성도 크다. 하지만 바울이 같은 율법의 구절들을 이용하여 두 의를 설명하고 있다는 사실은 둘 사이의 대립이 그의 의도가 아니라는 인상을 짙게 풍긴다. 읽기에 따라서는, 바울이 아무런 비판적 의도 없이 자연스럽게 레위기의 행함 원칙을 진술하는 것일 수도 있다. 사실 바울은 지금 성경을 인용하고 있지 않은가! 물론 이스라엘은 실패했지만, 그것은 죄 때문이었지 이 원칙이 잘못된 것이어서가 아니다. 그리고 우리가 오랫동안 살펴온 것처럼, 바울의 해법은 그리스도와 성령이 우리를 죄로부터 해방하여 율법을 성취하도록 한다는 것이었지 순종 없이도 통용되는 의를 제공하는 것이 아니었다(2:29; 6:1-23; 8:1-4, 13). 모세가 말했던 "율법에서 나는 의"가 드디어 "믿음에서 나는 의"에 의해 구현된 것이라는 것이다. 그러므로 이것이 애초부터 (율법에서) 하나님이 약속하신 복음이라는 생각이 바울의 의도에 가까울 수 있다는 것이다.

가까이 있는 믿음의 말씀

6-8절에서 "믿음에서 나는 의"를 위해 인용된 신명기 구절들은 "율법이 멀리 있어 지키기 어렵다"는 불평을 막는 경고에 해당한다(신 30:12-14). 율법이 먼 하늘에 있어 하늘로 올라가야 하는 것도 아니며(10:6; 신 30:12), 먼 바다 끝에 있어 바다를 가로질러 가야 하는 것도 아니다(10:7; 신 30:13; 바울은 이 부분을 바꾸어 인용한다. 여기서 바울은 "바다를 가로지르는" 신명기의 이미지를 "깊은 곳으로 내려가는" 이미지로 바꾸어, 이를 그리스도의 죽음과 부활에 연결한다. 바울은 시편 107:20의 헬라어 본문에서 이 이미지를 떠올렸을 수 있다). 사실 "하나님의 말씀은 네게 가까이 있다. 네 입에 있고, 네 마음에 있다"(10:8; 신 30:14). 바울은 이것이 "우리가 전파하는 믿음의 말씀"이라고 해석한다(10:8). 율법에 관한 것으로 기록되었지만, 사실은 그리스도의 복음, 곧 "믿음에서 나는 의"를 약속하는 복음이 그렇다는 것이다. 우리는 그리스도를 끌어내리려 하늘에 올라갈 필요가 없다. 그리스

도께서 이미 인간이 되어 우리 속으로 오셨기 때문이다(1:3). 그렇다고 깊은 곳에 내려가 그분을 끌어올려야 하는 것도 아니다. 그분이 이미 죽은 자 가운데서 부활하셨기 때문이다.

그렇기에 하나님의 말씀, 곧 그리스도를 통해 선포된 복음의 말씀은 우리에게 가깝다. 이 말씀은 "네 입에 있고, 네 마음에 있다"(10:8). 이는 단순한 지리적 가까움만은 아니다. 9-10절에서 확인되는 것처럼, 여기서 "입"과 "마음"은 피상성과는 거리가 먼, 진지하고 전인적인 응답을 가리킨다. 예레미야서에서도 마음에 새겨진 율법은 불순종으로 규정되는 옛 언약이 아니라 장차 세워질 새 언약의 특징이었다(렘 31:31-34). 히브리서는 그리스도께서 이 언약을 세우셨다고 말한다(히 8:10, 16). 여기서 바울의 의도 또한 그와 다르지 않아 보인다. 신명기의 이 말씀은 우리, 곧 바울을 비롯한 사도들이 전파하는 믿음의 말씀에서 사실로 드러난다. 율법이 할 수 없었던 것을 하나님이 하셨다(8:3). 행함의 원리를 포기한다는 의미에서가 아니라, 그리스도를 통해 죄와 죽음의 지배를 종식시키고, 우리로 하여금 "참 마음과 온전한 믿음으로" 하나님을 섬기도록 만든다는 의미에서 그렇다. 곧 복음에 "모든 믿는 자"를 구원할 수 있는 하나님의 능력이 나타난다는 것이다(10:4; 1:16).

구원에 이르는 믿음

"입"과 "마음"에 관한 신명기의 말씀은 8-9절의 멋진 대응구로 이어지면서 더욱 구체적인 복음의 메시지와 결합된다.

8절 당신의 **입**에 있고, 당신의 **마음**에 있습니다.
9절 **입**으로 고백하고, …… **마음**으로 믿으면…….
10절 **마음**으로 믿어 의에 이르고, **입**으로 시인하여 구원에 이르게 됩니다.

많은 그리스도인들에게 10절은 믿음에 의한 칭의와 구원을 선언하는 가장 분명한 말씀의 하나로 읽힌다. 당혹스러운 사실은 정작 10절과 짝을 이루어 그 내용을 설명하는 9절은 무시하는 경우가 많다는 것이다. 정작 고백하고 믿어야 할 내용은 9절에 나오는데, 우리는 이 내용에는 무관심한 채 그저 '믿음-구원'의 도식에만 집착한다. 또한 흔히 입을 통한 시인과 마음을 통한 믿음을 행위와 대조되는 (행위 없는) 믿음으로 간주하는 경향도 보인다. 하지만 이는 여간 큰 오해가 아니다. 성경에서 "마음"이란 행위와 대조되는 생각으로서의 마음이 아니라 우리의 삶 전체를 담는 진심을 의미한다는 것을 잘 알지 않는가?

물론 보다 심각한 문제는 9절을 무시한다는 것이다. 우리는 무엇을 시인하고 무엇을 믿는가? 우리의 고백은 "예수가 주님이시다"라는 것이다(고전 12:3; 고후 4:5; 행 2:36). "주"는 물론 관계적 언어다. 그분을 주로 고백한다는 것은 우리가 그분의 "종"임을 고백하는 것이다(고후 4:5). 이는 교리의 고백이 아니라 충성 서약이다. 그러므로 예수는 주이시다고 중얼거리기만 하면 되는 것이 아니라, 그분에게 충성할 것을 약속해야 한다. 이 고백이 성령의 역사를 필요로 하는 이유가 바로 그것이다(고전 12:3). 마귀도 그리스도의 정체는 알았겠지만, 그분을 주님으로 섬기지는 않을 것이기 때문이다. 또한 베드로의 오순절 설교에서 잘 드러나듯이, 예수가 주님이라는 고백 속에는 예수의 부활에 대한 신념이 자리하고 있다. 예루살렘 사람들이 죽인 예수를 하나님이 살리셨고, 자기 오른편에 앉히셔서(전권을 위임하셔서), 그를 "주님과 그리스도로 삼으셨다"(행 2:32-33, 36; 빌 2:9-11).

그래서 우리를 구원하는 믿음은 "하나님께서 예수를 죽은 자 가운데서 살리셨다"는 사실을 믿는 믿음이다(10:10). 로마서를 공부해 오면서 우리는 부활이 바울 복음의 중심이라는 사실을 여러 차례 확인한 바 있다. 예수의 부활은 생명을 창조하는 하나님이 자신을 드러내신 결정적인 사건이었다. 바울은 이를 성령에 의해 마른 뼈가 살아나는 에스겔의 환상과 연결하고, 죽은 아브라함과 사라의 몸에서 이삭을 창조하신 하나님의 간섭과 연결하고, 더 올라가 아담에게 생명을 부여하신 "창조주" 하나님의 역사와 연결한다. 바울이 복음에 흥분한 것은 이 사건들을 통해 암시되고 선포된 "생명의 성령"의 역사가 비로소 예수 그리스도의 부활을 통해 현실이 되었음을 깨달았기 때문이었다. 십자가가 새로운 의미로 다가오는 것도 바로 그런 이유에서다. 바울이 십자가에 달린 그리스도와 그를 향한 믿음을 성령의 원천으로 제시하는 이유가 바로 그것이다(갈 3:1-5, 13-14; 4:1-7). 아브라함이 "죽은 자를 살리시며, 없는 것을 있는 것처럼 불러내시는" 하나님을 믿어 의롭다 여김을 받았던 것처럼, 우리 또한 "예수 우리 주를 죽은 자 가운데서 살리신" 하나님을 믿는 믿음으로 의롭다 하심을 받는다(4:17, 24). 그래서 우리 주님이신 예수는 "우리 범죄함 때문에 〔죽음에〕 내어줌이 되고, 우리의 의롭다 하심을 위하여 살아나셨던" 것이다(4:25). 바울이 하나님을 "예수 우리 주를 죽은 자 가운데서 살리신 분"이라 부르게 된 이면에는 이처럼 절실한 깨달음이 담겨져 있다(8:11; 고후 1:9; 4:14; 갈 1:1).

자기 의에 집착했던 이스라엘이 "하나님의 의"를 몰랐다는 말은 바로 이런 견지에서 읽을 수 있다. 예수 그리스도를 통해 역사하는 새 생명의 역사가 그들의 종교 속에는 없었다는 것이다. 그들은 율법을 추구했지만, 이 율법에는 우리를 살릴 수 있는 능력이 없었고, 그래서 이 "연약한" 율법으로는 의에 이를 수 없었다(갈 3:21). 하나님 앞에서 인정받는 이면적 정체성은 육체 아닌 마음의 할례를 필요로 하는데, 이는 율법 조문으로가 아니라 성령을 통해서만 가능하다(3:28-29). 바울이 거듭 강조하는 것처럼, 성령으로 나타나는 생명의 능력은 오직 예수 그리스도를 믿음으로만 주어진다(갈 3:2-5, 13-14; 4:5-7; 롬 8:1-4). 그래서 이사야는 하나님께서 시온에 두실 주춧돌에 관해 예언하며, "누구든지 그를 믿는 자는 부끄러움을 당하지 않을 것이다" 하고 외쳤다(10:11; 사 28:16). 할례를 받았거나 율법을 소유했다는 외면적 정체성이 아니라(2장), 이 부활의 주를 믿고 부르는 것이 구원의 열쇠다. 바울이 로마서 전체에 걸쳐 강조하는 것처럼, 이 메시지 앞에서 유대인과 헬라인이 다를 수 없다. "예수가 주이시다"는 고백은 모두에게 열려 있고, 그래서 그분은 모든 사람에게 구원의 주님으로 서 계신다(10:12).

바울은 요엘 선지자의 말에서 이 진리를 발견한다. "주의 이름을 부르는 모든 사람들은 구원을 얻을 것이다"(10:13). 요엘서의 "주"

는 분명 하나님이다. "모든" 사람은 여기 모든 이스라엘을 가리킨다. "구원" 역시 이방에 대한 이스라엘의 우위를 전제한다. 하지만 바울은 여기에 새로운 의미의 옷을 입힌다. 주는 그리스도이며, 그분을 부르는 믿음과 구원의 이야기에는 그 어떤 인간적 구분도 허용되지 않는다. 중요한 것은 주님의 이름을 부르는 일이다. 주님의 이름을 부르는 일! 그렇다. 하지만 여기서 바울의 생각은 멈춘다. 바로 이것이 지금 이스라엘의 문제이기 때문이다.

성경을 통해 보는 이스라엘의 불신앙

여기서 바울의 생각은 다시 이스라엘의 불신앙으로 돌아간다. 자신의 논점을 확실히 하기 위해 우선 바울은 13절에 인용된 요엘서의 말씀을 염두에 두면서, "어떻게"로 시작하는 사중적 역逆추론을 선보인다(10:14-15 상). 그리고 이 추론은 다시 연속되는 성경구절의 인용으로 이어진다(10:15 하-21). 믿은 적이 없는 분을 어떻게 부르겠는가? 들은 적이 없는 분을 어떻게 믿겠는가? 선포하는 사람이 없다면 어떻게 들을 수 있겠는가?(10:14) 보냄을 받지 않았다면 어떻게 복음을 선포할 수 있겠는가?(10:15) 바울의 독자들에게 다른 답변은 불가능했을 것이다. "물론 믿은 적이 없는 분을 부를 수는 없다. 들은 적이 없는 분을 믿을 수는 없다. 선포하는 사람이 없다면 들을 수는 없다. 보냄을 받지 않았다면 선포할 수 없다." 이런 수사적 물음을 통해 바울은 복음을 선포하는 자신의 사도적 섬김이 그리스도의 부름을 받은 것임을 재확인한다(참조. 1:5). 복음의 첫 증인이었던 사도들은 모두 부활하신 그리스도로부터 그 사명을 부여받은 이들이었다. 그리고 그 부름의 마지막에는 바울이 포함된다(고전 15:1-10). 그래서 바울을 비롯한 모든 사도들은 그리스도의 죽음과 부활에 관한 기쁜 소식을 전하는 자들이 되었다(고전 15:11). 바울은 이사야서를 인용함으로 이 사실을 뒷받침한다. "기쁜 소식을 전하는 이들의 발걸음이 얼마나 아름다운가!"(10:15 하; 사 52:7) 물론 이는 어느 한 개인에게만 국한되는 이야기가 아니다. 그래서 바울은 이사야서의 단수 명사("좋은 소식을 전하는 자")를 복수형("좋은 소식을 전하는 자들")으로 바꾼다. 바울을 비롯한 많은 전도자들을 통해 기쁜 소식이 사방에서 들려지고 있다.

하지만 복음이 널리 전파되는 반가운 상황에는 "모든 사람", 곧 모든 이스라엘이 복음에 순종한 것이 아니라는 슬픈 현실이 교차된다. 안타깝게도 극히 소수의 유대인들만이 복음을 받아들였을 뿐이다. 하지만 이는 하나님이 벌써 오래전에 예견하셨던 사태다. 현재 이스라엘의 불신앙이 하나님의 섭리 속에서 이미 예견된 것임을 밝히기 위해 바울은 일련의 성경 구절들을 인용한다. 우선 "우리가 전한 것을 누가 믿었습니까?" 하는 이사야의 안타까운 물음이 바로 현재의 상황을 내다 본 물음이다(10:16; 사 53:1). 초대교회는 이사야서 53장의 여호와의 종을 예수 이야기로 읽었다. 따라서 그 메시지의 서두에 던져진 물음이 예수 이야기를 거부하는 현재 이스라엘을 겨냥한 것으로 보는 것은 당연하다.

물론, 이미 분명히 한 것처럼, 믿음은 들음에서 생긴다. 그리고 들음은 "그리스도의 말씀", 곧 부활하신 그리스도께서 주신 명령에 근거한다(10:17). 그렇다면 현재 이스라엘의 불신앙은 그들이 예수의 복음에 관해 들어 볼 기회가 없었다는 것을 의미하는가? "물론 그렇지 않다"(10:18). 바울은 다시 성경을 인용하며 복음이 널리 퍼지고 있는 상황을 설명한다. "그들의 목소리가 온 땅에 퍼지고, 그들의 말이 땅 끝까지 퍼졌다"(10:18 하; 시 19:4). 그렇다면 혹 이스라엘이 복음을 듣기는 했지만 이를 제대로 "알고" 깨달을 기회가 없었던 것은 아닐까?(10:19 상) 물론 그것도 아니다. 말씀의 첫 증인이었던 모세가 이렇게 예견하지 않았던가? "나는 내 백성 아닌 사람들로 너희의 질투심을 일으키고, 미련한 백성들로 너희의 분노를 자아내겠다"(10:19 하; 신 32:21). 모세의 이 말은 하나님의 말씀을 거역하고 불순종하는 이스라엘, 그리하여 하나님의 질투와 분노를 촉발한 이스라엘에 대해 하나님이 보여주실 보응을 묘사하는 대목이다. 신명기 32장의 문맥이 잘 보여주는 것처럼, 그리고 로마서 10:21에서 명시적으로 선언되는 것처럼, 현재 이스라엘의 불신앙은 그들이 불순종한 결과일 뿐, 결코 선포된 말씀이나 선포하는 이들의 문제는 아닌 것이다.

그렇다면 지금은 하나님의 백성 아닌 이들로 인해 이스라엘이 질투와 분노에 사로잡히는 시간이다. 바울이 앞에서 밝힌 것처럼, 의의 율법을 추구한 이스라엘은 법에 도달하지 못했고, 오히려 "의를 추구하지 않은 이방 사람들이 의를 얻었다"(9:30). 이스라엘은 복음을 거역하고 말았지만, 이방 사람들은 대거 이 복음으로 돌아오고 있다. 물론 이는 이사야에 의해서도 예언된 상황이다. "나를 찾지 않는 사람들을 내가 만나 주고, 나를 구하지 않는 사람들에게 내가 나타났다"(10:20; 사 65:1). 하지만 이스라엘에게는 이런 말씀이 들려진다. "복종하지 않고, 거역하는 백성에게 내가 온종일 내 손을 내밀었다"(10:21; 사 65:2). 하나님이 온종일 손을 내밀고 있지만, 이스라엘은 이를 거부했으며, 하나님은 그들을 벌하기 위해 백성 아닌 이방인들에게 자신을 혹은 자신의 의를 드러내신 것이다.

바울은 현재 이스라엘의 불신앙이라는 당혹스러운 상황이 하나님의 섭리 속에서 미리 예견된 것이라고 말한다. 그 말씀들에 비추어 볼 때 현재의 상황은 이스라엘의 불신앙으로 인해 하나님이 그들을 질투와 분노에 사로잡히게 하는 시간으로 파악된다. 실제로 초대교회가 유대인들로부터 경험했던 아픈 상처들은 이들의 질투와 분노가 어떻게 표출되었는지를 잘 말해 준다. 예수를 만나기 전 바울 자신도 바로 그 질투와 분노를 보여주는 한 사례가 아니었던가! 그렇다면 하나님이 자기 백성 이스라엘을 버리신 것인가? 이렇게 바울은 9장 초두에서 제기했던 물음으로 되돌아간다. 물론 하나님의 약속, 하나님의 부르심은 취소되지 않는다. 그렇다면 지금의 이 질투와 분노를 어떻게 보아야 할 것인가? 다음 장에서 바울은 이 물음을 물으면서 현 상황 속에 감추어진 하나님의 "비밀"에 관해 이야기할 것이다.

17. 이스라엘, 이방인, 그리고 하나님의 비밀

11:1-36

끈질긴 상황의 물음

9-11장에 이르는 힘겨운 논증의 출발점은 현재 이스라엘의 완고함이다. 하나님의 벌린 손을 이스라엘은 거부했다(10:21). 대신 하나님은 그분을 찾지 않던 이방인들에게 발견되었고, 관심도 없었던 이들에게 나타나셨다(10:20). 상황이 어려운 만큼 질문도 쉬 가라앉지 않는다. "이스라엘을 향한 하나님의 약속은 폐기된 것인가?"(9:6) "하나님은 과연 자기 백성을 버리신 것일까?"(11:1) 혹은 3장에서의 물음처럼, "어떤 사람들이 믿지 않았다면 어떻게 하겠는가? 그 불신앙이 하나님의 신실하심을 무효로 만드는 것인가?"(3:3)

여기서 바울은 성경의 약속을 질문으로 바꾼다. 가령 노년의 사무엘은 두려워하는 이스라엘을 향해 "하나님께서는 자신의 큰 이름을 생각해서라도 자기 백성을 버리지 않으실 것"이라 천명했다(삼상 12:22). 시편에도 "하나님께서는 자기 백성을 버리지 않으시며, 그의 유업을 팽개치지 않으실 것"이라는 선포가 나타난다(시 94:14;

칠십인역은 93:14). 두 구절 모두 바울이 사용한 것과 같은 동사를 미래형으로 사용했다. 만일 1절에서의 물음이 이러한 성경의 약속을 의식한 것이라면, 바울의 물음은 더욱 심각한 것이 된다. "그렇다면 하나님은 결코 자기 백성을 버리지 않겠다던 자신의 약속을 폐기하신 것인가?"

물론 바울의 답변은 확고하다. "있을 수 없는 일입니다!"(3:4; 11:1) 사람들이야 거짓을 일삼는 조변석개 같은 존재일지 몰라도, 하나님은 그 신실함을 버리지 않는 진실한 분이시다(3:4). 사실 바울의 질문 속에 배어 있는 성경의 선포 자체가 다른 대답을 허용하지 않는다. 뿐만 아니라 구약성경과 유대의 문서들은 이스라엘을 향한 하나님의 약속은 영원히 변개될 수 없는 것임을 확언하는 진술들로 넘쳐난다. 그렇다면 바울은 그러한 성경 진술들을 몇 가지 인용하면서 넘어갈 수도 있었을 것이다. 하지만 바울은 그런 손쉬운 해법에 의지하지 않는다. 지금 필요한 것은 성경 진리를 힘차게 고백하는 것이 아니라 그 진리로 현 상황을 해명하는 것이기 때문이다. 그래서 물음은 계속된다. 약속의 백성들이 약속된 메시아를 거부하는 상황에서 어떻게 하나님의 신실하심을 읽어 낼 수 있는 것일까?

하나님이 남겨 두신 자들

9장에서 바울은 이스라엘의 불순종 앞에서 하나님의 신실함을 논증하기 위해 "하나님의 자녀"를 새롭게 정의했었다. 이스마엘과 이삭의 이야기에서처럼, 육신의 자녀가 아니라 약속의 자녀라야 하나님의 자녀로 인정을 받는다(9:8). 혹은 에서와 야곱의 경우처럼, 하나님의 주권적 의지를 따라 선택받는 자가 있고 버림받는 자도 있다(9:10-13). 이사야의 말처럼, 비록 모래와 같이 많은 이스라엘 자손들이 있을지라도, 그중 "남은 자들"만이 구원을 경험할 것이다(9:27). 그렇다. 다수의 이스라엘이 복음을 거부하는 현 상황은 분명 심판을 받아 멸망한 소돔과 고모라와 대동소이하다. 하지만 결코 완전한 파멸은 아니다. 이사야가 미리 말한 것처럼, 하나님이 남겨 두신 "씨"가 있기 때문이다(9:29; 사 1:9). 이 씨가 남아 있는 한, 그래서 이스라엘에 남은 자들이 존재하는 한, 하나님의 약속은 변함없이 이어진다. 그래서 하나님의 신실하심을 묻는 바울의 생각도 다시금 이 남은 자들에게로 향한다.

남은 자 바울

하나님이 자기 백성을 버리신 것이 아님을 증명하는 가장 확실한 증거는 하나님이 남겨 두신 씨, 곧 "남은 자들"의 존재다. 여기서 남은 자들이란 당연히 예수를 메시아로 고백하는 유대 그리스도인들이다. 예수를 믿은 유대인들의 존재는 이스라엘을 향한 하나님의 약속이 폐기되지 않았음을 생생히 증언한다. 어쩌면 바울은 이를 위해 예루살렘 사도들을 위시한 유력한 이름들을 거론할 수도 있었을 것이다. 그런데 바울은 의미심장하게도 다름 아닌 자기 자신을 그 남은 자의 대표적 사례로 제시한다. 하나님께서 자기 백성을 버리셨습니까? 있을 수 없는 일입니다! "저를 보십시오! 저 또한 엄연히 이스라엘 사람이며, 아브라함의 씨에서 난 자이고, 베냐민 지파입니다"(11:1). 적어도 이스라엘 사람 바울에게 있어서 하나님의 약속은 여

전히 유효하다. 그렇다. "하나님께서는 자기 백성을 버리지 않으셨다!"(11:2)

이처럼 바울은 이스라엘 내의 남은 자들을 상기하며 하나님의 신실하심에 대한 성경적 선언을 재확인한다. 그런데 여기서 바울의 진술은 단순한 성경 인용의 수준을 넘어간다. 바울은 하나님이 버리시지 않은 그의 백성은 그가 "미리 아신" 백성이라고 말한다(11:2). 이 예지의 범위는 논란의 대상이다. 칼뱅은 이를 이스라엘 중 하나님의 비밀스러운 선택을 입은 사람들로 제한한다. 이것은 바울이 이스라엘 자체를 새로 정의하면서 이를 택한 자와 그렇지 않은 자로 구별한다는 사실과 잘 어울린다. 하지만 우리는 이 물음이 제기되는 문맥을 고려해야 한다. 대다수의 주석가들이 지적하는 대로, 현재 바울의 물음은 분명 "이스라엘 전체"를 염두에 둔 것이다. 따라서 이 "미리 아심"의 대상 역시 이스라엘 전체로 보는 것이 자연스럽다.

하지만 지시 대상에 대한 논란과 무관하게 이 표현에 담긴 바울의 의도는 분명하다. 하나님이 자기 백성을 "미리 아셨다"면, 곧 언약적 사랑으로 그들과 맹약을 맺으신 것이라면, 그분이 그 백성을 버리실 리는 없지 않겠는가? 아마 하나님의 약속이 흔들릴 수 없는 것이라는 이런 신념의 배후에는 자기 자신의 체험 또한 작용했을 것이다. 그토록 치열하게 복음에 저항하다 "뒤늦게" 부르심을 받았지만, 그는 하나님이 "모태로부터 나를 구별하셨다"는 사실을 깨닫게 되었다(갈 1:15). 자신은 한동안 불순종했지만, 그렇다고 해서 그것이 하나님의 약속 폐기를 의미하지 않는다. 하나님은 바울이 태어나기 이전부터 그를 구별해 두셨고, 정해진 시점에 그를 부르심으로 그분의 신실하심을 드러내셨다. 그런 점에서 바울의 회심과 그를 향한 하나님의 신실하심은 여전히 불순종하고 있는 이스라엘을 위해서도 매우 중요한 사례가 된다.

은혜로 택함 받은 남은 자들

얼핏 이스라엘을 향한 약속이 무의미해진 듯하지만, 사실 하나님의 약속은 여전히 유효하다. 이를 더 분명히 밝히기 위해 바울은 현 상황에 상응하는 성경의 사례 하나를 소개한다. 바로 엘리야 이야기의 한 장면이다. 바울은 그의 독자들에게 "엘리야가 이스라엘을 고발할 때 성경이 그에게 하신 말씀"을 상기시킨다(11:2 하). 절망에 빠진 엘리야는 이스라엘이 "주님의 예언자들을 죽이고, 주의 제단을 헐어 버렸음"을 지적하며, "이제 나 혼자밖에 남지 않았는데, 그들이 내 목숨도 노리고 있다"고 하나님께 호소했다(11:3). 바울은 독자들에게 묻는다. "하지만 이 불평에 대한 하나님의 답변은 무엇인가?" "나만 남았다"고 불평하는 엘리야를 향해 하나님은 "바알에게 무릎 꿇지 않은 신실한 사람 칠천 명을 남겨 두었다"고 말씀하신다(11:4). 성경에서 자주 그렇듯, 여기서도 7의 배수인 칠천은 상징적 의미를 함축할 것이다. 또한 바울은 "남겨 두겠다"는 성경의 미래 동사를 "남겨 두었다"는 과거형으로 바꾸었다. 미래의 약속이 아닌 하나의 엄연한 사실이 된 것이다. 절망한 눈에 들어오는 장면이 현실의 전모는 아니다. "나만 남았다"고 하소연하는 순간에도 하나님은 칠천의 신실한 자들을 보고 계신다. 또한 바울의 인용문 속에서 하나님은 그 신실한 자들이 "나를 위하여" 혹은 "나에게" 남겨진 것이라고 덧붙여 말함으로, 그 남김이 하나님의 주권적 섭리에 의한 것임을 더욱 분명히 한다. 그런 마당에 하나님이 이스라엘을 버리신 것이라는 식의 결론은 얼마나 성급하고 피상적인 것인가?

물론 하나님의 신실함은 지금이라고 달라지지 않는다. 자기 백성들이 자기 선지자들을 죽이고 제단을 허는 상황에서도 하나님이 자신을 위해 신실한 자를 남기셨던 것처럼, "이와 같이 지금도 은혜로 택하심을 따라 남은 자가 있다"(11:5). 절망스러운 상황에서 남은 자의 보존은 순전히 하나님의 주권적 은혜의 산물이다. 오로지 하나님의 은혜에 근거한 것이기에 이는 결코 "행위에 의한" 것이 아니다(11:6).

다시 한 번, 여기서의 "행위"는 율법에 순종하려는 율법주의적 열성과는 다르다. 여러 번 지적한 것처럼, 율법을 지키려는 열성은 로마서에서나 바울 서신에서나 혹은 신약 어디서도 문제가 된 적이 없다. 문제는 늘 불순종이었고, 하나님의 선택 혹은 그 선택을 표상하는 외적 표지들에 의존함으로 실질적 불순종을 덮어 보려는 위선적 열성이었다. 구약의 선지자들과 세례 요한과 예수와 그의 사도들은 모두 이러한 위선을 폭로하며, 회개에 합당한 열매를 요구했다. 하지만 이스라엘은 이방인과 동일한 삶을 살면서도 "선민"으로서의 우월성을 버리지 못했다. 물론 이렇게 가짜 해답에 근거한 '자기 의'에 집착하는 한 하나님의 의를 경험하기는 어렵다. 그래서 정작 "이스라엘은 구하는 그것을 얻지 못하였고, 오히려 택하심을 입은 자들이 얻은" 상황이 되었다. 그리고 그 나머지 백성들은 "완고한" 상태에 빠지고 말았던 것이다(11:7; 10:20).

물론 이런 상황조차도 하나님의 섭리를 벗어난 것은 아니다. 10장에서 거듭 표현된 것처럼, 현재 이스라엘의 "완고함"은 성경에서 이미 충분히 예견한 현실에 속한다. 10장 말미에서처럼, 바울은 다시금 이를 확증하는 성경 구절을 인용한다. 하나님은 "오늘날까지 그들에게 혼미한 영, 보지 못하는 눈과 듣지 못하는 귀를 주셨다"(11:8). 사실 바울이 인용한 신명기는 하나님이 "알 수 있는 마음과 볼 수 있는 눈과 들을 수 있는 귀를 주시지 않았다"고 말한다(신 29:4). 바울은 여기다 하나님이 백성들에게 "혼미한 영"을 마시게 하고, "그들의 눈을 감기게 하셨다"는 이사야의 표현을 삽입한다(사 29:10). 결과적으로 바울은 깨우침을 주지 않으려는 소극적 주저함을 혼미한 영과 어리석음을 주는 적극적 조치로 바꾸어 놓았다. 이렇게 하여 바울은 10장에서 그저 암시되었던 사실을 명시적으로 선포한다(10:3, 18-21). 하나님이 의도적으로 이스라엘을 완고하게 하셨다는 것이다.

이어지는 다윗의 '저주'는 이 사실을 더욱 뼈아프게 표현한다. "그들의 상table이 올무와 덫과 거치는 것과 보응이 되게 하소서"라고 하는 저주의 기도는 현재 이스라엘의 상황을 적나라하게 포착한다(11:9). 랍비들처럼 바울은 이 "상"을 성전의 '제단'으로 보았을 것이다. 지금도 계속되는 성전 제단의 제사는 메시아 예수에 대한 믿음을 막는다는 점에서 오히려 이스라엘의 올무요 걸림돌로 작용한다(참조. 9:32). 이 같은 자기 의에 대한 집착은 오히려 "그들의 눈은 흐려 보지 못하고, 그들의 등은 굽은" 상태로 만들고 말았다(11:10; 참조. 10:3). 예수가 메시아 되심을 보지 못한 채(고후 3:14-15), 여전히 굽은 등, 곧 자유 없는 상태에 머물러 있게 된 것이다(갈 3:23-29; 참조. 4:25).

바울은 이런 비극적 사태가 하나님의 의도적 조치라고 말한다. 이처럼 바울은 불가해한 이스라엘의 불순종이 하나님의 섭리적 조치임을 밝힘으로써 이것이 하나님의 구원 역사라는 큰 그림의 한 부분임을 보여준다. 그러므로 이 이스라엘의 비틀거림 속에는 이스라엘의 인간적 불순종을 넘어가는 보다 깊은 섭리가 감추어져 있다. 물론 하나님이 이스라엘을 완고하게 하신 것은 바로를 완고하게 하여 망하게 하신 일과는 본질이 다르다. "미리 아신" 백성들의 경우, 그분이 그들을 예수라는 거침돌에 걸려 비틀거리게 하신 것은 결코 그들을 아주 "넘어지게" 하려는 의도는 아니다(11:11). 이는 이스라엘을 넘어지게 하려는 버림의 몸짓이 아니라, 오히려 그들의 넘어짐을 이용하여 구원이 이방인들에게 미치도록 하려는 전략적 행보였다. 이스라엘의 불순종으로 이방인의 구원을 위한 여건을 조성하셨던 셈이다.

이스라엘의 운명은 세상의 운명

그래서 현재의 불순종은 이야기의 끝이 아니다. 10장에서 이미 언급된 것처럼, 이방인의 구원은 걸려 넘어진 이스라엘의 시기심을 불러일으킬 것이다(11:11; 10:19; 신 32:21). 바울이 인용했던 신명기의 문맥에서 이방인을 향한 이스라엘의 질투는 심판의 한 양상이다(신 32:21). 현재의 상황은 그런 심판이 현실이 된 또 하나의 사례에 해당한다. 하지만 바울은 이 상황이 드라마의 끝이 아님을 알고 있다.

모세의 노래에서처럼, 이스라엘과 이방인의 처지가 뒤바뀌고, 이스라엘이 의지할 곳 없는 처지가 되었을 때 하나님은 그 백성을 불쌍히 여기실 것이다(신 32:36-43). 지금도 이스라엘과 이방인의 뒤바뀐 운명은 하나님이 다시 그 백성을 불쌍히 여기고 그들을 돌이키실 때를 향해 가는 이야기의 한 모퉁이일 뿐이다. 그래서 바울은 도무지 가능성을 엿볼 수 없는 상황에서 이스라엘의 회복을 꿈꾼다. 지금 이스라엘의 넘어짐 혹은 실패는 역설적으로 세상과 이방의 풍성함, 곧 하나님이 정하신 만큼 수많은 이방인들이 구원을 얻는 놀라운 결과로 이어졌다. 그렇다면 세상이 잘되기 위해 이스라엘은 버림받아야 하는가? 그렇지 않다. 한 번 이스라엘은 영원히 이스라엘이다. 오히려 이스라엘의 넘어짐이 세상의 축복이 되었다면, 이스라엘의 충만함, 곧 충만한 수의 이스라엘이 다시 회복되는 일은 세상에 얼마나 큰 복을 가져다줄 것인가?(11:12) 혹은 이스라엘을 버리는 것이 세상과 하나님의 화목이라는 놀라운 결과를 가져다준 것이라면, 이스라엘을 다시 받아들이는 일은 얼마나 놀라운 결과를 가져다주겠는가? 바울은 그 결과가 다름 아닌 "죽은 자 가운에서 살아나는 생명", 곧 부활이라고 말한다(11:15). 물론 부활은 구속의 드라마가 완결되는 시점이다. 그렇다면 구원이라는 드라마의 완성은 이스라엘의 회복을 전제한다. 현재의 화목에서 미래의 구원과 부활로 이어지는 세상의 구원 이야기는(5:9-10), 실질적으로 이스라엘의 (잠정적) 버림과 (다시) 받아들임이라는 보다 근원적인 이야기를 축으로 하여 전개되는 이야기였던 셈이다.

이런 희망의 문맥에서, 바울의 사도직조차 사뭇 다른 관점에서 조명된다. 물론 바울은 이방인에게 복음을 전하기 위해 부르심을 받은 이방인의 사도였다(갈 1:15; 롬 1:1, 5). 그런데 여기서 바울은 놀랍게도 이방인의 사도로서 자신의 열정에 불을 지핀 것은 다름 아닌 자기 동족을 위한 구원의 소망이었다고 고백한다(11:13). 바울이 이방인의 사도로서 자기 사명을 영광스럽게 생각하는 이유는 그것이 역설적 의미에서 자기 동족을 구원하는 길이었기 때문이다. 선교를 통해 이방인을 구원하고, 이로써 "어떻게 해서든지 내 동포들을 시기하게" 만들고 이로써 "그들 중에서 얼마를 구원하려" 했던 것이다(11:14, 11절과 병행).

그렇다고 바울이 이방인 선교의 의미를 축소하려는 것은 아니다. 이스라엘의 회복이 구원 역사의 정점이라면, 그 마지막을 소망한다고 해서 그것이 이방인 선교를 상대화하는 것이 될 수는 없다. 어쩌면 바울의 이런 발언은 그의 이방인 사역이 유대인을 더 자극하고, 결과적으로 유대인 선교를 더 어렵게 한다는 (유대 그리스도인들의) 불평에 대한 답변일 수도 있다. 그렇다면 여기서 바울은 당장은 상황을 악화시키는 것으로 보이는 바울의 이방인 선교가 오히려 유대인의 시기와 회복으로 이어지는 예정된 수순의 하나임을 보이고, 이로써 그들의 비판이 공연한 것임을 밝히는 셈이 된다. 하지만 보다 직접적 의도는 위험한 착각에 빠진 이방 신자들을 정면으로 겨냥한다. 일부 이방 신자들은 복음을 거부하는 이스라엘을 보며, 믿지 않는 역사적 이스라엘은 버림받고 믿는 그들이 새 이스라엘이 되었다고, 그래서 자기들이 은총의 주요 수혜자들이라고 우쭐해 했을 것이다. 하나님의 신실하심과 이스라엘의 회복에 관한 바울의 진술들은 그런 생각이 자기중심적 착각이라고 폭로한다.

달라지지 않는 이스라엘의 우선성

이방 신자들의 착각을 교정하기 위해 바울은 두 개의 익숙한 이미지를 소개한다(11:16). 하나는 "첫 열매"라는 비유다. 바울은 "첫 열매가 거룩하면, 반죽도 그러하다"고 말한다. 하나님께 첫 열매로 드려진 떡덩이가 거룩한 것이라면, 그 덩이가 속했던 나머지 반죽 역시 거룩하다. 혹은 비유를 바꾸어, 한 나무의 뿌리가 거룩하다면 그 뿌리로부터 수액을 받아 살아가는 나무의 가지 또한 거룩하다. 그렇다면 여기서 첫 열매와 덩이, 혹은 뿌리와 가지는 무엇을 가리키는 것일까? 단정하기는 어렵지만, "조상들"이 (현재의) 이스라엘에게 속한 것이라는 9:5과 연결하는 것이 가장 자연스러워 보인다. 그러므로 여기서 거룩한 것으로 전제된 "첫 열매"와 "뿌리"는 아브라함을 비롯한 이스라엘의 거룩한 조상들을 가리킨다. 이들 조상이 거룩하다면, 이들 조상과 함께 속한 나머지 떡덩이 혹은 조상의 뿌리에 연결되어 그 수액을 받아먹는 현재의 가지들, 곧 현재의 이스라엘 역시 그 거룩함을 함께 나눈다.

그렇다면 이스라엘은 복음을 거부하고 이방인들은 복음을 받아들이는 현재의 상황은 어떤 그림이 될까? 바울은 이스라엘의 불순종을 두고 "가지 중 얼마가 꺾였다"는 말로 표현한다. 그리고 이방인들이 믿고 이스라엘의 빈자리를 채운 상황은 "야생 올리브나무"였던 이방인들이 "좋은 올리브나무"에 접붙임을 받아 그 뿌리의 진액을 함께 받게 된 것과 같다(11:17). 바울의 의도는 분명하다. 일부 이방 신자들이 착각하는 것과는 달리, 현재의 상황은 결코 옛 올리브나무가 뽑혀 나간 자리를 새 올리브나무가 차지한 상황이 아니다! 현재의 뒤바뀜은 나무 자체의 교체가 아니라 일부 가지들의 교체에 불과하다. 이방 신자들은 홀로서기가 가능한 독자적인 "나무"가 아니라, 변함없이 서 있는 나무에 접붙임을 받아 그 수액을 먹고 자라는 "가지들"이다. 사실인즉, "당신이 뿌리를 보존하는 것이 아니라 뿌리가 당신을 보존하는 것이다"(11:18).

교만하지 말아야 할 이방인들

19절의 진술은 단순 미래형일 수도 있고(개역개정) 혹은 명령형일 수도 있다(새번역). 미래형이라면 이방 신자들의 우쭐한 항변의 인용이 된다. 이방인들이 현재의 상황을 보고서 "본래 가지가 잘려져 나간 것은 내가 접붙임을 받기 위해서가 아닌가?"라고 하며 자기들의 입지를 주장할지도 모른다. 그렇게 되면 20절은 가지가 교체된 사실 자체는 인정하면서도 거기서부터 잘못된 결론을 도출하지 못하게 하려는 바울의 경고가 된다. "맞는 이야기지만, 그래서 오히려 교만하지 말고 두려워해야 한다"는 것이다. 반면 19절을 명령으로 읽으면, 이는 이방 신자들이 현재의 상황을 두고 가져야 할 자세를 말하는 것이 된다. 실패한 이스라엘을 보며, "꼴좋다"라거나, "이제는 나보다 못하네"라고 하는 식의 우쭐함 대신, "내 접붙임을 위해 이스라엘이 잘려나간 것이구나" 하며 황송함을 느끼는 것이 마땅하다는 것이다.

어떻게 읽든, 이스라엘 가지의 잘림과 이방 가지의 접붙임은 부인할 수 없는 사실이다. 그래서 바울도 이를 그대로 수긍한다. 그렇다. 이스라엘은 복음을 믿지 않아 꺾이고 이방 신자들은 믿으므로 섰다(11:20 상). 하지만 이런 상황을 두고 이방 신자들이 우쭐해 한다면 이는 사태를 한참 잘못 파악한 것이다. 오히려 이스라엘 가지들의 잘려나감 앞에서 이방 신자들의 태도는 우쭐함이 아니라 두려움이어야 한다(11:20). 이유는 간단하다. "하나님께서 본래 가지들도 아끼지 않으셨다면, 당신도 아끼지 않으실 것이기 때문이다"(11:21). 현재 이스라엘의 잘려나감은 "그래서 내가 이스라엘보다 낫다"는 식의 근거 없는 오만함이 아니라, "본래 가지인 이스라엘이라도 잘려나갈 수 있는 것이구나" 하는 두려움을 불러일으키는 것이 마땅하다. 교리적인 이유로 이 구절의 경고를 진지하게 받아들이지 않는다면, 이는 바울의 의도 자체를 무시하는 것이 될 것이다. 선택의 은혜에 의지하며 백성다운 삶을 외면했던 하나님의 자녀 이스라엘은 하나님께 버림받았다. 그렇다면 나중에 하나님의 백성으로 입양된 양자/양녀인 이방인은 다를 것인가? 그런 착각을 조심하라고 바울이 거듭 성도들을 경고하지 않았던가?(고전 10:1-13; 갈 6:7-8)

따라서 이방 신자들은 현 상황을 보며 하나님의 인자하심과 준엄하심을 함께 깨달아야 한다. 지금 많은 이방 신자들이 잘하고 있는 것처럼, 그들이 하나님의 인자하심에 머물러 있으면, 하나님의 인자가 그들에게 계속하여 머물 것이다. 그분의 인자하심을 알고 그에 합당한 자태를 잃지 말라는 권고다. 하지만 현재 이스라엘에게 그러하신 것처럼, 하나님은 넘어지는 자들에게는 준엄하다. 곧 하나님의 자비로우심을 거부하고 오만하게 구는 자들에게는 가차 없는 심판을 내리실 것이다. 이 준엄함이 본래 가지요 본 자식인 이스라엘에게도 적용된 것이라면, 접붙인 가지요 입양된 자식들인 이방 신자들에게는 말할 것도 없다. 누구든 하나님의 인자하심을 인정하고 그에 합당한 태도를 취하지 않는다면, 그들 역시 사정없이 심판의 도끼에 찍힐 것이다(11:22).

더 나아가 이방인들이 이스라엘을 함부로 할 수 없는 이유는 "본래 가지들"의 회복 가능성 때문이다. 사실 바울의 관심은 여기에 더 집중되어 있다. 이스라엘이 지금은 불신앙으로 인해 잘려 나갔지만, 그들도 불신앙에 머물기를 멈춘다면 이들 또한 좋은 올리브나무로 접붙임을 받을 것이다. 하나님께서 야생 올리브의 가지를 접붙일 수 있는 능력을 가진 분이라면, 본래의 가지를 다시 접붙이는 일은 식은 죽 먹기일 것이다(11:23). "본성을 거슬러" 야생 올리브를 좋은 올리브로 접붙일 정도의 능력이라면, 가지들이 "자기 나무"에 다시 접붙임을 받는 일은 얼마나 더 수월할 것인가!(11:24) 하나님을 찾지도 않았던 이방인이 하나님을 알게 된 기적에 비하면, 잘못된 방식으로나마 하나님을 섬기던 백성들이 하나님께로 돌아오는 일은 얼마나 더 쉬울 것인가!

이스라엘의 회복에 관한 "비밀"

이스라엘의 회복은 쉬운 가능성을 넘어 분명한 신적 계획의 일부다. 바울은 이를 "비밀"이라 부른다. 여기에는 이스라엘의 회복이 신적 계획의 일부로서, 지금까지 숨겨져 있었지만 계시를 통해 자신에게 드러난 것이라는 생각이 담겨 있다. 그가 이 비밀을 이방 성도들에게 알리는 이유는, 믿지 않는 유대인들을 버림받은 자 취급하며 자신들이 은혜의 주 수혜자들인 양 우쭐해 하는 잘못을 막기 위해서다. 현재의 상태를 피상적으로 파악하며 스스로 지혜로운 척하면서 오히려 이스라엘을 향한 하나님의 계획에 무지한 모습을 보이지 말라는 것이다.

바울은 이 비밀을 현재와 미래의 두 단계로 설명한다. 현재로서는 "이방인의 수가 다 찰 때까지 이스라엘 사람들 가운데 일부가 완고해진 대로 있을 것"이다(11:25). 현재 모두가 관찰하고 있는 현실이다. 하지만 여기에는 분명한 단서가 붙는다. 곧 "이방인의 수가 다 찰 때까지"만 그렇다는 것이다. 현재 이스라엘의 완고함은 이방인의 구원을 위한 전략적 조치였으며, 그러므로 이 완고함은 의도한 목적이 이루어지면 사라질 일시적 현상에 지나지 않는다. 따라서 이 비밀의 미래적 차원은 당연히 "온 이스라엘이 구원을 받게 될 것"이라는 기대가 된다(11:26 상). 여기서의 "온 이스라엘"을 교회와 같은 의미로 해석하려는 시도가 있기는 하지만, 민족적 이스라엘의 운명을 말하는 문맥을 보면, 여기서 바울이 자신의 동족 이스라엘을 말하고 있음이 분명하다. 세밀한 프로그램을 그려 주지는 않지만, 바울은 분명히 자기 동족 이스라엘이 대규모로 혹은 전체적으로 회심하여 회복될 것을 예견한다.

어떤 의미에서 바울이 여기서 제시하는 기대들은 전혀 새로운 것이 아니다. 이방인이 구원의 공동체에 참여할 것이라는 생각이나, 마지막에 온 이스라엘이 구원을 받을 것이라는 생각 역시 성경이나 당시 유대인들에게 생소한 기대는 아니었다(사 45:17, 25; 59:20).

하지만 이 둘을 결합하는 방식은 달리 선례를 찾기 어렵다. 유대인들은 이스라엘이 회복되고 이방인들이 예물을 들고 시온을 향해 순례할 것을 바라보았다. 바울은 이런 전통적 기대를 뒤집어, 이방인의 충만한 수가 먼저 들어올 것이며, 그동안 이스라엘의 다수가 하나님께 불순종하는 상태로 있을 것이라고, 그리고 이방인들의 구원이 완결된 후에야 온 이스라엘이 구원을 얻게 될 것이라고 말한다.

사실 이 비밀은 이미 성경에 약속된 것이기도 하다. 이방인의 수가 다 채워진 다음, 하나님께서 그들을 위해 마련하신 종말론적 도시요 하나님의 산인 시온으로부터 구원자 예수 그리스도께서 오실 것이며, 그분은 야곱, 곧 이스라엘에게서 경건치 못함을 제거하실 것이다(11:26). 그때 그들은 예수께서 그저 이방인들의 메시아일 뿐 아니라, 다윗의 자손으로서 아브라함을 비롯한 그의 백성들에게 주신 하나님의 약속을 재확인하는 분이라는 사실을 인정하게 될 것이다. 그때 이스라엘은 죄 사함의 은총과 더불어 하나님과 새로운 언약을 맺게 될 것이다(11:27). 바울의 언어에서 드러나는 것처럼, 이는 바로 선지자 예레미야가 바라보았던 바로 그 새 언약과 다름없다(렘 31:31-34; 히 8:8-12). 이것이 하나님의 구속 역사가 달려가는 최종 목표 지점인 것이다. 바울은 그리스도께로 돌아서서, 성령을 통해 개화된 눈으로 성경을 읽으며 이 사실을 깨달을 수 있었다(고후 3:14-18).

하나님의 주권적 자비

바울은 지금까지의 이야기를 이렇게 요약한다. 예수 그리스도에 관한 복음으로 말하자면, 이스라엘은 하나님과 원수 관계에 있다. 물론 이는 지금 활발하게 이루어지고 있는 이방인들의 구원을 위해서다. 하지만 눈을 들면 하나님의 선택이 보인다. 이런 관점에서 본다면 이스라엘은 그들의 조상들 때문에, 곧 그들의 조상들에게 주셨던 하나님의 변치 않는 약속들 때문에 여전히 하나님의 사랑을 받은 자들로 남아 있다(11:28). 바울은 지금까지 죽 말해 오던 사실을 아주 분명한 어조로 요약한다. "하나님께서 주시는 은혜의 선물과 그의 부르심은 변경될 수 있는 것이 아니다"(11:29).

물론 은혜의 선물이라는 단어가 말해 주듯, 하나님의 부르심은 일체의 인간 조건을 초월하는, 순전히 하나님의 은혜에만 근거한 주권적 행동이다(9:12, 16). 하나님은 긍휼히 여기고자 하는 자를 긍휼히 여기고, 완악하게 하고자 하는 사람을 완악하게 하신다(9:18). 그래서 전에 불순종하던 이방 사람들이 이스라엘의 불순종으로 인해 하나님의 자비를 입게 되었다(11:30). 자기 백성 아닌 자들을 백성이라고 부르신 것이다(9:25-26). 이방인들에게 임한 이러한 자비는 더 나아가 이스라엘이 경험할 자비를 예견하게 하는 일종의 전조가 된다. "이와 같이, 지금은 순종하지 않는 이스라엘 사람들도, 여러분이 받은 그 자비를 보고 회개하여, 마침내 자비하심을 입게 될 것이다"(11:31). 하지만 이는 새로운 자비가 아니라 주권적 은혜로 처음 이스라엘을 선택하셨을 때 보이셨던 바로 그 자비의 재확인에 지나지 않는다. 시종일관 이스라엘의 운명은 하나님의 자비하심 속에 있었다. 하나님의 자비를 누리는 이방인들을 향한 분노와 질투가 회개로 이어져 불순종에 머물러 있기를 그칠 것이며, 이로써 그들 역시 하나님의 자비의 수혜자로 변화될 것이다(10:19; 11:11, 14, 23-24).

결과적으로 하나님은 모든 사람을 순종하지 않는 상태에 가두신 셈이다. 이방인들은 본래 불순종의 자식들이었고, 이스라엘 역시 이방인을 위해 잠시 완악하게 되었다. 하지만 이것은 그 모두를 멸망시키려는 파괴적 의도가 아니라 모든 사람에게 자비를 베풀기 원하시는 선한 의도의 표현이었다. 모두를 죄 아래 가두고, 모든 인간적 가치의 허망함을 폭로함으로써, 모두를 생명에 접붙이실 수 있는 창조주 하나님의 자비만을 의존하도록 하신 것이다(11:32). 그래서 하나님의 자비로운 섭리에 대한 바울의 생각은 결국 성경 말씀과 뒤엉킨 찬송의 외침으로 이어진다.

> 아! 하나님의 부유함과 지혜와 지식의 심오함이란!
> 누가 그의 판단을 가늠할 수 있으며,
> 누가 그 길을 더듬어 찾아낼 수 있는가!
> 　혹은 [이사야가 말한 것처럼]
> 누가 주님의 마음을 알았으며, 누가 주님의 조언자가 되었던가!
> 　아니면 [욥기에서 표현한 것처럼]
> 누가 주님께 먼저 드려, 그에게서 보답을 받겠다는 것인가!
> (11:33-35)

결국 모든 것이 창조주 하나님의 손길로 설명된다. 세상의 모든 것들이 바로 이 창조주 하나님으로부터 나오고, 그를 통하여 존재하고, 또 그에게로 통일될 것이다. 그러므로 종교개혁자들이 그랬던 것처럼, 바로 그분께 모든 영광을 돌리는 것이 마땅하다. "*Ipsi gloria in saecula*!" (영원히 그분께 영광을)

18. 새로운 마음, 변화된 삶

12:1-16:27

로마서의 숲을 거닐던 우리의 산책도 이제 막바지에 이르렀다. 아직 길이 더 남았지만 아쉬운 발걸음을 돌려야 할 때다. 그래서 이 마지막 걸음에서 우리는 아직 남은 길을 서둘러 밟으면서 그 풍경의 인상을 마음에 담아 보려고 한다. 후일 기회가 된다면 다시 돌아와 우리가 느낀 인상의 속내를 더 깊이 음미해 볼 수 있기를 바라면서 말이다.

우리는 로마서의 긴 내용을 교리(1-11장)와 실천(12-15장)으로 구분하는 데 익숙하다. 12장 초두의 "그러므로"가 바로 이런 전이를 가리키는 표지로 간주된다. 이렇게 보면, 지금까지 우리는 교리 부분을 다루어 온 것이고, 이제 실천 부분을 한 묶음으로 정리해야 할 시점이 되는 셈이다. 물론 이런 식의 구분이 아주 근거 없는 것은 아니다. 다소 이론적인 논의들로부터 보다 실천적인 가르침으로 옮아가고 있다는 사실은 분명하기 때문이다. 그럼에도 불구하고 교리와 실천이라는 통상적 구분에는 익숙한 이원론의 냄새가 난다. 물론 이는 로마서를 넘어 복음 자체를 교리와 삶으로 나누는 보다 근본적인 이원론의 한 표현이다. 로마서를 찬찬히 읽어 내려간 결론은 아니라는 뜻이다. 사실 로마서 1-11장의 내용이 이론적 혹은 교리적이라는 판단은 적절하지 않다. 설명조의 직설법이 지배적이기는 하지만, 여기서도 바울의 실천적 관심은 여실히 드러난다. 우리 자신을 죄에게 드리지 말고 하나님께 드리라는 6장의 권고를 교리라고 말하기는 어렵다. 또한 성령을 따라 살기를 권하는 8장의 논조에는 선포만큼이나 명령의 색조가 짙게 드러난다. 교리와 실천을 구분하겠다는 의도 자체가 바울 복음의 본질을 훼손하는 셈이 된다는 것이다.

이렇게 보면, 우리의 몸을 산 제사로 드리라는 말로 시작되는 12-15장의 권면들은 교리에서 실천으로 옮아가는 움직임이 아니라, "너희 지체를 하나님께 바치라"(6:13, 19) 혹은 "성령을 좇아 행하라"(8:12-13)는 다소 원론적 권고를 이제 공동체적 상황을 염두에 둔 보다 구체적 권고로 발전시키는 움직임이라고 할 수 있다. 주종관계의 언어가 제의적 언어로 바뀌었다는 점이 다르기는 하지만, 12:1의 권고는 6장의 권고와 사실상 동일하다(6:13, 19). 12장에서는 이 "바침"의 삶을 공동체적 상황을 생각하며 여러 가지 구체적 권고들로 풀어내고 있는 것이다.

은총의 다스림을 선포하는 복음

복음은 하나님이 하시는 일이지만, 그 무대는 저 먼 우주가 아니라 우리의 삶이다. 그러므로 복음 속에서 하나님의 행동과 우리의 삶은 나누어지지 않는다. 사실 바울의 편지들은 이 둘이 실상은 하나의 이야기라는 것을 가장 분명하게 보여주는 사례들에 속한다. 로마서 5:12-21에서 설명한 것처럼, 바울은 그리스도의 의미를 "은혜"로 요약한다. 첫 사람 아담은 죽음이 죄를 통해 우리를 다스리는 상황을 만들어 놓았다. 반면 그리스도는 이를 뒤집어 은혜가 의를 통해 우리를 다스리는 상황을 조성했다(5:21). 아담 안에서의 실존이 죄가 다스리는 공간, 그리하여 죽음을 향해 가는 공간을 살아갔다면, 그리스도 안에서의 실존은 은혜가 다스리는 삶의 공간, 그리하여 영생을 향해 가는 삶의 공간을 살아가게 되었다. 우리는 믿음으로 의롭다 하심을 얻어 이런 은혜라는 새로운 삶의 공간으로 들어오게 되었고(5:1), 우리는 이 은혜의 다스림 속에서 영생을 향한 삶을 살아간다(5:21). 은혜 속에 서서 "하나님의 영광에 대한 소망으로 자랑스러워한다"는 말의 의미가 바로 이것이다(5:2). 우리가 그리스도를 감사하는 이유가 바로 이것이다(6:17). 죄를 향한 삶의 길에 사로잡혀 있던 우리가 그리스도를 통해 그 죄의 길로부터 해방되어 영생을 향한 길로 옮겨오게 되었다는 것이다(6:17-22). 이를 한마디로 정리하면 이렇다. "죄의 필연적 결과는 죽음입니다. 하지만 하나님의 은혜로운 선물은 우리 주 예수 그리스도를 통해 주시는 영생입니다"(6:23).

영생이 은혜인 것은, 우리의 삶의 과정과 무관하게 주어진다는 의미에서가 아니라 우리의 삶을 다스림으로 우리를 영생을 향한 길로 인도한다는 사실에 있다. 은혜의 마법으로 길이 휘어져 죄의 길을 걸어도 영생에 이르게 된다는 궤변이 아니라, 우리의 굽은 마음을 바르게 펴서 영생을 향한 길로 인도하신다는 것이다. 예수님의 말씀대로 풀자면, 멸망을 향한 넓고 편한 길을 가던 우리를 불러서 영생을 향한 좁고 힘겨운 길을 갈 수 있도록 해주시는 것이다(마 7:13-14). 그러니까 바울이 환호하는 "은혜"는 우리에게 다가와 우리의 삶을 다스리는 은혜다. 바울의 글에서 은혜라는 말이 능력이라는 말과 비슷하게 쓰이는 이유가 바로 여기에 있다. "내가 지금의 내가 된 것은 하나님의 은혜의 결과입니다. 내게 주신 그의 은혜가 헛되지 않아 내가 모든 사도보다 더 많은 수고를 했지만 그것은 내가 한 것이 아니라 그저 나와 함께하신 하나님의 은혜의 결과일 뿐입니다"(고전 15:10). 여기서 은혜라는 말을 능력으로 바꾸어 보라. 오히려 더 자연스럽다고 느낄 사람이 많을 것이다.

하나님이 믿음을 구원의 길로 정하신 이유가 바로 여기 있다. 어떤 인간적인 수단도 이 은혜의 능력을 흉내 낼 수 없기 때문이다. 그래서 하나님은 모든 인간적 수단을 무시하고, 모든 사람들이 예수 그리스도를 믿어 구원에 이르도록 하셨다. 우리의 구원이 "은혜에 근거한 것이 되도록 하려는" 하나님의 조치였던 것이다(4:16). 이처럼 믿음은 하나님의 초월적 은혜를 매개하는 유일한 수단이다. 우리를 다스려 우리를 영생으로 인도하는 하나님의 은혜가 "오직 믿음으로" 주어진다는 뜻이다. 우리가 믿음 아닌 다른 수단들에 의존하는 것이 위험한 이유가 바로 이것이다. 우리가 들이밀어 보려는 인간적 수단들 속에 무슨 교리적 독소가 있어서가 아니라, 그런 가짜 해답들에 정신이 팔려 정작 진짜 해답을 놓치게 된다는 것이다. 갈라디아서와 로마서에서 보듯이, 유대인들은 그들의 사회에서 통용되던 가치, 곧 하나님의 백성, 할례 받은 백성으로서의 외적 정체성이 중요하다고 믿었다. 또 고린도전서에서 확인되는 것처럼, 헬라인들 역시 그들 사회에서 통용되던 지혜와 권력의 담론을 수입하여 그런 것들로 신앙적 몸짓을 안무하려 했다. 바울은 이 모든 것들에 대항하여 그리스도의 십자가를 들이민다. 바로 이 십자가만이 새로운 생명을 구현하고, 이 복음만이 하나님 나라에 들어가는 능력을 가져다주기 때문이다.

따라서 은혜의 복음을 선포하는 바울의 최대 관심사는 이 은혜의 다스림이 성도들의 삶에 구체화되는 것이었다. 우리의 삶을 다스리지 않는 은혜란, 말에서 시작하여 말로 끝나는 은혜란, 마치 천정에 매달린 자린고비의 생선처럼, 무의미한 공론空論에 불과할 것이기 때문이다. 그러므로 복음을 "말하고" "선포하는" 바울의 땀 흘림은 하나님의 은혜가 성도들의 삶을 변화시키도록 하려는 몸부림이다. 더욱이 삶을 움직이는 은혜 대신 말로만 속삭이는 은혜를 선호하며, 그 위선적 신앙의 껍질로 하나님의 은혜로부터 내 구린 삶을 방어하려는 우리의 이기적 보호본능과 충돌하면서, 하나님이 베푸신 은혜에 대한 직설법의 선포는 우리 삶을 죄에게 바치지 말고 하나님께 바치라는 호소, 죽음이 아니라 은혜의 다스림에 복종하라는 명령법의 권고로 다가온다. 그래서 복음은 직설법으로 "선포하는" 것이기도 하고, 명령법으로 "권고하는" 것이기도 하다. 데살로니가의 성도들에게 밝힌 것처럼, 그가 갖은 수단을 다하여, 아버지가 자기 자녀에게 하듯 성도들을 "권면하고, 위로하고, 경계했던" 것은 바로 그 성도들을 "자기 나라와 영광으로 부르시는 하나님께 합당하게 살아가도록 하려는" 것이었다(살전 2:11-12).

로마서에서 바울은 이러한 자신의 사역을 제의적 그림 언어로 설명한다. 바울의 표현에 의하면, 그의 사도적 섬김은 일종의 제사 행위이며, 자신은 그 제사를 돕는 제사장이다. 바울은 "이방인을 위한 그리스도 예수의 일꾼"이며 "하나님의 복음으로 제사를 드리는 제사장"이다(15:16). 여기 사용된 "일꾼"이나 "제사장"은 모두 성전 제사를 돕는 사람들이다. 물론 제사장의 역할은 제사를 드리는 것이다. 하지만 이런 설명으로는 부족하다. 구약의 이야기에서 잘 알 수 있는 것처럼, 엄밀히 말해 제사장의 책임은 제사 드림 자체에 있다기보다는(제사는 백성들이 드리는 것이기도 하다) 그 드려지는 제물이나 제사의 절차가 철저히 하나님이 정하신 규정에 맞는 것이 되도록 하는 것이다. 그래야만 그 제사가 하나님께 받아들여질 만한 거룩한 제사가 되기 때문이다. 바울은 자신의 역할이 바로 그것이라고 말한다. 하나님이 자신을 제사장적 섬김으로 부르신 것이 바로 "이방인의 제물이 성령을 통해 거룩해져서 〔하나님이〕 받으실 만하게 하시려는" 의도에서였다는 것이다(15:16). "이방인의 제물"은 개역성경에서처럼 (바울이) 이방인을 제물로 바치는 것을 의미할 수도 있고, 혹은 이방인들 자신이 제사를 드린다는 의미일 수도 있다(12:1; 빌 2:17). 물론 성도들의 삶의 제사를 가리키는 표현이지만, 드리는 주체를 누구로 이해하든 제사장 바울의 책임은 동일하다. 그 제사가 성령을 통해 거룩한 것이 되도록 하는 것, 그리하여 그것이 하나님께서 받으실 만한 제사가 되도록 하는 것이다. 그래서 바울은 자기 사역 속에 드러난 하나님의 역사, 곧 성령의 역사를 자랑한다(15:17-

19). 바로 이 성령의 역사를 통해 성도들의 제사가 거룩해지기 때문이다. 성령께서 성도들의 삶을 거룩하게 하고 그 제사가 하나님께 받아들여진다는 생각은 하나님의 은총이 성도들을 다스림으로써 영생에 이른다는 생각과 다르지 않다. 그러므로 성도들의 삶의 제사에 관한 바울의 상세한 묘사는 곧 성령께서 어떻게 우리 삶을 다스리시는지에 관한 이야기이기도 하다. 물론 이 다스림은 우리의 자유를 억압하는 폭군적 다스림이 아니라, 사랑 가운데 우리 자신을 드리게 하는 자유의 다스림이다. 그러므로 우리를 구원하는 하나님의 복음은 동시에 우리가 우리 자신을 하나님께 드리려는 삶의 이야기일 수밖에 없는 것이다.

제사로서의 삶

바울은 성도들의 삶을 하나님께 우리의 몸을 드리는 제사로 묘사한다(12:1). 물론 이는 구약의 제사를 염두에 둔 비유적 표현이다. "산 제사"라는 표현에서 보듯, 우리의 몸을 죽여 제단 위에 올려놓으라는 것이 아니라, 우리가 몸을 갖고 살아가는 삶 전체를 하나의 제물처럼 하나님께 드리라는 뜻이다. 그렇다면 바울은 왜 제사가 아닌 우리의 삶을 하나의 제사로 제시하고 있는 것일까? 구약에서 잘 드러나듯, 제사의 핵심은 피 흘림, 곧 죽음이다(히 9:22). 그런데 바울은 삶이 제사라고 말하며 "살아 있는 제사"라는 억지스러운 표현을 만들어 낸다. 마치 '뜨거운 얼음'과 같다. 그럼에도 불구하고 바울은 굳이 우리의 삶을 제사라고 말한다. 하나님께 드려지는 제사인 만큼 이는 "거룩한" 것, 곧 "하나님께서 기뻐하시는" 것이라야 한다. 그래야만 하나님이 그 제사를 받으실 것이기 때문이다. 바로 이것이 바울이 제사 개념을 고집하는 이유다. 우리의 삶은 '그까짓 것 대충' 살아도 되는 것이 아니라 거룩해야 하며, 그래야만 하나님께 받아들여질 것이다. 하나님의 뜻에 맞지 않는, 거룩하지 못한 제사는 하나님 앞에 "가증한" 것이다. 거룩하면 좋지만 그렇지 않아도 어쩔 수 없는 것이 아니라, 거룩하지 못하면 받아들여지지 않는다는 것이다. 물론 이는 바울이 자신의 사도 직분을 제사장직에 비유한 것과도 통한다. 바울의 사도적 목표는 이방인들의 제사가 "성령을 통해 거룩하게 되어 하나님께서 받으실 만한 것이 되도록" 하는 것이었다. 그래서 그는 성도들에게 "여러분들의 몸을 하나님께서 기뻐하시는 거룩한 제사로 드리라"고 권유한다.

합당한 예배

바울은 이런 거룩한 삶의 제사가 성도들이 드릴 "합당한 예배"라고 말한다(12:1). 여기 사용된 "예배"라는 단어는 원래 성전 제사와 관련된 제의적 "섬김"을 가리키는 단어다(9:4; 히 9:1, 6). 개역성경에서 "영적"으로 번역된 단어는 성령과는 무관한 것으로 현 문맥에서는 '합당한' 혹은 '마땅한' 정도의 의미를 갖는다. 짐승을 죽여 드리는 것이 아니라, 이제 우리의 삶 자체를 거룩한 제사로 드리는 것이 우리가 마땅히 드려야 할 예배의 방식이 된다는 것이다. 흔히 말하는 것처럼, 여기서 제의적 '제사/예배' 개념은 일상적 삶을 가리키는 도덕적 개념으로 변화된다. 하지만 이것이 바울에게서 처음으로 발견되는 생각은 아니다. 삶과 제의의 일치는 성경 전체를 관통하는 관심사의 하나다. “순종이 제사보다 낫다”는 사무엘의 통렬한 질책이나, 악한 행실을 화려한 제의로 덮어 보려는 위선에 찬 행태에 대한 이사야나 예레미야의 혐오, 그리고 예수께서 두 차례 인용하셨던 “나는 인애를 원하지 제사를 원치 않는다”는 호세아서의 말씀은 모두 우리의 일상적 삶이 하나님을 향한 예배와 분리된 것이 아님을, 우리의 범속한 삶은 성전 예배만큼이나 거룩한 예배 행위임을 분명히 보여준다. 물론 구약 선지자들의 호소는 제사의 폐지가 아니라 정의로운 삶의 중요성을 강조하기 위한 수사다. 그런 점에서 바울의 “산 제사”와 “합당한 예배”는 구약적 지평을 넘어선다. 여기서는 삶의 예배가 성전에서의 제의적 예배를 사실상 대체하기 때문이다. 그래서인지 신약에서는 “예배/섬김”이라는 단어가 교회 내의 모임을 가리키는 말로는 사용되지 않는다. “섬긴다”는 동사 역시 제의적 의미의 섬김뿐 아니라 보다 다양한 형태의 하나님 섬김을 가리키는 표현으로 광범위하게 사용되고 있다. 성도들의 “모임”(교회를 의미하는 헬라어 에클레시아는 ‘모임’이라는 뜻이다)은 하나님을 섬기는 자들이 “함께 모인다”는 의미였지(고전 11:17, 33), 범속한 일상을 살다가 거룩한 예배를 드리러 온다는 의미는 아니었다. 여전히 이원론적 도식에서 벗어나지 못한 우리가 보다 깊이 곱씹어야 할 대목이다.

삶의 제사의 방식

구약의 섬김에도 정한 규정이 있었다. 그렇다면 새로운 삶의 제사에도 그에 어울리는 규정이 있을 법하다. 2절의 권고는 1절에서 말한 “합당한 예배”가 어떤 것인지를 보다 구체적으로 서술한다. 바울의 권고는 이중적이다. 부정적으로는 "이 세대에 동화되지 말라"는 것이고, 긍정적으로는 "변화되라"는 것이다. 여기서 "동화同化되지 말고, 변화變化되라"는 번역은 원문에 담긴 언어유희를 반영하기 위한 것이다. 바울이 사용한 두 동사에는 '형태' 혹은 '형상form'이라는 말이 포함되어 있다. 이를 기계적으로 옮겨 본다면 "이 세대와 동형同形이 되지 말고, 변형變形되라"는 정도가 될 것이다. 영어 번역들은 이를 "con-form", "trans-form"의 대조로 적절하게 옮기고 있다.

우리는 우선 이 세대에 동화되지 말아야 한다. "이 세대"를 특징짓는 행동방식이나 관습들을 따라가서는 안된다는 의미다. 바울은 "이 세대"의 내용을 구체적으로 설명하지 않는다. 사실 그의 편지 다른 곳에서도 우리가 피해야 할 것을 구체적으로 열거하는 경우는 많지 않다. 열거하더라도 여전히 일반적 개념들인 경우가 많다. 말하자면 바울은 그의 독자들이 "이 세대"의 의미를 잘 알고 있다고 전제한다. 빌립보서에서 특별한 설명이 없이 "모든 참된 것, 모든 고상한 것, 모든 의로운 것, 모든 깨끗한 것, 모든 사랑스러운 것, 모든 명예로운 것, 덕스러운 것은 무엇이든지, 칭찬할 만한 것은 무엇이든지, 이 모든 것들을 마음에 두어라"고 권할 때와 마찬가지다. 사실 바울의 이런 태도는 사실 지극히 상식적이다. 사실 우리가 경험하는 문제들의 대부분은 무지의 결과라기보다는 알면서도 그것을 지키지 못하는 연약함 혹은 지키고 싶지 않은 완악함의 결과가 아닌가!

바울은 독자들에게 "변화"를 주문한다. 이 달라짐의 핵심은 "마음의 갱신renewal of mind"이다. 여기서 말하는 "마음", 곧 "생각mind"은 바울이 본래 심장을 의미하는 '마음heart'과는 다소 구분된다. 언제나 그런 것은 아니지만, 대체로 "심장/마음"이 보다 의지적인 측면을 강조한다면, "생각"으로서의 마음은 보다 지적이고 인식론적인 측면을 강조한다. 가령 7장에서 바울은 "마음"으로는, 혹은 "내 마음의 법"으로는 하나님의 법을 지키고 싶지만, 내 속에 있는 "죄의 법" 때문에 그럴 수 없다고 말한다. 자신의 생각은 하나님을 향하지만, 정작 자신의 실제 욕구와 행동은 죄로 향하는 실존의 연약함을 묘사한다. 바울 자신의 표현은 아니지만, 내 마음mind은 하나님을 섬기려 하지만, 내 마음heart은 죄에 기울어 있다고 말할 수도 있을 것이다.

그러므로 바울이 12장에서 말하는 마음의 갱신은 한마디로 "생각을 바꾸라"는 주문이다. 우리의 사고방식 혹은 관점을 바꾸라는 것이다. 여기서 바울은 성령과 사랑이 부어져 우리의 "마음heart"은 이미 달라졌음을 전제한다(5:5). 우리는 "마음으로" 하나님을 섬기려 한다. 그런 우리에게 필요한 것은 "생각mind의 변화"다. 우리 속에 남은 이 세대의 관점과 가치관들을 버리고 새로운 관점을 배워야 한다. 그래야만 하나님을 향한 열정을 구체적으로 표현할 수 있을 것이기 때문이다. 바로 이것이 우리에게 요구되는 변화다. 에베소서에 나오는 바울의 가르침은 이 세대에 동화되지 않고 마음의 갱신을 통해 변화되는 것이 무엇을 의미하는지를 보다 상세히 설명해 준다.

> 그러므로 나는 주님 안에서 간곡히 권고합니다. 이제부터 여러분은 이방 사람들이 **허망한 생각**mind으로 살아가는 것과 같이 살아가지 마십시오. 그들은 자기들 속에 있는 무지와 자기들의 마음의 완고

함 때문에 지각이 어두워지고, 하나님의 생명에서 떠나 있습니다. 그들은 수치의 감각을 잃고, 자기들의 몸을 방탕에 내맡기고, 탐욕을 부리며, 모든 더러운 일을 합니다. 그러나 여러분은 그리스도를 그렇게 배우지는 않았습니다. 여러분이 예수 안에 있는 진리대로 그분에 관해서 듣고, 또 그분 안에서 가르침을 받았으면, 여러분은 지난날의 생활 방식대로 허망한 욕정을 따라 살다가 썩어 없어질 그 옛 사람을 벗어버리고, **마음의 영을 새롭게 하여**be renewed in the spirit of your mind, 하나님의 형상을 따라 참 의로움과 참 거룩함으로 지으심을 받은 새 사람을 입으십시오(엡 4:17-24).

변화된 삶의 모습들

이어지는 바울의 권면들은 바울이 여기서 제시한 산 제사, 곧 마음의 갱신을 통해 변화된 삶의 면모를 보다 구체적으로 풀어 간다. 모든 신자들은 공동체 내에서 자기 믿음의 분량을 따라 지혜롭게 처신해야 한다. 이는 자신이 몸, 곧 더 큰 공동체의 한 구성원임을 인식하면서 주어진 역할에 최선을 다하는 것을 의미한다(12:3-8). 물론 이는 형제자매를 향한 적극적인 사랑과 다르지 않다(12:9-10, 13). 또한 많은 수고를 필요로 하는 현실 속에서 이기적 나태함은 주를 섬기는 태도와 어울리지 않는다(12:11). 오히려 신자들은 구원의 소망을 기뻐하면서(5:2), 현재의 어려움 속에서도 믿음의 자태를 견지하며 인내한다. 예수의 말씀처럼, 믿음의 길에 대해 낙심하고 인간적 태도나 수단에 의지하기보다는 "기도에 항상 힘쓰는" 삶을 지킨다(12:12). 오히려 신자들은 박해하는 자를 축복하고, 타인의 아픔과 기쁨에 공감하며, 원수에게라도 그 필요를 채워 줌으로써 모든 사람들을 향해 평화의 태도를 유지한다(12:14-21). (사랑과 평화를 추구하라는 문맥적 흐름을 고려하면, "숯불을 그 머리에 쌓는다"는 말은 양심의 고통을 통한 간접적 보복이 아니라 회개의 가능성을 암시하는 이미지일 것이다.) 이런 삶을 통해 신자들은 "선으로 악을 이기는" 삶, 곧 그리스도를 통해 주어진 은총이 죄악된 현실을 정복하는 하나님의 역사에 동참한다(12:21). 바울의 이러한 권고는 원수에게도 사랑을 베풀고, 모두에게 공평한 태도를 견지하면 "하나님의 아들"이 될 것이라는 예수의 말씀을 떠올리게 한다(마 5:43-48).

이처럼 변화된 삶의 태도 속에는 국가 권력에 대한 복종도 포함된다. 권력("바벨론")의 부정적 측면에 초점을 맞추는 요한계시록과는 달리, 바울은 권력의 긍정적 기능, 곧 악을 제어하고 선을 촉진하는 "하나님의 사역자"로서의 기능을 부각시킨다(13:13-14). 이러한 권력은 하나님이 주신 것이다(13:1). 따라서 이를 거역하는 것은 하나님의 명령을 거역하는 것이고, 하나님의 사역자로서 "칼"을 가진 권력은 이에 대해 진노의 보응을 가할 것이다(13:2, 4-5). 바울은 이러한 복종의 한 사례로 세금을 든다. 바울은 두 가지 세금을 언급하는데, 전자는 로마 정부에 납부하는 조세이고, 후자는 여러 가지 종류의 "세금"을 가리킬 수 있는 다소 포괄적인 용어다. 물론, "모든 자에게 줄 것을 주라"는 권고에서처럼, 여기서 세금의 종류를 따지는 것은 중요하지 않다. 어떤 종류의 세금이든, 이는 "하나님의 일꾼" 된 권력이 제 역할을 수행하기 위해 필요하다(13:6). 따라서 그리스도인들은 각각 그래야 할 사람에게 필요한 세금을 내고 그 역할에 어울리는 존경을 표하는 것이 마땅하다(13:7). 이 단락은 교회와 국가의 관계에 대한 성경적 가르침을 말할 때 가장 결정적인 자료로 제시되곤 한다. 물론 해석자의 전통과 입장에 따라 서로 다른 해석이 이루어지지만, 어느 경우든 이 말씀이 모두를 향한 사랑과 평화의 태도를 권면하는 문맥에 위치하고 있다는 사실은 잊지 말아야 할 것이다.

13:8에서는 다시 사랑에 관한 이야기로 돌아간다. 사랑은 율법의 계명 속에 나타난 하나님의 뜻을 한마디로 요약한다. 그 어떤 계명이라도 이웃을 사랑하라는 그 계명 속에 다 들어 있다. 그러므로 사랑은 "율법의 완성"이며(13:10), 다른 사람을 사랑하는 자는 "율법을 성취한" 혹은 "율법을 완성한" 사람이 된다(13:8). 갈라디아서에서도 바울은 사랑의 계명 속에 모든 계명이 다 요약되어 있음을 지적하며, 사랑으로 서로 섬기는 태도를 두고 "그리스도의 법을 성취하는" 삶이라고 말한다(갈 5:13-14; 6:2).

삶의 종말론적 정황

바울은 이러한 사랑과 평화의 삶이 요구되는 종말론적 긴박함을 상기시킨다. 지금의 이 시기는 "밤이 깊어 낮이 가까워진" 시점, 곧 "이미 자다가 깰 때가 된" 시점이다. 달리 말하면 "우리의 구원이 처음 믿을 때보다 가까워졌다"(13:11-12). 그러므로 현재 우리의 태도는 더욱 중요하다. 바울은 우리가 "어둠의 행위들"을 "벗고" 대신 "빛의 갑옷을 입어야" 한다고 말한다(13:12). 바울은 그리스도인의 삶을, 옷을 벗고 입는 것으로 비유하기 좋아한다. 헌 옷을 벗어 버리고 새 옷을 입는 것처럼, 우리는 옛 삶을 벗어 버리고 새로운 삶을 입어야 한다. 신자들은 낮에 어울리는 모습대로 단정한 태도로 살아가야 하며, 사람들이 밤에 저지르기 잘하는 부도덕한 삶을 벗어야 한다(13:13). 오히려 우리는 "예수 그리스도를 옷 입고", 세속적 욕망의 만족을 위해 육신적인 것들에 마음을 쓰지 말아야 한다(13:14).

하나님 나라에 어울리는 태도들

특별히 신자들의 공동체 속에서, 미래를 생각하며 사랑과 평화를 도모하는 성도들의 삶은 서로의 상황을 존중하고 배려하면서 비판을 삼가는 태도로 나타난다. 믿음의 정도가 다르고, 그에 따라 서로의 생각과 태도가 다르다. 하지만 자신의 입장을 잘 알고 도를 넘지 말라는 14장 초두의 권고처럼, 신자들은 선을 넘어 서로를 비판하는 입장에 서지 말아야 한다. 무엇보다도, 하나님이 받아 주셨고 이제 하나님께 속하여 하나님의 종으로 사는 다른 신자들을 비판할 권리가 우리에게는 없다. 그의 서고 넘어짐은 전적으로 자기 주인의 권리에 속한 일이며, 따라서 그는 그를 세우실 능력을 가진 주님에 의해 세우심을 받을 것이다(14:3-4). 또한 우리는 나와 입장이 다른 신자들의 선의 혹은 신실함을 존중해야 한다. 구체적 행동은 다를 수 있지만, 신자들은 모두 "주를 위한" 삶을 살아가려 한다. 우리가 다 주님께 속한 존재들이기 때문이다(14:5-8). 죽었다가 부활하신 그리스도는 우리 모두의 주님으로 계시며, 따라서 우리 모두는 같은 "형제로서" 하나님의 심판대 앞에 서서 우리 삶에 대해 보고할 것이다(14:9-12). 같은 형제인 마당에 서로가 서로를 비판하려는 것은 하나님 앞에서 자신의 위치를 망각한 소치일 뿐이다. 음식 같은 문제로 형제를 근심하게 하거나, "그리스도께서 대신 죽으신 형제를 네 음식으로 망하게 하면" 이는 "사랑으로 행하는 것이 아니다"(14:15). 그래서 우리는 각자의 신앙적 양심을 존중하며(14:14, 20, 22-23), 서로에게 상처를 주지 않도록 배려해야 한다(14:13, 21). 이렇게 함으로 우리는 선한 의도에서 이루어지는 우리의 삶이 오히려 가치 없는 것이 되거나 비방의 대상이 되는 것을 피할 수 있을 것이다(14:16, 22).

바울의 이러한 권면의 배후에는 분명한 신학적 신념들이 자리하고 있다. 만물이 다 깨끗하다는 신념(14:20), 음식 자체가 아니라 그것을 대하는 자의 양심 혹은 믿음이 더 중요한 것이라는 신념이다(14:20, 22-23). 음식 자체에 너무 집착하지 말아야 하고, 또 음식에 대한 다른 이들의 양심에 상처를 내지 말아야 하는 이유가 바로 그것이다(14:20-21). 반대로 강한 자들은 약한 자들의 약점을 대신 져 주고, 우리 모두는 자신이 아니라 이웃을 기쁘게 함으로 "선을 이루고 [서로를] 세우도록" 해야 한다(15:1-2). 이것이 바로 우리가 옷 입은 그리스도로부터 배우는 모습이다(15:3). 우리는 이 예수를 본받아 한마음과 한 입으로 하나님께 영광을 돌린다.

바울은 이러한 삶의 태도를 하나님 나라와 연관 짓는다. 우리가 고대하는 하나님 나라는 먹고 입는 것에 대한 태도의 문제가 아니라, 그리스도 예수 안에 있는 "의로움과 평화와 기쁨"의 문제다(14:17). 대부분의 주석가들은 이 삼중적 묘사가 현재 하나님 나라의 성격에 대한 묘사라고 생각한다. 하지만 내게는 이것이 오히려 장차 하나님 나라에 들어가기에 "합당한" 혹은 들어가는 데 필요한 삶의 태도처럼 보인다(고전 6:9-10; 갈 5:19-21; 살전 2:11-12; 엡 4:1). 그러므로 "의로움과 평화와 기쁨"은 현재 하나님 나라의 구성요소가 아니라 성령의 인도를 따라 구원/영생을 향해 가는 자에게 어울리는 태도라는 것이다. 바울의 생각 속에서 "기쁨과 평화"가 넘친다는 것은 우리가 지금 하나님 나라를 누리고 있다는 뜻이 아니라 "소망이 넘친다"는 것을 의미한다(15:13; 5:1-2). 그러므로 여기서 바울은 현재 이루어진 구원의 실상이 아니라, 성도들이 영생에 이르기 위해 추구해야 할 "거룩한 삶"의 양상에 관해 말하고 있는 것이다.

글을 마감하며

아직 남은 이야기들이 많지만, 이제 여기서 우리의 걸음을 멈추도록 하자. 나는 이 책에 담긴 글들을 통해 피상적 구호와 식상한 설명들 아래 덮여 버린 바울 복음의 속내를 드러내 보려 했다. 영적 축지법을 활용하여 구원을 현재화시키려는 통상적 경향을 지적하며 기독교 특유의 미래적 전망을 부각시키려고도 했고, 피상적 은혜론 속에 의미를 상실해 버린 우리 삶의 구원론적 의미를 강조하기도 했다. 그리고 무엇보다도 "말이 아니라 능력"으로 우리에게 다가오는 복음의 면모를 강조하려고 노력했다. 바울의 글을 따라 읽으며, 흙에서 생명을 창조하셨던 창조주 하나님, 아브라함의 죽은 몸을 살려 아들이 태어나게 하셨던 생명의 하나님, 골짜기의 마른 뼈들에게 생명을 주어 큰 군대가 되게 하셨던 하나님, 그리고 무엇보다도 예수 그리스도를 죽은 자 가운데서 살려 우리에게 "생명을 주시는 영"으로 삼으신 부활의 하나님을 확인하고 이러한 하나님의 모습을 독자들의 마음에 각인시키고 싶었다. 결국 복음이 복음인 것은, 그리스도의 십자가와 부활이 바로 이 생명의 하나님에 관해, 그리고 그분이 그리스도를 통해 이루시는 새로운 생명을 창조하는 활동에 관해 말하고 있기 때문이다. 언제나처럼 지금 우리에게 필요한 것이 바로 이 복음의 창조적 생명이다.

도덕적·영적 무기력함과 화려한 종교적 세력 과시가 결합된 오늘날 우리의 교회는 도덕적 타락과 제의적 열성이 뒤엉켰던 이스라엘의 역사나, 겉의 아름다움으로 속의 가난함을 덮으려 했던 바리새인들의 위선이나, 혹은 할례와 같은 외적 가치들을 자랑하면서도 정작 그 자부심에 걸맞는 삶은 보이지 못했던 바울 시대의 유대인들과 동일하다. 혹은 세속적 가치들에 물들어 복음적 능력을 상실해 버린 고린도 교인들의 모습이라 해도 좋다. 그래서 복음의 능력으로 세속적 세력에 맞서 싸우는 바울의 싸움은 바로 오늘 우리의 싸움이기도 하다. 우리의 상황을 아픈 마음으로 직시하고, 바울이 선포했던 그 복음의 "어리석은 능력"을 힘입어 우리의 "화려한 무기력함"을 치유하려고 고군분투하는 믿음의 형제자매들에게 이 책이 작은 섬김이 되기를 바라는 마음 간절하다.